モンゴルの仏教寺院

毛沢東とスターリンが創出した廃墟

楊海英 編

風響社

毛澤東和史達林破壞的藏傳佛教寺院
——20 世紀社會主義的廢墟——

The Mongolian Buddhist Monasteries Destroyed by Mao Zedong and Stalin
Ruins of the 20th Century

edited by
Yang Haiying
2021
Fukyosha Publishing Inc. Tokyo, Japan

まえがき

本書は、廃寺の民族誌である。モンゴルの仏教寺院を書名としているが、厳密にいうと、ほとんどが廃墟である。あるいは廃墟を利用しているか、廃墟のうえで再生しつつあるか、である。それほど、中国共産党による支配と、ソ連型社会主義の宗教弾圧は厳しかった結果である。

モンゴルの寺院は基本的に学問寺であった。僧侶たちがチベット語とサンスクリットで哲学と医学、それに天文学について学び、議論する場であった。学問は信者たちの現生利益にも応える必要があり、そこから文学と演劇、病気治療と占星術が誕生した。こうした学問の成果は木版本と手写本の形式で民間にも広がり、国際的に東洋学の主流を成すように発展していった。したがって、モンゴルの仏教について研究した既往の成果もほとんどが文献学であった。文献学は、世界各地に伝わる豊富な文字資料によって支えられてきたが、当事者の僧侶へのインタビューは急務であった。本書の中で、寺院に関する知識（縁起）と宗教的・学問的実践についての見解はすべて僧侶からの情報に依拠している。そういう意味では、僧侶の民族誌でもある。

学問寺の特徴を今に伝えているのは木版本と手写本である。本書も極力、そうした特徴を生かそうとして、木版印刷の実態について記録（実践）し、写本の実物と内容について記述を試みた。総じていえば、東洋学の伝統と人類学の得意とする現地調査を結合させた成果である。

●目次

装丁＝オーバードライブ・前田幸江

モンゴルの仏教寺院

毛沢東とスターリンが創出した廃墟

はじめに――本書の目的と構成

モンゴル高原の各地で現地調査を始めてから、30年の歳月が経った。文化人類学は長期間のフィールドワークが必須である、と国立民族学博物館併設総合研究大学院大学の指導教官たちにそう指導された私は1991年に松原正毅教授についてまず新疆ウイグル自治区の遊牧民社会で研究調査の方法を学んだ。つづいて、同じ年の夏には故郷の内モンゴル自治区オルドス高原に帰り、約一年間滞在した。毎日のように馬に乗ってモンゴル人の家を回り、陝西省北部にも足を運んで、中国人社会を観察した。寺があれば、入って参拝した。ほぼ例外なく廃墟となっていたか、かろうじて修復が始まった時代である。

その後、調査の範囲は内モンゴル自治区の他の盟（行政組織）や市、それにモンゴル国とロシア連邦にも及んだ。いつものように毎回、寺院には参拝し、ラマ（喇嘛、僧）に話を聴いて回った。かくして、気が付けば、それなりの情報の蓄積ができたので、一冊の書籍にまとめようと決心した。

モンゴル人は、自らが信仰する仏教を「ラマ教」(Blam-a-yin šasin）と呼ぶ。近年の日本や欧米の学界では「チベット仏教」と表現する場合が多いようであるが、本書ではモンゴル人の日常的な表現に従って「ラマ教」と表現することもある。そう考える理由は二つある。

第一、モンゴルでは「ラマ教」との言い方が定着しており、「チベット仏教」(Töbüd-ün šasin）とあまり言わないからである。チベットに関しては、かの地から伝わってきたと認識する時にのみ言及する。「チベット地域の宗教」や「チベット人の宗教」という理解はモンゴル人にあまりない。

第二、先学の長尾雅人が論じているように、「ラマ教は、もと西蔵に発達し、後広く蒙古地域に伝播浸潤した、一種の宗教である」。そして、モンゴルに伝わってから「歴史的事情からのみではなく、性格的にも西蔵仏教として独立したものがある」ので、ラマ教の方がより通用性があるようになったからである[1]。また、近年では「モンゴル仏教」と呼ぶ研究者も増えているが、チベットでの信仰や実践と比較して独自に変遷したとも認められない可能性があることから、私は現時点でこの立場を取らない。仏教は民族宗教ではないからである。

仏教が伝わってから、遊牧民の草原に多数の寺院が建った。寺院をモンゴル人はスゥメ（süm-e）、クレー（küriy-e）、キイト（keyid）と呼ぶ[2]。19世紀末になると、モンゴル高原全体におよそ1,900もの寺院があった。そのうち、モンゴル高原南部の内モンゴルには1,200、北の方すなわちモンゴル国には700あった。243人の転生活仏がいて、そのうち内モンゴルには157人いた[3]。

別の情報によると、清朝の半ば頃の内モンゴルには約1,800もの寺院があり、ラマ（僧）の総数は15万人であった（地図1参照）。清末の光緒年間になると、1,600に減り、ラマは10万人であった[4]。それぞれの寺院には複雑な学問的な教育制度があり、華やかにして緻密な儀礼が維持されていた[5]。

仏教を受け入れたモンゴル人は、学問の研鑽に励むよう変質した。満洲国と

1　長尾雅人『蒙古学問寺』（中公文庫、1992年、17、20頁）中央公論社。

2　Miller, Robert James, *Monasteries and Culture Change in Inner Mongolia*（Otto Harrassowitz, Wiesbaden, 1959, p.11）。尚、文化人類学の視点と手法を駆使したMillerの優れた民族誌は、内モンゴルの寺院に関する破壊前の宗教文化を伝えている。氏は内モンゴルを一つの地政学的存在として位置づけてから、寺院の組織と政治経済的運営、ラマの階層について詳しく論じている。

3　Heissig, Walther（Translated by Samuel Geoffrey）, *Religion of Mongolia*, Kegan Paul International, London and New York, 2000, p.1.

4　徳勒格『内蒙古喇嘛教史』内蒙古人民出版社、1998年、452頁。

5　Pozdneyev, M, Aleksei（Translated by Alo Raun and Linda Raun, Edited by John, R. Krueger）, *Religion and Ritual in Society: Lamaist Buddhism in Late 19th - Century Mongolia*, The Mongolia Society, Inc. Bloomington, Indiana.

モンゴル自治邦で現地調査を実施した長尾雅人に言わせると、「好戦勇武の蒙古民族」が「学問的なものへの積極性」に生きがいを見出したのである。その結果、モンゴル人の建てた寺院はほとんどが「学問寺」であった。「学問寺と称するものは、ラマがラマ教内における学問教理を学ぶ寺をいう」。寺院は独自の建築群からなり、内部では独特な尊像を祀る。ラマたちは無数の著作を書き上げ、日々、哲学的な議論を展開してきたのである[6]。要するに、寺院は草原の学術センターだったのである。

モンゴル人ラマたちは母語のモンゴル語以外にチベット語を学び、高位になると更にサンスクリットをマスターしていた。いわば、複数の言語を駆使して学問を運用する知識人集団であった。一部の学問寺では版木を彫って、木版印刷をおこなっていた。1944年に寺院調査を終えた長尾雅人は、学問寺が所蔵する「蔵外文献に対する研究は、世界いずれの国にあってもなお殆んど未開拓で、この種の目録すら整理発表せられたものは殆んど見うけられない」、と認識していた[7]。

近年、蔵外文献に関する研究状況は少し改善された。モンゴル国のビャンバラクチャー（Byambaa Ragchaa）は2004年に大著 *The Bibliographical Guide of Mongolian Writers in the Tibetan Language and the Mongolian Translators*（Ulaanbaatar, 2004）を3冊上梓した。この3冊のカタログでは9人のジェプツンダムバ（rJe-btsun-dam-pa）の著作と、頭文字がAで始まる名前を持つラマ学者76人の著作、計4,139もの木版等を網羅している。文字通り、全体では恐らく汗牛充棟の規模となるに違いない[8]。

このようなモンゴル人のラマ教信仰と学問寺について、日本は戦前から多

6　長尾雅人『蒙古学問寺』、8-10頁、44頁。

7　同上、10頁。

8　モンゴルのラマ教に関する木版本著作については、ハイシッヒ（Heissig, Walther）がその名著 *Die Pekinger Lamaistischen Blockdrucke in Mongolischer Sprache*（Otto Harrassowiitz, Wiesbaden, 1954）で詳しく論じている。もっとも、書名の通り、彼は主として名高い北京版を取り上げている。

くの調査団を派遣し、多数の報告書を量産してきた[9]。ラマ教を迷信と見なし、ラマたちは腐敗しきっている、などと差別と偏見を剥き出しにしたものもあれば、きちんとその社会的政治的意義を評価したものもある。梅棹忠夫によると、一部の調査報告書類の差別と偏見は科学精神の欠如から来ているという。モンゴルの遊牧社会を考える際に、「ラマ教の勢力を過大評価する」必要はない。ラマ廟は遊牧民にとって、中継基地や固定拠点の役割を果たしていた、と指摘している[10]。

モンゴル人を敬虔な信者にしたのは、清朝の宗教政策と無関係ではない、と見るモンゴル人や各国の研究者が多い。モンゴル人自身、仏教を導入してからの社会変容について、20世紀に入ってから激しい論争を繰り広げてきた。仏教への帰依により、モンゴルの衰退を促したという意見と、仏教はモンゴルに異文化の積極的な要素を招来した、という相対立する見解である。こうした論争を受けて、日本統治時代のモンゴル地域ではそれなりの新しい改革もまた試みられたことがある[11]。

仏教への最大の衝撃はやはり、社会主義陣営から与えられた。20世紀において、モンゴル人の仏教寺院は例外なく社会主義によって破壊された。ラマは処刑されるか、還俗を強制された。先に社会主義思想が伝わったモンゴル人民共和国では、革命直後に583の寺院があり、ラマも74,742人いた[12]。ある研究者によると、スターリンの宗教弾圧政策が実施された結果、寺院はすべて破壊され、16,000人～17,000人ものラマが処刑されたという[13]。こうした宗教弾圧の悲劇は

9 日本の調査報告は無数にあるが、長尾雅人の著作、『蒙古喇嘛廟記』（高桐書院、1947年）などは永遠の古典としての役割を果たしている。また、1990年代からは当時東洋大学長であった菅沼晃教授も内外モンゴル各地の寺院を踏査している（菅沼晃『モンゴル仏教紀行』春秋社、2004年）。

10 梅棹忠夫『モンゴル研究』（梅棹忠夫著作集・第二巻）中央公論社、1990年、151、610頁。

11 ナランゴア・リ「僧侶動員と仏教改革」『北東アジア研究』（7）2004年、69-82頁。

12 Larry Moses, *Mongol Buddhism in the 20th Century*, Indiana University Asian Studies Research Institute Publications, 33, p.2.

13 バトバヤル・Ts『モンゴル現代史』（芦村京　田中克彦訳）明石書店、2002年、

モンゴルだけでなく、ソヴィエトに統合されていった中央アジア諸民族においても同じであった[14]。ただ、モンゴル国の場合だと、1990年代の民主化以降に状況は大きく変わった[15]。人々は完全に自由を享受しているのである。

モンゴル高原南部、すなわち内モンゴルの仏教寺院に最初の政治的、経済的な打撃を与えたのは、清朝末期から押し寄せた無数の中国人入植者たちである。本書で取り上げた寺院の大半は中国に近い南から北へと移転した歴史を共有している。それは、信者のモンゴル人たちが中国人に追われて北上するのと歩調を合わせている。

毛沢東の中華人民共和国が成立した1949年の時点で、内モンゴルには1,366の寺院に約6万人のラマがいた。1966年に文化大革命が発動された時には寺院数が500にまで減った。文化大革命が始まると、寺院はすべて破壊され、ラマたちは「民族分裂主義者」として処刑されるか、強制労働に従事させられた。1980年代にいわゆる改革開放政策が導入された時、自治区政府はかろうじて残った49の寺院を修繕し、観光開発に利用するよう命じたという[16]。この数字から分かるように、ラマ教は文字通り、破滅的なダメージを受けたというしかない。

内モンゴル自治区の場合、このような深刻な打撃を受けた後のラマ教は二度と復興できなかった。私が内モンゴル自治区オルドスで調査していた頃の1992年3月3日に地元のイケ・ジョー盟宗教局から入手した政府の情報はその変化

57頁。Baabar, *From World Power to Soviet Satellite, History of Mongolia*, University of Cambridge, Ulaanbaatar, Nepko, 1999, p.363. Christopher Kaplonski, *The Lama Question, Violence, Sovereighty, and Exception in Erly Socialist Mongolia*, University of hawai'I Press, Honolulu, 2014.

14 宇山智彦「スターリン時代・粛清・定住化の悲劇と〈民族史〉の創造」宇山智彦編『中央アジアを知るための60章』(明石書店、2003年、78-81頁)。Keller Shoshana, *Russia and Central Asia*, University of Toronto Press, pp.179-209.

15 モンゴル国のラマ教寺院の概況については、Ч.Банзарагч, *Б.Сайнуу, Монголын Хурээ Хийдийн Туух*(Улаанбаатар, 2004)参照。この著作は清朝時代の寺院についてアイマクごとにその概況について述べている。

16 徳勒格『内蒙古喇嘛教史』、45頁、760-777頁。

表1　中国共産党内モンゴル自治区イケ・ジョーの宗教情勢

ラマ教	寺院	聖職者数	その他
1949 年以前	231	ラマ 10,134	活仏 13 人
1992 年当時	19	560	0
天主教	教会		
1949 年以前	7	神父 8（修道女 13 人）	信者 4,028 人
1992 年当時	2	2	信者 1,751 人
イスラーム	モスク（清真寺）	アホン（導師）	
1949 年以前	2	3	ムスリム 120 人
1992 年当時	1	1	ムスリム 271 人

出典：内モンゴル自治区イケ・ジョー盟宗教局
データ提供者は匿名希望。尚、私はこのように宗教局から信仰に関するデータ、気象局からは気象情報、それに統計局から家畜等の頭数と人口に関する数字を集めたことで、1992 年 5 月に地元の国家安全局から厳しい取り調べを受けた。フィールド・ノート：オルドス（十四，No. 2016）。

の性質を端的に物語っていた（表 1 参照）。中国政府は現在も、「宗教は麻薬だ」、との立場を変えていない。凄まじい暴力的な弾圧を経て残ったひ弱い宗教の安楽死を中国政府は待っている、と表現しても言い過ぎではなかろう。

私が 1991 年に内モンゴル自治区で調査していた頃、イケ・ジョー盟オルドスの宗教局の幹部は、中国政府は「91 年 6 号文件（公文書）」を配布して、「人民の信仰の自由」を保障していると話していた。信仰の自由は保障するが、宗教が人民と共産党、それに政府に危害を与えてはいけないし、迷信を広げてはいけない。政治的安定の為、地域を越えての宗教活動は禁止されていた。出家も「自由」だが、「82 年 19 号文件」に即し、「満 18 歳で、中卒以上の者に限る」という。

当時は十世パンチェン・ラマが急逝した 2 年後であった。「社会主義制度の下で、ラマたちは実におとなしい。政府がパンチェン・ラマの後継者をまだ選定していないが、ラマたちは何の意見も言わない」、と政府幹部は自慢げに語っていた。1995 年、中国政府がチベット人とダライ・ラマ法王の意思を無視した独自のパンチェン・ラマを選定したのは、周知の事実である。中国では、宗教信仰の自由が今日まで根本的に許されなかったと理解して間違いない。

本書は以下の原則に従って執筆、編集したものである。

第一、本書内で挙げた寺院の順番は、地域ごとに私が訪ねた年代順になっている。訪問はしたものの、ラマにインタビューできなかった寺は割愛した。当事者からの情報を得られなかったからである。名刹ドローン・ノールとシリーンゴル草原、それにアラシャンとフルンボイル草原に残る多くの廃墟群にはラマすらいなかった惨状が残っている。

第二、ラマ寺のチベット語名は、すべて現地のモンゴル人の発音を忠実にローマ字転写したものである。注釈に記した若干の参考文献は今回、調査資料をまとめる際に新たに追加したものである。尚、一部の文献のローマ字転写と日本語試訳については、サイン・ホビトによるものである（本書第９章参照）。

第三、寺院が破壊され、ラマが殺害されても、学問寺の伝統を維持しようとする精神はまだ残っている。それを示そうとして、ラマたちが保管していた木版を刷り、彼らから入手した写本の一部を公開する。また、学問寺にはチベット語かモンゴル語で書かれた寺院史もあった。今回はその一例を公にする。これらはモンゴルの学問寺と学者たるラマたちの精神世界を知る上で重要な手がかりとなるからである。

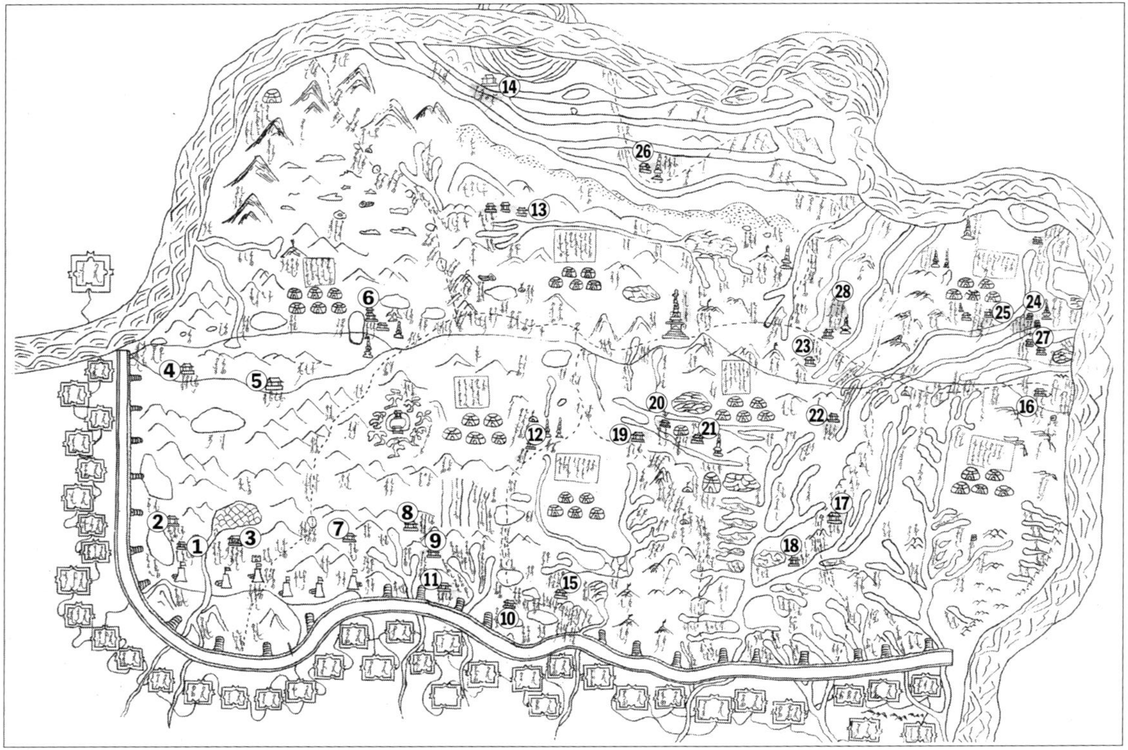

地図 1　オルドス七旗図所載寺院

出典 : A.Mostaert, 1956, Carte Mongole des Sept Bannières des Ordos, in *Erdeni-yin Tobči*, Harvard University Press. Sonom, 1987, Ordus Mongɣol-un doluɣan qosiɣun-u ɣajar-un jiruɣ-un tuqai, in *Ordus*, Yeke Juu ayimaɣ-un Mongɣol kele bičig-ün ajil-un jöblel.

1903年、オルドスで布教していたアルフォン・ベルメン (Mgr Alphonse Bermyn) 師がオトク旗のメイリン・ジャンギのラシデレゲル (Meyiren-ü janggi Rašidelger) からオルドス七旗の図を入手した。この地図についてはモスタールト（A.Mostaert 1956）師とソナム（Sonom 1987）による詳細な研究があり、おおむね1740～1744年の間に描かれたものと見られている。ここでは同地図上の寺院のみ列挙しておく。18世紀中葉のオルドスという一地域の寺院分布から、モンゴル全体の様子を窺い知ることができよう。尚、図中の番号は編者が記したものである。

1　オルドス右翼前旗すなわちオトク旗の寺院

① tayiji Asida-yin süm-e
② tusalaγči Gündü-yin süm-e
③ vang Songrub-un bariγsan diyen
④ tayiji Ginai-yin süm-e
⑤ Čorji blam-a-yin süm-e
⑥ Öljeyitü-yin süm-e

2　オルドス右翼中旗すなわちウーシン旗の寺院

⑦ qaγučin süm-e
⑧ jakiruγči Serengtoduba-yin süm-e
⑨ tayiji Badai-yin süm-e
⑩ 無名の寺院
⑪ janggi Badai-yin süm-e
⑫ Bandida duγang

3　オルドス右翼末旗すなわちハンギン旗の寺院

⑬ Da beyise-yin süm-e
⑭ tayiji Rabdan-u süm-e

4　オルドス右翼前末旗すなわちジャサク旗の寺院

⑮ 無名の寺院

5　オルドス左翼前旗すなわちジュンガル旗の寺院

⑯ Da blam-a-yin süm-e
⑰ Beyise-yin juu

6　オルドス左翼中旗すなわちジュンワン旗の寺院

⑱ tayiji Rasi-yin süm-e
⑲ Nangsu-yin süm-e
⑳ Bars-un süm-e
㉑ Vang-un süm-e
㉒ tusalaγči Sonom-un süm-e
㉓ Darqan Gilüng-ün süm-e

7　オルドス左翼後旗すなわちダルト旗の寺院

㉔ Jinung qan-u bariγsan Vang-un yeke baγ-a qoyar juu
㉕ beyise Namjalsereng-ün ebüge beyile Gürüskebe-yin süm-e
㉖ Gelüng Jamba-yin süm-e
㉗ tayiji Tüji-ner-ün süm-e
㉘ Gelüng güüsi-yin süm-e-yin suburγ-a

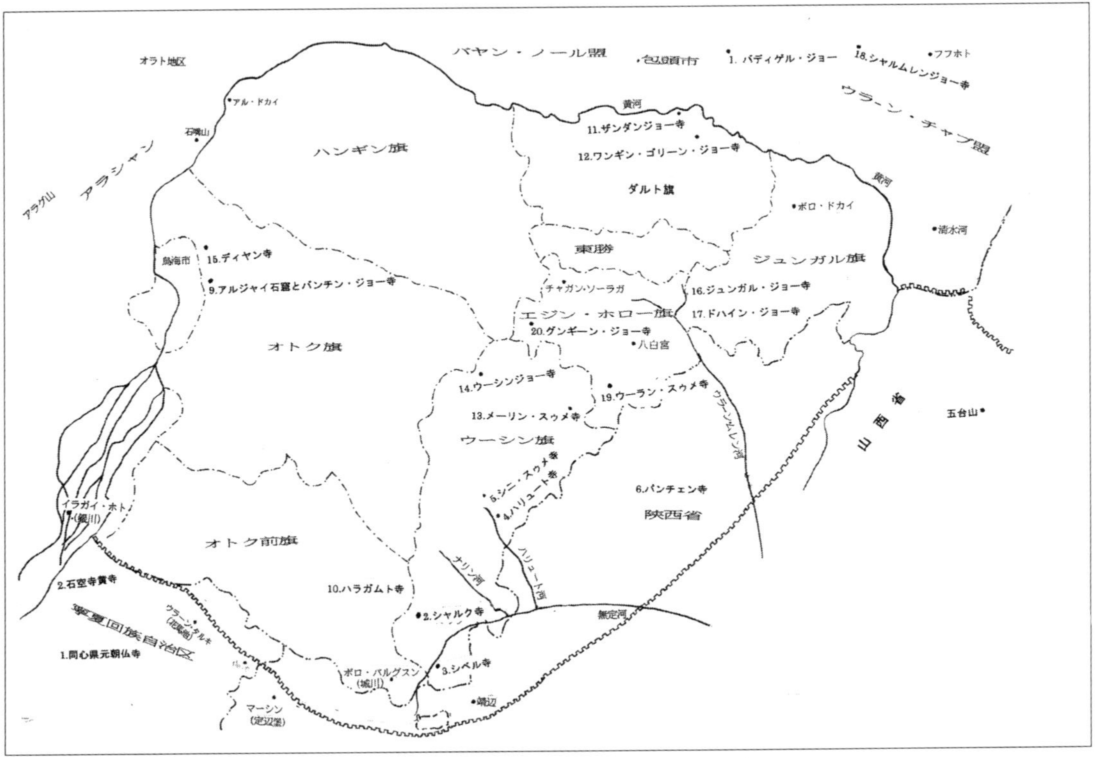

地図2　内モンゴル自治区西部と寧夏回族自治区の仏教寺院

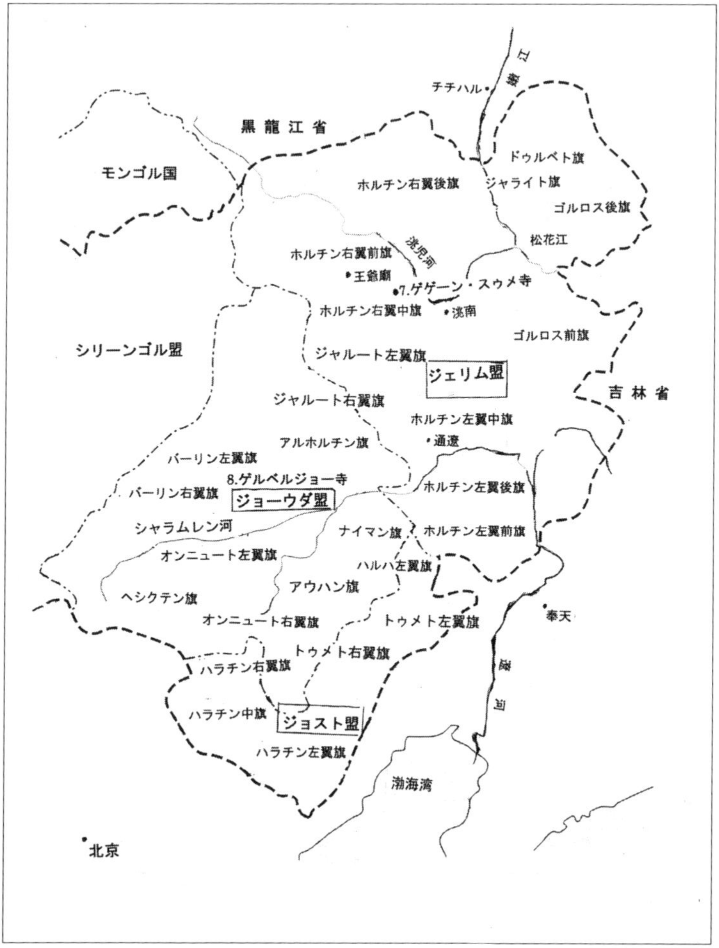

地図 3　内モンゴル自治区東部各旗の仏教寺院

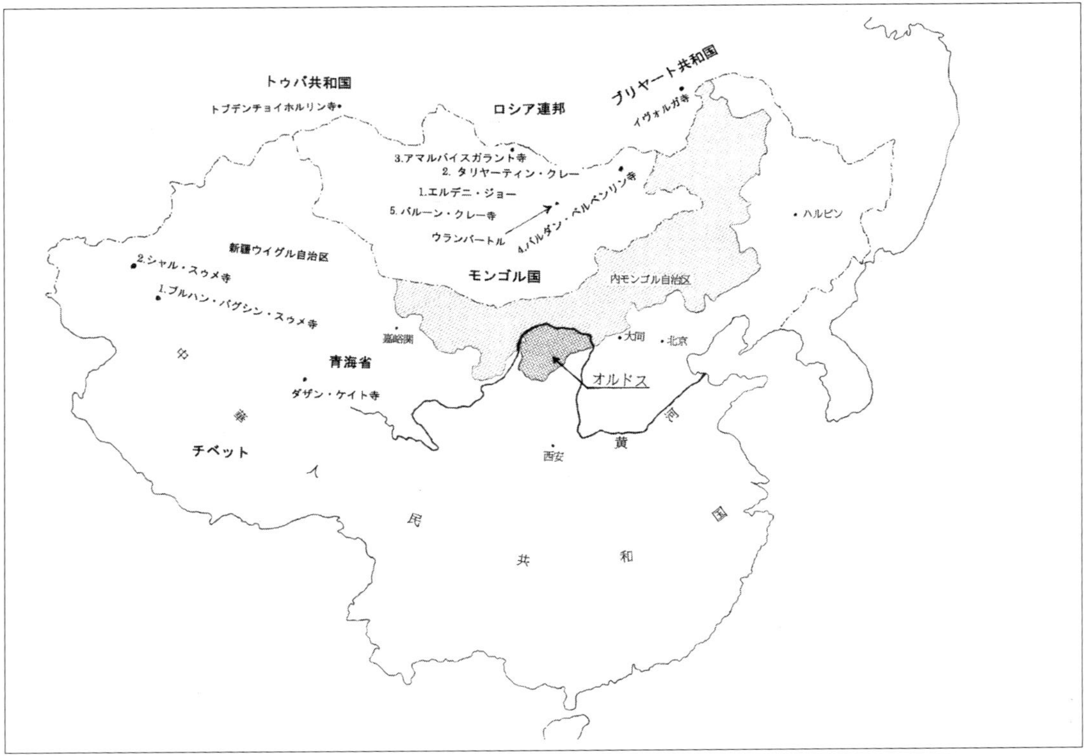

地図4　モンゴル国とロシア連邦の仏教寺院

第1章　モンゴル人と仏教との関係

　仏教をモンゴル史の中でどのように位置付けるのか。言い換えれば、仏教とモンゴル人との関係を如何に語るかは、モンゴル語年代記の主要なテーマであり続けた。それはまた、モンゴル人自身の歴史観や政治運動と密接な関係にあった課題でもある。

1　年代記の歴史観

　モンゴル帝国の東部を成す元朝のフビライ・ハーンの治世の理念に即し、16世紀末にオルドス万戸（Ordus tümen）の有力な政治家ホトクタイ・セチェン・ホン・タイジ（1540-1587）によって編纂された『十善福白史』（*Qoyar yosun-u dörben törü-yin arban buyantu nom-un čaɣan teüke*）は「二法と四つの政治」に関し、詳しく論じている。「二法」とは仏法による政治と世俗の政治を指す。この理論色の強い年代記ではチンギス・ハーンを持金剛（Vačirbani）の化身と認識し、インドに誕生した人類最初の王、共戴王マハーサマディ王（Olan-u ergügdegsen Mahasamadi qaɣan）につながると書いている[17]。『十善福白史』は述べる[18]。

17　楊海英編『十善福白史』と『輝かしい鏡』──オルドス・モンゴルの年代記』風響社、2018年、22-25頁。

18　前掲書、25-26頁。尚、『十善福白史』の和訳は森川哲雄の『モンゴル年代記』（白帝社、2007年、104頁）を参照していることを断っておきたい。

その聡明にして聖なるチンギス・ハーンは大いなるサキャ派ハムハ・バヤスグラン・ジュルケンという名のラマから以下の如き預言を受けた。「私の後世の子孫の中から尊き菩薩の世になる二法の政治を行うことのできる子が生まれるように」という。その後、三代経つと、文殊菩薩の化身たるフビライという名の者が生まれた。千転金輪王として世にその名を轟かせた。サキャ・ホトクト・パクパ・ラマのチョクト・サイン・オユーン・オルンガにシン・シン大王国師の称号を捧げて、ラマを敬った。そこから大いなる四つの大都を完成し、五色四夷の国々に以下のように命じた。「古にインドの地にマハーサマディ王が打ち立て、シャカムニ仏が新たに統治さしめた後に、二法はチベットの三人の大いなる転輪王のところに入って、遍く実行された。その後更にはモンゴルの地に伝わって、我が聡明なる祖先チンギスが立派に施行し、国々の人々を治めることができた」、と仰せられた。

年代記が言わんとしている点は以下の通りである。

チンギス・ハーンがチベットのサキャ派と出会い、預言を授けられた。その預言通りに文殊菩薩の化身たるフビライ・ハーンが誕生し、千転金輪王となった。フビライ・ハーンは同じサキャ派のラマに大王国師の称号を与え、仏法と世俗の両方の政治すなわち「二法」に則して理想的な治世を導き出した。このように、チンギス・ハーンとフビライ・ハーンはそれぞれ持金剛と文殊菩薩の化身として仏教の思想内で列聖されたのである。

ホトクタイ・セチェン・ホン・タイジはトゥメト万戸の最有力指導者であったアルタン・ハーン（1508-1582）の甥である。この2人は1578年にギョク・ノールこと青海湖の畔でソナム・ジャムソと会見し、元朝の滅亡後に一度は途絶えていたチベット仏教を再度、制度的にモンゴルに導入する決定を下している。この際に、アルタン・ハーンはソナム・ジャムソに「海（の如き智慧を有する）師」を意味するダライ・ラマの称号を与え、ラマはアルタン・ハーンを転輪聖王の化身として認めた。いわば、2人は往昔の元朝時代のフビライ・ハーンと国師パクパとの関係を再現させたのである[19]。モンゴル側は再び、理想的な「二法」による治世を目指す時代に入る。ちなみに、ソナム・ジャムソは自らの系統に属す先代の師2人を追認したので、自身はダライ・ラマ三世となったのである。『十善福白史』の歴史観、仏教観はその後に現れる多くのモンゴル語の年代記に決定的な影響を与え続けた。恐らくはアルタン・ハーンと同時代の人物による『アルタン・ハーン伝』と著者不明の『アルタン・トプチ』(黄金史、1620-1630年の間に編纂)、ホトクタイ・セチェン・ホン・タイジの曾孫サガン・セチェン・ホン・タイジが1662年に編纂した『エルデニン・トプチ』(蒙古源流)、1677年の『アサラクチ史』と17世紀末のロブサンダンジンの『アルタン・トプチ』、そして18世紀の著作など、ほぼ例外なく『十善福白史』の歴史観を踏襲している[20]。モンゴル語年代記にはだいたい以下のような共通した内容と特徴がある。

⑴ 宇宙の起源。

⑵ 人類史の発生。

⑶ インドからチベット、そしてモンゴルへと世界史の展開。

⑷ モンゴルのハーン家の起源。すなわちチンギス・ハーン家はチベットの王家とつながり、更にはインドの王統に淵源する。インドとチベット、それにモンゴルは三王家同源である。

⑸ 理想的な治世は、政治と宗教の「二法」に依拠して実現される。

ではなぜ、モンゴルの王家をチベットやインドとつなぎ、仏教の神々の化身とするのか。ベルギー出身で、オルドスに長く滞在したモスタールト師は『エルデニン・トプチ』(蒙古源流)について解説した際に、次のように論じている。著者のサガン・セチェン・ホン・タイジはモンゴルの最後の大ハーン、リクダ

19　宮脇淳子『モンゴルの歴史』刀水書房、2002年、155-159頁。

20　諸種の年代記の成立時期については、森川哲雄の『モンゴル年代記』(白帝社、2007年)に準じている。

ン・ハーン（1592-1634）と親しく、大元ウルスの滅亡を経験した。モンゴルの各万戸が相次いで新興の満洲人の後金国、清朝に帰順していく流れを目の当たりにした。ユーラシア世界において、唯一、チンギス・ハーン家の者のみがハーン位に即位することができるという法（yosun）が崩れるのを彼は目撃した。そこで、自身のチンギス・ハーン家の神聖性を保つ為に、曾祖父の著した『十善福白史』の理論を駆使して新たな年代記の編纂に専念した[21]。いわば、一種の抵抗史観の結実と反映である。

岡田英弘は、「『蒙古源流』はチンギス家の高貴な血統を中心の軸とする世界史」である、と分析している[22]。近年、年代記研究者の森川哲雄は、次のように指摘する。モンゴルの年代記はチベットの文化と歴史について述べ、更にはインドの王統にまでつながるという考え方を共有している。それは、「清朝の支配がモンゴリアに浸透していく中で、チンギス・ハーン家の権威を保つ役割をある程度果たしたと言える」ことである[23]。

年代記だけでなく、仏教界から出た仏教史も同様である。17、18世紀以来、チベット語で「モンゴル仏教史」(hor chos vbyung）を書くモンゴル人僧侶が多数、現れた。代表的な著作の一つ、ツンベル・グーシの『モンゴル仏教史』[24]も年代

21　Mostaert, A, Introduction, in *Erdeni-yin Tobči, Mongolian Chronicle by Saɣan Sečen*, Harvard University Press, Cambridge, Mass, pp.25-29.

22　岡田英弘『世界史の誕生』筑摩書房、1992年、253頁。尚、モンゴルとチベットとの歴史的関係については、札奇斯欽（ジャチスチン）の古典的な名著『蒙古與西藏歴史関係之研究』（国立政治大学叢書、正中書局、1978年）を参照している。

23　森川哲雄『モンゴル年代記』、434頁。

24　『モンゴル仏教史』については、橋本光寶による日本語訳がある。ただ、橋本は同書の著者をドイツ語版の訳者と同様にジグメ・ナムカとしている（ジグメ・ナムカ著・外務省調査部訳『蒙古喇嘛教史』生活社、1940年）。現在では、ツンベル・グーシとするのが定説となっている（固始噶居巴・羅桑澤培『蒙古佛教史』、全仏出版社、2004年、10-11頁。窪田新一「『モンゴル佛教史』著作の寺院を訪ねて」『日本とモンゴル』第51巻第2号、2017年、88-95頁）。近年、窪田新一ら有志が同書のモンゴル語版の訳注を公刊している（大正大学総合佛教研究所モンゴル仏典研究会訳注・窪田新一監修『モンゴル佛教史』1～4、ノンブル社、2002年、2006年、2011年、2015年）。

記とほぼ同じ歴史観に基づいて書かれている。

このように、モンゴルの知識人と政治家は仏教の理念に即して国家の政治運営をしてきただけでなく、自身の王家の神聖性を仏教史の中で位置づけていたのである。13 世紀に世界帝国を建立したモンゴルであるが、広大なユーラシア各地でさまざまな宗教に出会った。一般的に宗教に寛容であったモンゴル人はイスラームに対しても、チンギス・ハーンと宗教との一体化に熱心であった。中央アジアでは、チンギス・ハーン家に由来する「高貴な血筋」(白い骨) は預言者ムハンマドにルーツを持つ名家と結合していった[25]。チベット仏教に対するモンゴル人の態度は決して例外的なものではなかったのである。

2　国家統治における仏教儀礼

では、ユーラシア東部のモンゴル帝国、すなわち元朝がチベット仏教とどのような「二法」関係を結んだのであろうか。単なる施主と檀家の関係ではないとすれば、国家統治における「二法」の実践は実態としてどのように現れていたのであろうか。

モンゴル人は元来、シャーマニズムの精神に基づいて、国家のシンボルとして白いスゥルデ（čaɣan sülde)、軍神として黒いスゥルデ（qar-a sülde）を神聖視し、後にはチンギス・ハーン本人も国家の守護神と位置づけられるようになった[26]。スゥルデとは元々、人間の魂（sür）が宿った神器とされている。モンゴル史学者のチョイジによると、こうした伝統はフビライ・ハーンによって改革されたという。ハーンが大都に首都を置くようになると、国師パクパの進言に従って、白傘蓋仏母（čaɣan sikürtei）を白いスゥルデの代わりに、マハカーラ（mahākāla, 大

25　Hudson, Alfred, E. *Kazak Social Structure*, Yele University Publications in Anthropology, Reprinted by Human Relations Area Files Press, 1964（1938）, p.56, pp.102-103. Kamola, Stefan, *Making Mongol History, Rashid Al-Din and the Jami‘Al-Tawarikh*, Edinburgh University Press, 2019. 楊海英『モンゴルの親族組織と政治祭祀』風響社、2020年、39頁。

26　楊海英『チンギス・ハーン祭祀』風響社、2004 年。

黒天）をモンゴル軍の軍神とするような政治改革を断行したのである[27]。

石濱裕美子の研究によると、「白傘蓋仏事の本尊となる白傘蓋仏母は、いずれも、仏頂系の経典に説かれる仏である。仏頂系の仏とは仏が瞑想に入った時、その頭頂（uṣṇīṣa, 肉髻）から出現した陀羅尼が尊格化したものである」。白傘蓋仏事は国師パクパの肝煎りで創設されたもので、毎年豪華な祭典として行われたという。それは、普段は大ハーンの王座の上に白傘蓋を安置し、毎年 2 月 15 日には更に皇城を一周する儀礼である。その際に「佛頂大白傘蓋陀羅尼経」が国家をあらゆる災難から護る目的で唱えられた[28]。

白傘蓋仏母の政治儀礼はモンゴル朝廷を舞台に実施され、マハカーラも軍神として各地の転戦に帯同された[29]。軍神マハカーラはその後、満洲人に受けつがれていったのである[30]。

政治儀礼は白傘蓋仏母とマハカーラで以て、それぞれ白いスゥルデと黒いスゥルデに完全に取って代わられたわけではない。モンゴル高原と大都にあったチンギス・ハーンをご神体とする祭殿の儀礼はずっとシャーマニズムの精神に依拠した「国俗」と、「国語」ことモンゴル語で挙行されてきた。1578 年に、オルドスのホトクタイ・セチェン・ホン・タイジの勧めでアルタン・ハーンらが再度仏教を導入した際に、古いシャーマニズムの習慣を部分的に禁じる旨の意志が示された[31]。しかし、そうした政策はあくまでもチベットとの関係を維持し、仏教を尊崇する為の理念であったと理解した方がより合理的であろう。何よりも、ホトクタイ・セチェン・ホン・タイジ自身の万戸集団、すなわちオルドス万

---

27 Čoyiji, *Mongol-un burqan-u šasin-u teüke, Yeke Mongγol ulus-un üy-e*（*1206-1271*）, Öbür Mongγol-un arad-un keblel-ün qoriy-a, 1998, pp.286-287. 喬吉『蒙古族全史（宗教巻）』内蒙古大学出版社、2011 年、76-79 頁。*Mongol-un burqan-u Šasin-u teüke, Yuvan ulus-un üy-e*（*1271-1368*）, Öbür Mongγol-un arad-un keblel-ün qoriy-a, 2003, pp.177-181.

28 石濱裕美子『チベット仏教世界の歴史的研究』東方書店、2001 年、28-33 頁。

29 Čoyiji, *Mongol-un burqan-u šasin-u teüke, Yuvan ulus-un üy-e*（*1271-1368*）, Öbür Mongγol-un arad-un keblel-ün qoriy-a, 2003, pp.181-193.

30 喬吉『蒙古族全史（宗教巻）』、243 頁。

31 井上治『ホトクタイ＝セチェン＝ホンタイジの研究』風間書房、2002 年、108-109 頁。

戸はシャーマニズムに基づいたチンギス・ハーン祭祀を維持運営する政治集団であった性質を忘れてはいけない。事実、チンギス・ハーン祭祀は今日までずっと、少なくとも建前上はチベット仏教を排除した形で行われてきたのである[32]。

3　草原の翻訳家たちの功績

元朝は国家の政治祭祀にチベット仏教を活用しただけでなく、国家が支援する形で多くの仏典をモンゴル語に翻訳した[33]。モンゴル人が中原から草原に帰った後も、仏典の翻訳は途絶えなかった。アルタン・ハーンとその後継者たちの時代を経て、17 世紀の最後の大ハーン、リクダン・ハーンの時になると、モンゴル語大蔵経『ガンジョール』はついに完成された。この点について、ドイツのモンゴル学者ハイシッヒは以下のように指摘する。

リクダン・ハーンはモンゴルの最後の大ハーンとして、悲劇的な人生を送らなければならなかった。彼は少年時代から大志を抱き、祖先チンギス・ハーンに倣い、フビライ・ハーンの再生になりすまそうとした。リクダン・ハーンは契丹こと遼時代の都市、白塔に本拠地を置き、ここに彼自身の宗教観に賛同するモンゴル人とチベット人高僧 35 人をモンゴル各地から招集して、それまでに完成されていた『ガンジョール』の校訂作業を 1628 年から翌年にかけて進めた。高僧たちはグンガー・オドセルの指揮下で、1,100 点もの経典を校訂し、奥付に「人類のあらゆる支配者中の支配者、チンギス・ハーンの化身、フビライ・ハーンの化身、法輪を回す世界の主権者の化身」たるリクダン・ハーンを称賛する言葉を書き込んだ。大ハーン自身用の経典の一部は、青地に金文字で

32　モンゴルにチベット仏教が導入されてから、シャーマニズムと仏教との政治闘争を示唆した伝説がオルドスにある（楊海英編『十善福白史』と『輝かしい鏡』――オルドス・モンゴルの年代記』風響社、2018 年、13-14 頁。楊海英「描かれた神、呪われた復活」松原正毅編『中央アジアの歴史と現在』勉誠出版、2020 年、148-165 頁）。

33　Čoyiji, *Mongol-un burqan-u šasin-u teüke, Yuvan ulus-un üy-e*（*1271-1368*），2003, pp.238-286

書かれた。モンゴル人から大ハーンの権威を禅譲された満洲人もこの偉大な文化遺産を受け入れた。康熙帝は学僧団にリクダン・ハーンの『ガンジョール』をもう一度検討させ、1,055 もの経典全体を 108 冊に分けて、1718 ～ 1720 年にかけて北京で新しく版木を彫って印刷した。大きさは約 35cm×70cm で、両面印刷して 48 万葉に達する成果はまさに壮大な文化遺産の継承と発展といえる[34]。

近年、内モンゴル自治区のモンゴル人の歴史学者チョイジはハイシッヒらの研究を更に深化させ、次のように総括している[35]。

> 『ガンジョール』の一部の翻訳は、リクダン・ハーンの時代から始まった。それは、シャルバ・ホトクト（Šarba qatuɣtu, ? ～ 1636）が大ハーンの身辺にいて、ハーンの宗教上の導師になっていた頃のことである。現存の多くの仏典が証明しているように、『ガンジョール』の一部は既に元朝時代にモンゴル語に翻訳されていた。ナムダイ・チルク・ホン・タイジ（Namudai čürüge qong taiji, 在位 1586 ～ 1607）の時代にも翻訳は継続された。リクダン・ハーンの時代になると、元朝期とその後 16 世紀以降の零細な翻訳と、ナムダイ・チルク・ホン・タイジとオユンチ・ジュンゲン・ハトン（Uyanču Jönggen qatun, 1550 ～ 1612）、オンブ・ホン・タイジ（Onbu qong tayiji, ? ～ 1624）らの支持の下で、シレート・グーシ・チョルジ（Siregetü güsi čorji, 1564 ～ 1625）とアユーシ・グーシ（Ayusi güsi）ら右翼三万戸の優れた翻訳者たちが『ガンジョール』の翻訳に取り組んだ。僅か一年でモンゴル人の最大の文化的事業、『ガンジョール』113 函を編纂し終え、金粉で以て中国製の紺紙に書写した。これが、モンゴル人の言うところの「リクダン・ハーンの金字『ガンジョール』」（Ligdan qaɣan-u altan ɣajur）である。

上記の翻訳者たちの中で、シャルバ・ホトクトは軍神マハカーラとも関係し

34　ハイシッヒ『モンゴルの歴史と文化』岩波文庫、2000 年、196-220 頁。
35　薺吉『蒙古族全史（宗教巻）』、240 頁。

ている。元朝時代にはパクパ国師が黄金二千両で作り、五台山で祀っていた軍神マハカーラは後にチベットのサキャ寺に移転され、保管されていた。シャルバ・ホトクトはこのマハカーラ神像をチベットから持ち出してモンゴルのリクダン・ハーンに献上した。リクダン・ハーンもまたこの由緒ある神像を祀り、祖先フビライ・ハーンのようにモンゴル帝国の再興に力を入れていたのである[36]。この『ガンジョール』のモンゴル語版の完成は、その後のモンゴル文化の復興に決定的な影響を与えた。モンゴル人が学問好きな民族に変身したことを象徴する金字塔である。

4　写本の奥付が語る歴史

既述のように、フビライ・ハーンは白傘蓋仏母を国家鎮守の守護神として奉っていた。白傘蓋仏母を称賛した経典が元朝時代にモンゴル語に翻訳されたかどうかは不明であるが、モンゴル語『ガンジョール』内の白傘蓋仏母賛歌は以下の二つである[37]。

(1) Qutuɣ tu qamuɣ tegünčilen iregsed-ün orui-ača ɣaruɣsan čaɣan sikürtei: busud-a ülü ilaɣdaqu yekede qariɣuluɣči: degedü bütügsen neretü tarni.

(2) Qutuɣ-tu tegünčilen iregsed-ü usnir-ača ɣaruɣsan čaɣan sikürtei busud-a ülü ilaɣdaqu neretü tarni.

ハイシッヒとチョイジは同書の奥付に依拠して、上で触れたアユーシ・グーシがこの二つの経典を翻訳したと指摘している[38]。

36　喬吉『蒙古族全史（宗教巻）』、142-143 頁。

37　Ligeti, Louis, *Catalogue du Kanjur Mongol Imprimé*, Société Körösi Csoma, Budapest, 1942, p.63. Mongɣol ɣanjuur danjuur-un ɣarčaɣ-un nayiraɣulqu jöblel, *Mongɣol ɣanjuur danjuur-un ɣarčaɣ*, degedü, Alus-un bar-a keblel-ün qoriy-a, 2002, pp.34-35.

38　Heissig, W, *Die Pekinger Lamaistischen Blockdrucke in Mongolischer Sprache*, Otto

実はモンゴル人が長城以南の中原から北の草原に撤退した後も、白傘蓋仏母は国土の安寧を守る守護神であるとの理念は忘却されなかった。例えば、1940年代にモンゴル人が中国の侵略に武力で抵抗した際も、白傘蓋仏母の儀礼を行い、経典を唱えてから国土防衛の戦いに挑んでいた[39]。

私は長いこと、実際にモンゴル社会内で誦読されていた白傘蓋仏母賛歌を見つけようと努力してきた。私の願いはついに実り、1995年と2006年夏にモンゴル国から二種の白傘蓋仏母に関する写本を収集することができたのである。そのうち1995年収集の写本は「聖白傘蓋仏母という大乗経典。総括とお返し（回折）の賛歌」(Qutuγ-tu čaγan sikürtü kemekü yeke kölgen sudur: quriyangγui kiged qariγulγ-a maγtaγal luγ-a salta orusiba）で、2006年夏に入手した写本は「無敵の聖白傘蓋仏母の大いなるお返し（回折）の陀羅尼」(Čaγan sikürtei busud-tu ülü ilaγdaqu yekede qariγuluγči neretü tarni）である[40]。本書第10章では、実際にモンゴル人社会内に伝わっていた白傘蓋仏母を称賛した写本を二つとも呈示する。いずれとも、書風の美しい写本である。

（1）Qutuγ-tu čaγan sikürtü kemekü yeke kölgen sudur: quriyangγui kiged qariγulγ-a maγtaγal luγ-a salta orusiba:「聖白傘蓋仏母という大乗経典。総括とお返し（回折）の賛歌」。大きさは19.0cm×7.3cmで、計27枚である[41]。1995年収集（本書第10章, 296頁からの写真参照）。

（2）Čaγan sikürtei busud-tu ülü ilaγdaqu yekede qariγuluγči neretü tarni:「無敵の聖

Harrassowitz, Wiesbaden, 1954, p.29. Čoyiji, *Mongol-un burqan-u šasin-u teüke, Yeke Mongγol ulus-un üy-e*（*1206–1271*）, p.335. 蕎吉『蒙古族全史（宗教巻）』、229頁。

39 楊海英『モンゴル人の中国革命』筑摩書房、2018年、181-182頁。

40 楊海英「モンゴル国から収集したモンゴル語写本・木版本目録（中間報告書）」静岡大学人文社会科学部アジア研究センター『アジア研究』第15号、3-7頁。尚、コペンハーゲンの王立図書館にも同経典は保管されている、とハイシッヒらは伝えている（Heissig, Walther, assisted by Bawden, Charles, *Catalogue of Mongol Books, Manuscripts and Xylographs*, The Royal Library, Copenhagen, 1971, p.230）。

41 この写本は更に第三のテキストが続くはずであったが、収集した時点で欠落していた。

白傘蓋仏母の大いなるお返し（回折）の陀羅尼」。大きさは 24.5cm×70.3cm で、計 6 枚である。2006 年夏収集（本書第 10 章，296 頁からの写真参照）。この第二の写本の段落の冒頭にあるマーク（biry-a, Indo-Tibetan: virga）と文末のマーク（čeg）をカラの研究成果と付き合わせると、18 ～ 19 世紀ものである可能性が浮上してくる[42]。

二つの写本のうち、第一の写本は更に二つのテキストからなる。前半は「聖白傘蓋仏母という大乗経典」で、後半は「総括とお返し（回折）の賛歌」である。写本の第 21 葉の裏面から 22 葉に至るまでの間に、最初のテキストの奥付があり、極めてユニークな内容である（写真 292 ～ 293）。

聖如来の頭頂（uṣṇīṣa, 肉髻）から生成された無敵の白傘蓋仏母の大いなるお返し（回折）の陀羅尼が完結した。菩薩たるハーンの時に翻訳され、後世のカシミールのパンディタとロゾアら 2 人がそろって幸ある金剛にて、カシ（ミール）の聖水が湧き出る域の寺院にある古い経典とつき合わせて校訂した。これをグーシ・チョスが翻訳し、ウラト地域のダルマがまた直して版刻した。

Qutuɣ-tu tegünčilen iregsen uṣṇīṣ-ača ɣaruɣasan čaɣan sikürtei busud-ta ülü čidaɣdaqu jiči yekede qariɣuluɣči degedü bötügsen kemegdekü doɣtaqal tegüsbe: bodisadu qaɣan tüsimel-ün üy-e-dür orčiɣuluɣ-san-ača qoyidu čaɣd Khasi（mir）-yin paṇdita paranitab kiged luvazau-a qoos bayasqulangtu vačir-bar Khasi（mir）-yin rasiyan ɣaraqu-yin orun-u nom-un süm-e-yin qaɣučin sudur-tur tulɣaju ariɣudqan üiledügsen bolai:: kemen egüni orčiɣuluɣ-a urid luɣ-a tokilduɣulun güüsi Cös-ber

42　Kara György, *Books of the Mongolian Nomads, More than Eight Centuries of Writing Mongolian*, Indiana University Bloomington, Research Institute for Inner Asian Studies, 2005, pp.97-100.

orčiɣuluɣsan Urad Dharm-a-bar jiči basa sigün jasaju keb-tür egüdügsen-e.

この奥付は木版本『ガンジョール』内のものとほぼ一致している。草原のラたちが高価な木版から書写したかもしれないし、民間に伝わっていた別の系統の写本を更に書き写した可能性も否定できない。

というのも、傍証があるからである。私がオルドスの民間から集めて公開した「聖救度仏母二十一種礼賛経」は1431年の北京版とほぼ同じである。北京版は実は元朝版の復刻である。モンゴルの民間にはほかに「ウラト地域のダルマ」(Urad Dharm-a) が訳した写本も流布していたが、オルドスの写本は元朝の木版とほぼ同じである。この「聖救度仏母二十一種礼賛経」はまたオルドスのアルジャイ石窟寺院内の壁にも題字として書かれている[43]。ちなみに、これからは「ウラト地域のダルマ」についても更に研究する必要があろう。

5　チベット仏教世界とモンゴルの政治権力との関係

石濱裕美子は多言語で書かれた檔案と年代記、それに仏典内の歴史学的史料を用いて、「チベット仏教世界」という概念を打ち出した。「従来のアジア史研究において、ある特定の思想とそれに基づいた政治行動が複数国家間にわたって確認され、その結果それらを一つの世界とみなせる場合、その世界は中華世界、イスラーム世界等の用語によって表現されてきた」。これに対し、石濱は、モンゴルとチベット、それに満洲人支配者が形成したのは、チベット仏教に基づく世界という意味で、「チベット仏教世界」になる、と論じた。具体的にいえば、それはフビライ・ハーンとパクパが結んだ王と国師との関係を後世のアルタン・ハーンとダライ・ラマ三世が倣い、更には清朝の乾隆帝にも受け継がれた。彼らはいずれも菩薩にして転輪聖王の再来として治世にあたった。中華世界という中華中心主義では、ユーラシアの諸民族の歴史の実態と性質が解明で

43　楊海英『モンゴルのアルジャイ石窟』風響社、2008年、87-106頁。

きない。むしろ「チベット仏教世界」こそが有効である、と石濱は唱えた[44]。

石濱がチベットとモンゴルだけでなく、満洲と長城以南のチャイナ・プロパー（中国本土）も研究の射程に入れているのに対し、韓国の女性研究者金成修はモンゴル高原に焦点を当てて、仏教が再度草原に伝わった際に引き起こされた大ハーンの政治権力の変転に注目した。金によると、仏教の再導入により、チベットに形成されていた仏教の政治的中心はモンゴルに移った。しかも、モンゴルに複数の仏教的政治センターが現れたことで、それまでの政治の中枢を成していた大ハーンの権力の空洞化をもたらした、と論じている[45]。

金の分析は以下の通りである。

16 世紀後半に、チベット仏教をモンゴルへ再び将来した際に中心的な役割を果たしたアルタン・ハーンは、モンゴルの六大万戸の一つ、トゥメド万戸の指導者である。時の大ハーンはチャハル万戸に鎮守するトゥメン・ジャサクトである。アルタン・ハーンは自身をフビライ・ハーンの如き菩薩にして転輪聖王だと位置づけて、チベットの高僧にはダライ・ラマの称号を与えて政治的権威を高めた。それは、明らかに全モンゴルの大ハーンよりも政治的神聖性が高くなったことをまざまざと草原の遊牧民に見せつけたことになる。この時点で、草原にはトゥメト万戸を中心とした政治センターと、大ハーンを擁したチャハル万戸センターの二つが形成されたことになる。ここから、大ハーンの権威低下、権力の没落が始まる[46]。

大ハーンの権威低下はこれだけでは止まらない。三世ダライ・ラマがモンゴル南部のフフホトに来ていた 1586 年に、モンゴル北部のハルハ万戸からも有力な政治家アブダイ・ハーン（Abudai qaɣan, 1554 ～ 1588）が訪ねてくる。アブダイ・ハーンはダライ・ラマ三世から「持金剛の化身たるハーン」の称号を与えられる。この「持金剛の化身たるハーン」はそれまでに主としてチンギス・ハーン

44　石濱裕美子『チベット仏教世界の歴史的研究』、363-365 頁。

45　金成修『明清之際藏伝仏教在蒙古地区的伝播』社会科学文献出版社、2006 年。

46　同上、92-94 頁、175-179 頁。

に対して用いていたことから見れば、ダライ・ラマ三世のアブダイ・ハーンに対する評価は相当高かったといえよう。アブダイ・ハーンはハルハに帰り、モンゴル帝国の帝都だったハラホリンの廃墟に巨大な伽藍エルデニ・ジョー寺を建立する。この時点で、ハルハ万戸にも一つの仏教を中心とした政治センターが出現したことになる。

同様なことは、西モンゴルことジュンガル・ハーン国を成すオイラト諸部内でも並行して進む。ジュンガル・ハーン国も当然、全モンゴルの支配と統一を目的とした雄大なビジョンを有していた。しかし、大ハーン権力の没落は最終的に政治の中心がモンゴルのある万戸にではなく、満洲人の方へとシフトしていくことになる[47]。文殊菩薩の化身たる満洲人はついにモンゴル最後の大ハーン、リクダン・ハーンから伝国の玉璽と軍神マハカーラの神像等を奪って、ユーラシア草原の遊牧民のハーンとしての顔を有するようになっていくのである。満洲人のハーンもモンゴル語版『ガンジョール』の意義をじゅうぶんに理解していたので、版木を彫って北京で上梓に付したのである。

以上のような金成修の仏教伝播に関する研究は、モンゴルの大ハーン権力の没落を解析するのに大きく貢献している。チベット仏教がモンゴルを腐敗させ、没落させた、と後世の知識人はよく批判する。しかし、そうした批判者たちの根拠は貧弱だった。金の研究は批判の材料にならないが、遊牧社会における政治権力と宗教との関係史を理解するうえで、有用であると評価できよう。

6　チベット仏教のモンゴル化と宗教弾圧

チベット仏教とモンゴルとの関係について考える際に、二つの側面に注視する必要があろう。一つは政治との関係で、もう一つは仏教のモンゴル化、言い換えれば、宗教のモンゴル・ナショナリズム化である。

政治との関係については既に上で述べてきた通りで、モンゴル内部において

47　同上、94-108頁、120-121頁、153頁。

はチンギス・ハーン家との特別な施主と檀家の関係である。そして、もう一つはモンゴルとチベットとの国際関係である。清朝時代はそうであったし、現代においても、チベットとモンゴルの活仏たちは積極的に政治運動に関わった。それが、中国との関係も重なると、更に複雑化した。

モンゴル人とチベット仏教との政治関係を最も象徴的に物語る人物が2人いる。一人は四世ダライ・ラマで、もう一人はジェプツンダムバ・ホトクトである。三世ダライ・ラマは1588年3月26日に布教先のモンゴルのトゥメト地域で入寂した。それを受けて、翌年生まれたアルタン・ハーンの曾孫ユンドンジャムツォが前世の転生として、四世ダライ・ラマに認定された。チベット仏教の最高指導者がモンゴルの黄金家族、チンギス・ハーン家から転生したことの政治的な意義は計り知れないものである。こうした「奇跡」の創出は、三世の政治的意向[48]とモンゴル側の思惑が一致した結果である。

初代ジェプツンダムバ・ホトクトはハルハ万戸へ仏教をもたらしたアブダイ・ハーンの曾孫である。イギリスのモンゴル学者ボーデンは『初代ジェプツンダムバ・ホトクト伝研究』の序言で次のように論じている。初代ジェプツンダムバ・ホトクトは1635年に生まれており、これはモンゴル最後の大ハーン、リクダン・ハーンが亡くなった翌年にあたる。彼は、ハルハ万戸内のトゥシェート・ハーンの息子として黄金家族の一員として誕生し、チベット仏教の転生仏として認定された。最後の第八世ジェプツンダムバ・ホトクトは1911年に清朝に対して独立を宣言し、モンゴルの独立に大きく貢献した。彼が1924年に入寂すると、次の転生の誕生を共産主義者たちは阻止した。ここで、社会主義のモンゴル人民共和国が成立する[49]。

48　前世すなわちダライ・ラマ三世が繰り返し自分の転生はモンゴルから出現する、と予言していたことを『ダライ・ラマ四世伝』は伝えている（五世達頼喇嘛阿旺洛桑嘉措著・陳慶英　馬連龍訳『一世～四世達頼喇嘛伝』中国藏学出版社、2006年、250-261頁）。

49　Bawden, Charles, R, *The Jebtsundamba Khutukhtus of Urga, Text, Translation and Notes*, Otto Harrassowits, Wiesbaden, 1961, p.1. 最後のジェプツンダムバ・ホトクトについては、Batsaikhan, Emgent Ookhnoi, *Bogdo Jebtsundamba Khutuktu, The last King of*

清朝の政策により、歴代ジェプツンダムバ・ホトクトの中にはチベット高原出身者も含まれるが、彼らはモンゴルに渡ってから常にモンゴル人の活仏として振舞い、モンゴル政治に積極的に関与してきた。近代に入り、特に中国からの侵略と圧力が強まるにしたがい、政治的危機感も高まり、モンゴル人の民族的覚醒に大きな役割を果たした[50]。だからこそ、社会主義者にはその存続が許されなかったのであろう。最後のジェプツンダムバ・ホトクトの入寂後に、1930年代から大規模な政治的粛清がスターリンの指示で行われ、ラマたちはテロの犠牲者となっていった[51]。内モンゴルでの弾圧と殺戮、そして寺院の破壊は1949年に毛沢東の中華人民共和国が成立してから実施された。内モンゴルの指導者のウラーンフーは宗教に関して穏やかな政策を採っていたが、毛沢東の中国共産党は過激であった[52]。「宗教は人民を毒する麻薬だ」との信念の下で、ラマたちは逮捕され、殺害された。

モンゴルだけでなく、チベット仏教側も同じである。1930年代にチンギス・ハーン家の徳王ことデムチョクドンロプ王が内モンゴルで民族自決運動を始めた際に、九世パンチェン・ラマは彼の身辺に滞在し、支持していたことがある[53]。時をほぼ同じくして、別の高僧、ジャンガ・ホトクトは中華民国側に立って宣撫活動に従事していた[54]。

Mongolia,（Admon, Ulaanbaatar, 2009）参照。

50 *Sárközi, Alice, Political Prophecies in Mongolia in the 17-20th Centuries*, Otto Harrassowits, Wiesbaden, 1992.

51 Sandag Shagdariin, Harry H. Kendall with Foreword by Frederic E. wakeman, Jr, *Poisoned Arrows, The Stalin- Choibalsan Mongolian Massacres, 1921-1941* Westview Press, 2000.

52 楊海英編『モンゴル人ジェノサイドに関する基礎資料3—打倒ウラーンフー（烏蘭夫）』風響社、2011年、562-564頁。

53 烏雲高娃「九世班禅内蒙古之行」中国人民政治協商会議・内蒙古自治区委員会文史和学習委員会『内蒙古喇嘛教紀例』内蒙古文史資料・第四十五輯、1997年、199-208頁。

54 烏雲高娃「諸世章嘉呼図克図」中国人民政治協商会議・内蒙古自治区委員会文史和学習委員会『内蒙古喇嘛教紀例』内蒙古文史資料・第四十五輯、1997年、209-222頁。Yang Haiying and Uradyn E. Bulag, *Janggiy-a Qutughtu: A Mongolian Missionary for Chinese National Identification. Mongolian Culture Studies V*, International Society for the Study of the Culture and Economy of the Ordos Mongols（OMS e. V.）, Köln, Germany,

チベット仏教が草原に伝わってから、ごく自然にモンゴル化していった。経典をチベット語で唱えるかモンゴル語で詠むべきかの問題もまた、常に議論の対象となっていた。内モンゴルのウラト地域のメルゲン・ゲゲーン・ロブサンダムビジャルスン（Mergen gegen Lobsandambijalsan, 1717-1766）は体系的に経典の翻訳を進め、モンゴル語での読経を率先して実践した。今日、彼が翻訳ないしは創作した作品に関する研究は「メルゲン・ゲゲーン学」と称されるようになり、研究成果も汗牛充棟の様相を呈している[55]。メルゲン・ゲゲーンの仏教的作品はシャーマニズムのチンギス・ハーン祭祀にもある程度の影響を与え、モンゴル社会のあらゆる儀礼に浸透しているのである[56]。

20世紀に入ってから、ナショナリズムに覚醒したモンゴル人は自ら「ラマ教と近代化の関係」について思索するようになる。モンゴルの一部を植民地として統治した日本もまた宗教改革を近代的政策としてモンゴル人に対して推し進めた[57]。モンゴル人と日本が主導した宗教改革は比較的穏便なものであったのに対し、社会主義の弾圧は苛烈であった。現在、中国では再び毛沢東時代を彷彿とさせる過酷な宗教弾圧が始まっているのと対照的に、モンゴル国では完全に自由を享受している[58]。宗教、それもチベット仏教がモンゴル社会の再編に如何なる影響を与えるのか、これからも注視し続けなければならないのであろう。

2003.

55　例えば、Möngke, Ba, *Mergen gegen Lobsandambilalsan*, Öbür Mongɣol-un soyul-un keblel-ün qoriy-a, 1995.

56　Naranbatu, Ü, Jalsan, P, Rasinim-a, Uyunbatu, *Mongɣol-un Büddha-yin soyul*, Öbür Mongɣol-un soyul-un keblel-ün qoriy-a, 1997.

57　達瓦敖斯爾「偽満喇嘛宗団真相」中国人民政治協商会議・内蒙古自治区委員会文史和学習委員会『内蒙古喇嘛教紀例』内蒙古文史資料・第四十五輯、1997年、400-401頁。ナランゴア・リ「僧侶動員と仏教改革」『北東アジア研究』(7)2004年。

58　活況を呈するモンゴル国の社会主義時代から続く仏教的信仰の実践については、島村一平による研究がある。Simamura Ippei, Magicalized Socialism: An anthropological study on the magical practices of a secularized reincarnated lama in Socialist Mongolia, in *Asiatische Studien - Études Asiatiques* 74（4）, 2020, pp.799-829, Zurich, Swiss Asia Society.

第2章　内モンゴル自治区

1　バディゲル・ジョー寺

1991年7月28日、私は内モンゴル自治区西部の大都市、包頭市から北東へと58キロメートル離れたところにある名刹バディゲル・ジョー寺（Badgir juu）を目指した。この寺は一般的にウダン・ジョー（Udan juu, 五当召）と呼ばれている。途中、モクタイ（Muqurtai, 毛忽太）、チャガン・ゴル（Čaɣan Γool, 白草溝）、シグイ（Siɣui, 石拐）などの地を経由した。ずっと深い谷間がつづき、かつてはモンゴル人遊牧民の夏営地であったところである。現在はすべて畑に変わっている。ただ、山の斜面にはときおり羊と山羊の群れが現れてはゆっくりと動いていた。山羊の方が圧倒的に多かった。寺の近くにジブホルンタイ（Jibquluntai somu）郷があり、約60数戸のモンゴル人が暮らしており、羊と山羊を放牧しているという。

バディゲル・ジョー寺に着いてからまず、チンディ（Čindüi, 当時58歳）というラマに話を聴いた。彼はダルハンムーミンガン旗の出身で、8歳の時に出家した。家にはもう一人、姉がいたが、自らすすんで仏門に入ったという。バディゲル・ジョー寺附属の宗教学校で学び、一時は90人ものラマもいた。ところが、1958年になると、ほぼ全員、還俗を共産党政府から命じられた。チンディは石拐付近にあるチャガン・ゴル炭鉱で働かされた。仲間たちは過酷な強制労働に耐えられなくなり、ほとんど死んでいった。

文化大革命中、チンディと他のラマたちは「民族分裂主義者の内モンゴル人民革命党員」とされ、3カ月間、刑務所に閉じ込められた。寺は閉鎖され、経

写真1　バディゲル・ジョー寺付近の羊群と廃墟

典はすべて眼前で燃やされた。「当時、モンゴル人というだけで、犯罪者扱いされていた」、とチンディは証言する。チンディは1988年に再び、僧籍にもどった。

チンディによると、寺にはかつて1940年に二人の日本人（naran kümün）が来て、二年間滞在していた。寺の高僧もまた東京を訪問するなど、日本との交流関係が非常に深かったという。現在、寺には30数人の老齢のラマと、12人の若いラマがいるそうである。彼らはイケ・ジョー盟とジェリム盟、ヒンガン盟とウラーンハダ市、それにウラーンチャブ盟から来ている。資格によって、毎月20～70元の給料が支給されている。ラマたちは毎朝6時に起きて読経（itegel）に励む。主として、ジャワール（javar）を読む。その後は増え続けている観光客の対応に追われ、夕方にはまた一時間ほどお経をよむ。年に一回、故郷に帰る。

バディゲル・ジョー寺はかつて清朝時代からオルドスのイケ・ジョー盟とウラーンチャブ盟の共同管理下にあった。寺の南に寺領（süm-e-yin ɣajar）があり、複数の群れからなる家畜を所有していたが、すべて中国共産党に没収された。現在、モンゴル人の参拝者も多いので、乳製品には事欠かない。また、肉を持ってくるモンゴル人もいるので、自分たちで家畜を屠ることはしない。

ジェリム盟出身のシルム（Sirumu, 22歳）というラマはすでに出家して4年経つ。3年間バディゲル・ジョー寺の付属ラマ学校で学び、卒業してからそのまま寺院に残ったという。牧畜民の両親には6人の子どもがおり、シルムは4番目である。自分の意志で出家し、1990年に師匠について青海省のグンブム寺（塔爾寺）に巡礼し、半月ほど滞在した。来年はチベットのジョー（ラサ）に行く予定である、と語る。かつて、バディゲル・ジョー寺の僧は馬に乗って、あるいは徒歩で青海とチベットを目指した。往復、一年間かかった。

ハス（Qas, 22歳）はウラーンチャブ盟チャハル右翼後旗の出身で、3人兄弟の2番目である。両親は牧畜民で、1990年に父母と共にグンブム寺に参拝し、25日間滞在した。シルムもハスも現代社会のラマは結婚して妻帯するのもいいとの立場であるが、自分たちは結婚しないと話す。

バディゲル・ジョー寺に「内モンゴル自治区五当召ラマ訓練所（培訓班）」があり、東北三省や新疆ウイグル自治区からのモンゴル人たちが学んでいた。新疆のウス県（Usu）とボルタラ・モンゴル族自治州から10人来ている。訓練期間は3年間である、という。現在使っている経典は最近、青海省のグンブム寺（塔爾寺）から運んできたものである。

僧たちによると、バディゲル・ジョー寺にはかつて8つの大きな殿ドゥグン（duγun）があった。それは大衆本堂（ツォクチン・ドゥグン, Soγčin duγun）、顕教学部屋（ツエリン・ドゥグン, Čering duγun）、時輪仏殿（広覚寺, ドイン・クル・ドゥグン Düingqur duγun）、憤怒神殿（Doγsid duγun, Yamandaqa duγun）[59]、ラマレン学堂（Lamereng duγun）などである（図1）。

毎月8日と15日に小法会（baγa qural）という法会があり、旧暦7月25日から

59　Se. Narasun and Temürbaγatur（eds.）, *Ordus-un süm-e keyed*（Öbür Mongγol-un soyul-un keblel-ün qoriy-a, 2000, pp.28-29）によると、この時輪仏殿は乾隆14（1749）年にオルドスのジュンガル旗のジャサクのナムジャルドルジ（Namjaldorji）が建てたもので、憤怒神殿はその妃のナブチト・エルグムジレルト（Nabčitu Ergümjileltü）が寄進して建立した宮殿であるという。

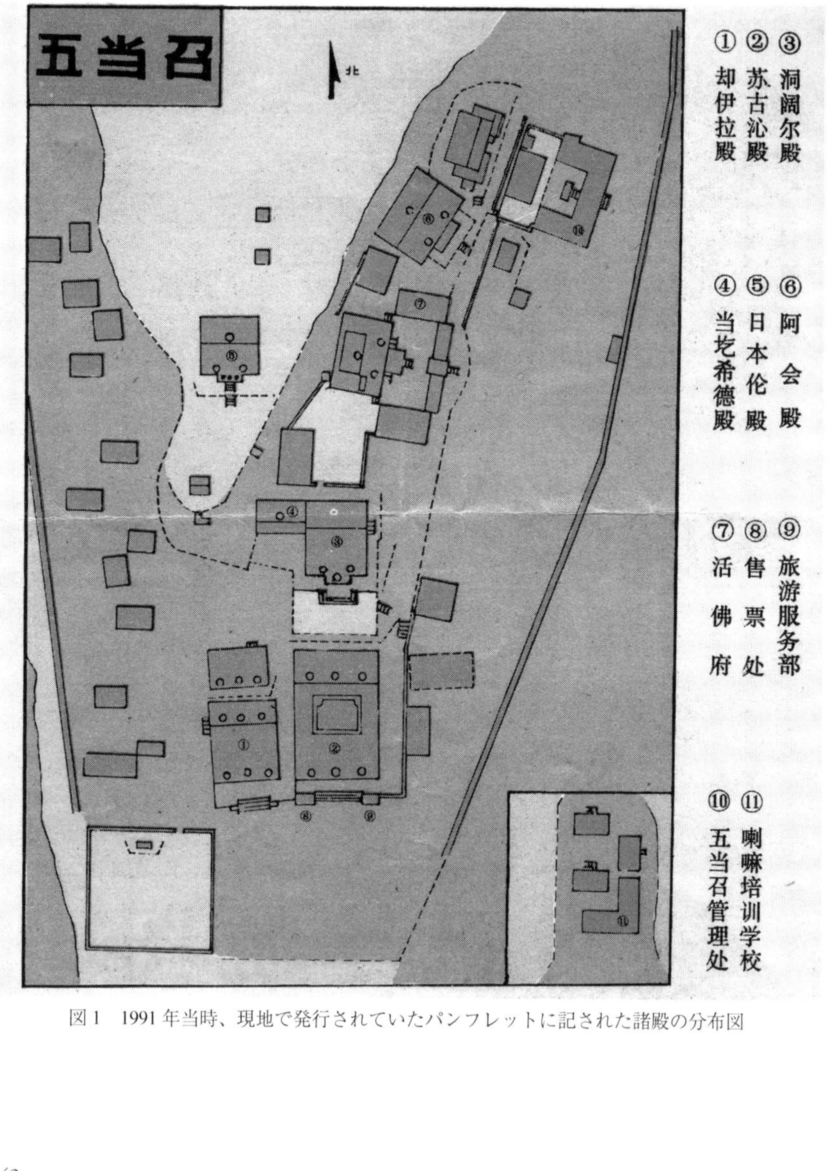

図1　1991年当時、現地で発行されていたパンフレットに記された諸殿の分布図

写真2　バディゲル・ジョー寺全景

一週間にわたって「永遠なるマニの法会」(möngke mani-yin qural) がある。こちらには五台山やバヤン・ノール盟のロブンチンベイ石窟寺 (Lobunčinbei-yin aγui)[60]、グンブム寺の僧も参加する。正月5､6日には「大蔵経の法会」(Γanjur-un qural)がある。

寺の門前で馬をひいて観光客を乗せる商売人がいた。名前はムーノハイ (Maγunoqai, 60歳, 中国名は呉志国) といい、ウラーンチャブ盟チャハル右翼中旗の出身で、1949年から騎兵第四師団に入り、1956年に除隊したという。夫人は寺の近くでモンゴル料理のレストランを経営し、夫婦で4人の子どもを育てている。中国名は軍隊にいた頃に付けられたという[61]。

60　その後、2004年9月9日、私はオトク旗アルジャイ石窟でソンルブリンチンという僧に会った。彼によると、ロブンチンベイ寺はディルワ・ホトクトの寺院で、1956年までは約200人のラマがいて、モンゴル高原のサイン・ノヤン・ハーン部との繋がりが強かったという。フィールド・ノート：オルドス（三十八, No. 2040）。ディルワ・ホトクト自身もサイン・ノヤン・ハーン部に寺領がある、と証言していた (Vreeland III, Herbert Harold, *Mongolian Community and Kinship Structure*, 1957, pp.10-11, p.19)。

61　フィールド・ノート：オルドス（一, No. 2003）

写真3　バディゲル・ジョー寺のドイン・クル・ドゥグン

写真4　バディゲル・ジョー寺の主殿前

2　シャルリク寺

シャルリク寺（Šarliɣun süm-e, Sir-a elige-yin süm-e）はオルドス高原西部、ウーシン旗のシャルリク公社（現在はソム）にある。現地のモンゴル人たちはまたシャラ・ジョー（Sir-a juu）とも呼ぶ。この寺は私の実家から東へ約15キロメートル離れたところ、南東に面した丘陵の南斜面（enger）にある。1991年8月15日、当時のシャルリク・ソムの長官、バトチロー（Batučilaɣu, 50歳）が私にシャルリク寺の歴史について語った。

バトチローはハダチン・オボクで、彼の母親は私の祖父ノムーンゲレル（Nomungerel）の養女である。文化大革命中に祖母と母がシャルリク寺の廃墟で批判闘争されていた頃、バトチローはそうした暴力的なやり方に反対していた。そして、共産党政府が人民の身分を画定しようとした際に、私の祖父母は「搾取階級の牧主」に分類されたが、バトチローはそれにも賛成しなかった。その為、バトチローは文化大革命中に「保皇派」(保守派）とされていた[62]。この日、彼はモンゴル人と中国人との草原をめぐる紛争を処理し終えてから、我が家に立ち寄った。インタビューは我が家で実施した。以下は彼の語りである。

シャルリク寺は今からおよそ200年前の清朝時代に建てられた。同治年間になると、オルドス右翼前旗すなわちウーシン旗の西協理タイジのバラジュル公（～1895年）とその弟のウー・ラマことラクワジャムソ（Raɣbajamsu）が更に拡張した。バラジュルはオルドスに侵入したイスラーム教徒の反乱軍（maɣu qulaɣai）を追い出したことで、清朝皇帝から鎮国公の爵位を与えられた。寺の拡張も

62　わが一族とモンゴル人たちの文化大革命については、楊海英『墓標なき草原――内モンゴルにおける文化大革命・虐殺の記録』（岩波現代文庫、2018年、49-98頁）を参照されたい。

写真5　シャルリク人民公社の党書記バトチロー氏（右端・故人）

皇帝からのご褒美であった[63]。寺の分領はウルジーチャイダム（Üljeyičayidam）、ギラト（Gilatu）、オンゴン（Ongɣun）、スミン・クデー（Süme-yin Ködege, 現在のMöngkejirɣal 家と Bayandorji 家のところ）などにあった。

寺の配置は以下の通りである。

主殿の「黄色の間」(Sir-a juu）は49間[64]の大きさで、北京の雍和宮を模倣したものである。医学院（Jodor-un süm-e, Manba rasang）は24間の大きさで、「緑の間」（Noɣuɣan juu）は12間であった。僧たちが問答する宮殿チョルンキ（Čorunki）は7間であった。

主殿の西には憤怒尊（Doɣsin burqan）の宮殿があり、女性と中国人の入室は禁止されていた。東は食事をするジサ（Jisa）で、更にその東に白塔が建っていた。寺の北、現在のソム政府のところに、7つの白塔が建っていた。寺の南、ハス

63　Se, Narasun and Temürbaɣatur (eds.), *Ordus-un süm-e keyed* (2000, pp.240-242）によると、シャルリク寺は清朝の乾隆年間に建ち、そのチベット名はUmsarbarinbačoyikürlingである。1867年に回民蜂起軍に放火されたが、反乱鎮圧後にバラジュル公によって1875年に再建された。同治皇帝からΓayiqamsiɣtu egületü süm-e（瑞雲寺）との勅名が与えられたという。1880年には甘粛のラブラン寺のSodnamregüseng gegenを招請して住職としたという。

64　間（jian）は中国の建築用語。一間は50㎡である。

写真6　シャルリク寺の跡地。往昔の面影すらない。

チロー（葛玉山、ハス・ウーラともいう）の家のところにも白塔はあった[65]。現在、人民医院がある場所は「公爺シャン」(güngyen-ü Šang）で、すなわちバラジュル公をはじめ、歴代の鎮国公の宮殿であった。その「公爺シャン」の西、小学校のところに活仏の宮殿、ゲゲーン・シャンがあった。ゲゲーンの方が鎮国公よりも地位が高かったとされていたので、小高い丘に建っていた。文革中は運送をおこなう「車馬大隊」の本部になっていた。

20世紀初頭にモンゴル人が中国人の侵略に抵抗するドグイラン（doɣuyilang）運動を起こした際、シャルリク寺のラマたちも積極的に参加した。モンゴルのラマたちは昔から政治運動に熱心である。中国共産党が1930年代末にオルドスに入ってきた時、八路軍の張愛萍の部隊が寺に駐屯し、テンルブ（Tengrub）というラマと義兄弟（anda）の契りを結んでいた。張愛萍はのちに中華人民共和国の

65　ハスチローは白塔の跡地に家を建てたので、負債しているし、子どもの中には犯罪行為を働いた者もいる、とシベル寺の僧は1991年8月24日に語っていた。彼は歌の上手な人で、多数の写本を保管していた。ある人の話では、彼が持っていた写本はほとんどシャルリク寺のラマたちのものであるという。楊海英「『チンギス・ハーンの二頭の駿馬』について」『国立民族学博物館研究報告』第24巻3号、1999年、521-522頁。

国防部長になる[66]。

シャルリク寺は文革が始まった翌年の1967年に破壊された。曹保山書記と葛培林という幹部の命令で壊された。泥で作られた塑像は井戸の中に放り込まれ、銀と銅で作られた仏像は叩き壊されて、廃品回収廠に売られた。売った金で政府招待所が建てられた。モンゴル人たちは破壊を阻止しようとしたが、できなかった。経典は一枚も残らずに全部、燃やされた。「公爺シャン」は1968年に取り壊された。

毎年のオルドス暦[67]の白い月（Čaɣan sar-a、太陰暦1月）15日、7月（太陰暦の4月）15日に法会があった。9月（太陰暦の6月）9日と10日に仮面踊りチャムが披露され、11日にはナーダムとなっていた。「最後の交配月」(segül-ün kögelür, 太陰暦の9月）15、16日にグラー（gura）の行事があった。モンゴル人たちは暇さえあれば、ここの寺に集まっていたし、家に何かあった時も、ここに来て祈祷していた。

最盛期のシャルリク寺には、ラマの数は500人にも達していた。現在、生き残っているのはチャムハク（Čamqaɣ）のダンゼン（Dangsen）、ボルフデー（Boru Ködege）生産大隊第三小隊のジャルサン（Jalsang）と、第六小隊のドンロブ（Dongrub）、タングート・ラマ（Tangɣud lama）だけであろう。チベットや青海に巡礼したら、タングート・ラマと呼ばれる[68]ので、本名は忘れられている。

3　シベル寺

モンゴル人はシベル寺（Siber süm-e）をシュール・スゥメと発音する。チベット語の名はラシラバダンリン（Rasirabdanling）である。オルドス右翼前旗ことウーシン旗の南西部、シャルスン・ゴール河の南岸にある。私は寺の廃墟のなかで、

66　中国共産党の高官たちとオルドス・モンゴル人との義兄弟締結及び浸透については、楊海英著『モンゴル人の中国革命』（筑摩新書、2018年、127頁）参照。

67　オルドス暦については、楊海英著『モンゴルの親族組織と政治祭祀──オボク・ヤス（骨）構造』（風響社、2020年、84-87頁）参照。

68　フィールド・ノート：オルドス（三 ,No. 2005）。

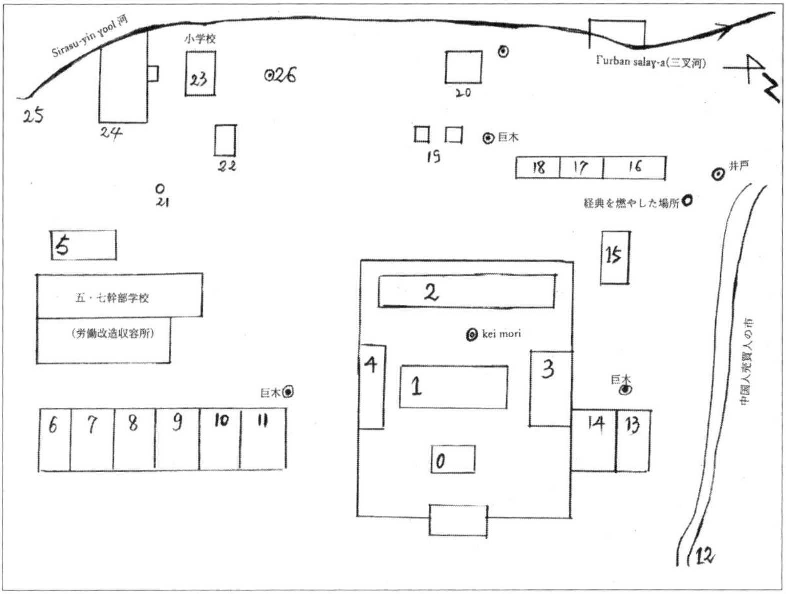

図2　1970年代初期のシベル寺イメージ図。筆者の祖父母家はNo. 17。

0. Qorlu-yin süm-e　1. Soγčin duγun　2. Gurunbudočing　3. Čojongčangku

4. Gumbumzangka　5. Da blama-yin bayising（後にMüngke-yin ger）

6. Jegünγar blam-ayin bayisin（後にNamsarai家）　7. blam-a Gendüngraγba家

8. Darjai-yin ger　9. qoγusan ger　10. Boruldai-yin ger

11. Ningrub blam-a-yin bayising（後にSirab-un ger）12. gura-yin jam

13. Uzar blam-a-yin bayising（後に供銷社）14.Sir-a tal-a-yin qui-yin bayising

15. 中国人胡文華家（供銷社職員）16. Sürkemzambu blam-a-yin bayising

17. Qadačin Odγon-u ger　18. 廃墟　19. 白塔二基

20. bunqanと白塔（Müngkedalai-yin ger）　21. süm-e-yin oboγ-a

22. 生産大隊本部　23. 古城小学校

24. タングートの古城（Tangγud-un qar-a balγasun）

25. Qaraldai-yin balar　26. Siker ebesü-yin orui

小学校3年生から5年生までの3年間（1974-76）を過ごした。僧房を利用した母方の祖父母の家に住み、毎日、廃墟で遊んだものである（図2参照）。

1991年8月24日、私は馬に乗って寺を訪れ、住職で、ダー・ラマのダンセンペルレ（Dasenperli, 当時76歳）に話を聴いた。以下は彼の語りをまとめたものである。

ダンセンペルレは1915年生まれで、7歳の時に出家した。当時、「12組のドグイラン」(arban qoyar doɣuyilang）運動が盛んで、カトリックの宣教師とその信者たち（yangtangnar）をシベル平野から追放しようとしていた。宣教師たちは南の陝西省から中国人を移民させて、モンゴルの土地を与えていたからである。ナリーンゴル河とイケ・シベル平野、バト湾（Qar-a Batu-yin toqai）などの地に教会が建っていた。すべて灌漑できるところであった。モンゴル人のドグイラン運動をリードしていたのは、ジャーダムバ協理（Jadamba tusalaɣči）という、イケ・シベル平野に住んでいた貴族である。ダンセンペルレはこのような激動の時期に出家したのである。

「長城のすぐ北側まですべてモンゴル人の草原で、チンギス・ハーンの時代から暮らしてきた」、と彼は話す。

「シベル寺はジャムスレン（Jamsereng burqan）[69]を守護神とする寺で、今から414年前、すなわち1577年に三世ダライ・ラマが建てたものである」、とダンセンは語り出す[70]。「ダライ・ラマがモンゴルで建てた最初の寺である」、とダンセンペルレは強調する。

69　ソドビリクによると、Jamserengはチベット語（Begze）で「姉妹二人」との意で、大紅司命主と訳す。Sodubilig, *Šasin-u Toli*, Öbüe Mongɣol-un surɣan kümülil-ün keblel-ün qoriy-a, 1996, p.408.

70　ダライ・ラマのオルドス巡錫は1585年のことである。年代記作家のチャガンドンの*Ügüsin-ü teüke*（Üüsin qoaiɣun-u Mongɣol kele bičig-ün alban ger, 1982, pp.36-37）とSe, Narasun and Temürbaɣatur（eds.）, *Ordus-un süm-e keyed*（2000, pp.242-244）によると、ダライ・ラマ三世はホトクタイ・セチェン・ホン・タイジにJamsereng仏を渡し、ホン・タイジはそれを天幕の近くで祀っていた。ホン・タイジの逝去後に子孫たちはその仏像と軍神スゥルデを神聖視し、1692年に寺を建てて供養していたという。

寺の北に二基の白い塔があったが、それもダライ・ラマの巡錫を記念したものである。ちなみに、私の母方の祖父母の家はまさにその白塔の東隣にあった。ダライ・ラマが来た頃、オルドス・モンゴルの指導者はホトクタイ・セチェン・ホン・タイジであった。ダライ・ラマはマンルグ泉（Mangruɣ-un bulaɣ）で法会をおこない、「ハヤンカルワ」（qayan karva）というお経を詠んだ。ホトクタイ・セチェン・ホン・タイジはお茶を沸かしてダライ・ラマを接待し、ダライ・ラマは半年間滞在して、さまざまな行事をおこなった（nom keyijü Mangruɣ bulaɣ-tu saɣuba）。したがって、シベル寺はホトクタイ・セチェン・ホン・タイジ一族の帰依処である。ダー・クレーのタイジで、バトラブダン（Baturabdang）はホトクタイ・セチェン・ホン・タイジの後裔だから、今年も檀家として「お茶を沸かし」（茶供養）に来ている。バトラブダンは私にシベル寺の歴史について書いた写本をくれた。後続の第10章を参照されたい。

マンルグ泉は寺の北西、ブリドゥン・ホーライ（Büridü-yin qoɣulai）にある。近くにアラシャンゴル（Araɣšan ɣool）という河があり、モンゴル人はそこで、龍（lusud）を祀ってきた。その後、寺の守護尊（bunqan）をマンルグ泉の近くにおいた。厳密にいうと、ダライ・ラマの天幕が張ってあった場所をブンカン（bunqan）にした。「人間は年取ったら、隅っこに座る。お経が古くなったら、ブンカンに置く」（kümün kögsirebel bulung-du, nom qaɣučirabal bunqan-du）という。

マンルグ泉での行事を終えたダライ・ラマはその後、シャルスン・ゴール河を渡って、東へと旅立っていった。途中、ウーシン旗南部でハリュート寺（Qaliɣutu-yin süm-e）を建てた。

最盛期のシベル寺には約200人のラマがいた。ラマたちは8つのグループ（qui）に分かれて、法会に参加していた。それは以下のようなグループであった。

シャルスン・ゴール河南岸の4グループ：

シャルタラン会（Sir-a tala-yin qui）、バガ・シベル会（Baɣ-a siber-ün qui）、イケ・シベル会（Yeke siber-ün qui）、ウルン会（Ölüng-ün qui）

写真 7　再建された現在のシベル寺

シャルスン・ゴール河の北岸のグループ：

ホラホ会 (Quraqu-yin qui)、スミンクデー会 (Süm-e-yin ködege-yin qui)、チョーダイ会 (Čuudai-yin qui)、ウルジイチャイダム会 (Öljeyičayidam-un qui)

シャルリク寺とボルホショー寺も大きかったが、グループごとの法会はなかった。ボルホショー寺も中国共産党に破壊されて、今や何も残っていない。

シベル寺の配置は以下の通りであった。

一番南には法輪寺（Qorlu-yin süm-e）で、法輪（qorlu）を祀っていた。その北は25 間の広さの主殿ソクチン・ドゥグン（Soɣčin duɣun）で、観世音菩薩（Ariyabalu）とターラー (Dar-a eke)、ナダム・ジュルゲ (Nadam jurge) などの諸神を祀っていた。その北は広さ 25 間のグルンブドチン（Gurunbudočing）で、三聖人（Ɣurban boɣda）を祀っていた。主殿ソクチン・ドゥグンの東は守護神の大紅司命が安置されたチョジョンチャンク（Čojongčangku）である。西側はゴンブザンカ（Gumbumzangka）で、12 の憤怒神（doɣsid）の塑像があった。寺のすぐ北に白塔二つ、シャルスン・

ゴール河の南岸にも白塔一基があった。ダライ・ラマを祀っていたもので、その近くにも古くなったお経を保管するブンカンがあった（図2参照）。

現在、かつての古い建物は一つだけ残っている。それと1984年に建てられた、たった一棟の小さな祠から、シベル寺はなっている。再建にあたり、政府から200万元の援助があった。大工は陝西省靖辺県東坑（Töküm）の人であった。

寺から500歩の範囲内は「黒い禁地」(qar-a qoriɣul）で、8里（4キロメートル）以内は「黄色い禁地」(sir-a qoriɣul）にあたる。かつて仮面踊りチャムなどを実施する際に、中国人の縁日は「黒い禁地」の外側に限られていたが、今や禁地などは完全になくなってしまった。

寺の財産として、南のイケ・シベル平野には広大な畑があった。寺の会計兼管財人（Demči）の許可を得て、40～50戸のモンゴル人が耕していた。秋になると、一戸から3斗5升くらいのキビが寺に納付されていた。また、200頭の羊と5匹の馬、数頭の牛からなる家畜の群れがあった。「民国17年の大災害」の後に、モンゴル人の寄進によって増えたものであるが、1950年代に中国共産党にすべて没収された。

現在の財産はかつての「黄色い禁地」内の一部にとどまっている。南は沙漠まで約500畝で、北はムンケ（Möngke）というモンゴル人の家（約300メートル）までで、東西はそれぞれ200歩の地が寺領である。寺の畑をあるモンゴル人に委託しており、他の財産を管財人（daɣamal）が管理している。管財人は在家の信者（qar-a kümün）でもいい。今の管財人はジャムヤン（Jamuyang）である。土地は中国人に占領されたことに対し、ラマたちは現状に不満である。

かつて、モンゴル人と中国人の境界は遥か南のジャングート（Jangɣutu）にあった。柳を植え込んで、境界としていた。境界の南側10里内は「黒い境界（qar-a jisiy-e）で、中国人に貸していた。その柳の境界は今も残っているそうで、中国人も伐採していないらしい。その後、20世紀に入って、中国人は大挙して境界を越えて北へと侵入してきたので、モンゴル人は圧力を受けて更に北方へと避難していった。寺だけが残って、中国人に囲まれるように変わった。進出して

写真8　現在のシベル寺のラマたち。前列右から Oyundalai, 1人おいて3人目は Dariɣ, Dangzanraɣba, 2人おいて6人目 Jamuyangjamsu, その後ろは Sirab。Jamuyangjamsu の右隣は Γangjurjab, Danzen。Danzen の後ろは Damčai, 右隣は Jalsang, その後ろは Čuɣlam。前列左から2人目は Γalzangsirab。

きた中国人の中にも少数ながら信者はいる。今日もある元中国人（orumal）がキビを持ってきて寄進した。

シベル寺の僧侶の教育は基本的に地元で実施する。タングート語（チベット語）もここで教えるし、青海に行ったことのあるタングート・ラマは大勢いた。青海のグンブム寺に18年間も滞在して修行したラマもいた。ラマたちの位階は以下の通りである。もっとも位が高いのはラブジャムバ（rabjamba）の称号を持つゲチンミンドグ（gačingmingduge）で、それから順にラーラムバ（rhalamba）、サラムバ（saramba）、ドールンボ（duurumbo）、ラジャムバ（rabjamba）、アイルジ（ayilji）、ゲルン（gelung）、ゲスゲ（gesuge, gesel）である。出家した直後は一年間バンディ（bandi）で、その後はゲセル（gesel）を6～7年間をやり、そしてゲルンを生涯にわたって務める。ダンセンペルレはラブジャムバの称号を有している。たまに還俗する者もいたが、それを「ナンワをもらう」(nangva abula）という。

シベル寺の法会については、この寺の高僧ガンジョールジャブ（Γanjurjab）

が保管していた「ラシラブダン（シベル）寺の全年の法会」*Rasirabdanlin*（*Siber Süm-e*）*Süm-e-yin bükü jilün toɣtaɣaltu qural čoyidaɣ-un yeke tölüb* という写本が詳しい記録を伝えている。寺の歴史と法会に関する記録を書き残すのも、学問寺の伝統である。私は彼から譲り受けた写本を公開している[71]。一方、ダンセンペルレは法会について、以下のように語った。

白い月（旧正月）：「白い月の法会」(čaɣan sar-a-yin qural)

オルドス暦の7月（太陰暦4月）：約一カ月間「ルムチト女神の法会」(lumčid-un qural)、「大蔵経の法会」(ɣanjur-un qural)

オルドス暦の9月（太陰暦6月）：13日から45日間常時法会（yarin qural）

オルドス暦の「最後の交配月」(太陰暦の9月)：17日から10日間「ドムチド法会」(domčid-un qural)、「グビの法会」(göbi-yin nere-yin qural)

オルドス暦の「黒い塩月」(太陰暦11月)：「大ドムチト法会」(yeke domčid-un qural)

寺の東に、ジャムスレン宮殿の門前にはキイ・モリ（keimori, 風の馬）も掲揚されていた。毎朝、管財人が香を焚き、法螺を鳴らしていた。「浄香供養」(namdaɣ-un sang)、「主君の経」(ejen sang)、「軍神スゥルデの経」(sülden sang)、「風の馬の経」(keimorin sang)、「白き神の経」(čaɣan burqan sang) などを詠んでいた。また、日が沈む前に「大紅司命経」(Jamsureng-un nom) を唱えていた。

寺の北西にオボーがあり、シブダク（sibdaɣ）という土地の神を祀っていた。雨が降らない時にはオボーとシブダクに3日間お祈りを捧げる。この際に「金剛明経」(altan gerel) を詠む。普段のオボー祭の際には「浄香供養」、「ラルチダグ」(ralučidagu)、「ジャンガラスム」(jangɣan lasum) を唱える。

ガンドゥ（Gandu）という楽器が寺に複数あった。18歳以下の未婚の女の子の

71　Yang Haiying, *Manuscripts from Private Collections in ordus, Mongolia*（2）*: The Γanjurjab Collection*, International Society for the Study of the Culture and Economy the Ordos Mongols（OMS e.V.）, Köln Germany, 2001, pp.440-447. 楊海英『モンゴル草原の文人たち──手写本が語る民族誌』平凡社、2005年、126-130頁。

左足の上腕骨（dunda čömüge）で作る。どこかに夭折した女の子がいたら、その骨をもらう。茹でてからきれいにして使う。普段は黄色いシルクに包んで保管し、「カンギラム」(Kangrima) というお経を詠む時に使う。

ラマたちは時々、モンゴル人に乞われて、さまざまなまじない（dom）をおこなう。畑の作物を雀から守ろうとする際には「雀のまじない」(biljuqai-yin dom) を実施し、その際にタラニ（tarni）を唱えて生米に閉じ込めて撒く。家畜を伝染病から守る際にはロムジョモ（lomujom）を唱えて、ロージョン（logejung）という薬の入ったaraɣšangを体に撒いて、「家畜のまじない」(mal-un dom) をする。天幕を張り、固定建築を建てる際には「水土のまじない」(ɣajar usun-u dom) をやる。その際に「八瑞祥経」(öljei qutuɣ naiman gegen) というお経を唱える。これはたいへん効力のあるお経である。

ラマがもし死んだら、しゃがんだ姿にし、両手を胸の前で合わせて、北西の方向、西方浄土（Šambala-yin orun）に向けて埋葬する。高僧の場合だと、遺体に金粉を塗ってミイラにする場合もある。1930年代後半、中国共産党の紅軍がやってきて、ラマたちの墓を片っ端から掘り起こして金銀財宝を探し回っていた。そして、ミイラを銃剣で刺し、体内に金銀を隠しているのではないか、と脅かしていた。

寺が中国共産党に破壊されはじめたのは、1958年の人民公社の成立の時である。シャルスン・ゴール河にダムを建設しようとした際に、寺の柱を持っていかれた。一部の仏像もまた井戸の中に捨てられた。それでも、約30数人のラマたちが残って、寺を守っていた。1969年になると、40体の塑像は井戸に投げ込まれて溶かされ、銅でできていた主尊の大紅司命（Jamsureng burqan）は壊された。1980年代後半から寺を修復することになると、奪われていった寺の仏像や灯明台などは夜のうちにこっそりと届けられるようになった。「寺のものを所持していると、不慮の死に遭う」という噂が広まっていたからであろう。

また、かつて寺を破壊するのに参加した者も懺悔の念を込めて参拝に来ている。たとえば、チョーダイ（Čuudai）に住むケシクダライ（Kesigdalai）という男は文化大革命中にも「活躍」していたし、イケ・ケレイト佐領（Yeke Kered qariy-a-yin Jalan）であったウルジ（Öljei）の夫人アルタントゴス（Oɣonos Altantoɣus）に暴力を加えて死なせたし、トプチンドルジ（Tobčindorji）を生きたまま井戸の中に入れてやると脅迫していた。そのケシクダライ（Kesigdalai）も昨日から寺に来て、ラマたちに茶を沸かし、灯明と香（jula küji）を献上している。

今、一番深刻な問題は後継者不足である。何と言っても、ダライ・ラマが直々に建てた、モンゴル最初の寺である。しかし、包頭近くのバディゲル・ジョー寺のように金儲けにならないので、政府も動いてくれない。

以上のようなダンセンペルレの話を聴いた翌25日にシベル寺で仮面踊りチャムが披露された。老齢のラマたちの舞いを人民服姿のモンゴル人と中国人たちが見学していた。チャムの演目の順番は以下の通りである[72]。

（1）babu（pümü）
（2）lumta
（3）mila boɣda
（4）buɣu（2人）
（5）noqai（2人）
（6）erldi
（7）gombudorji

二人の猟師（anči）のエルルダイ（erldi）とゴムボドルジ（gombudorji）が動物（görügečin の buɣu と noqai）を連れて猟に行く。途中、経典に出会う。最終的に猟師も動物も仏教に帰依する、というストーリーである。

26日にはグラ（guru）の行事がおこなわれた[73]。

72　モンゴルのチャムについては、Erdeni（ed.）, *Mongɣol Čam*, Ündüsüten-ü keblel-ün qoriy-a, 1997 参照。

73　フィールド・ノート：オルドス（四, No. 2006）。

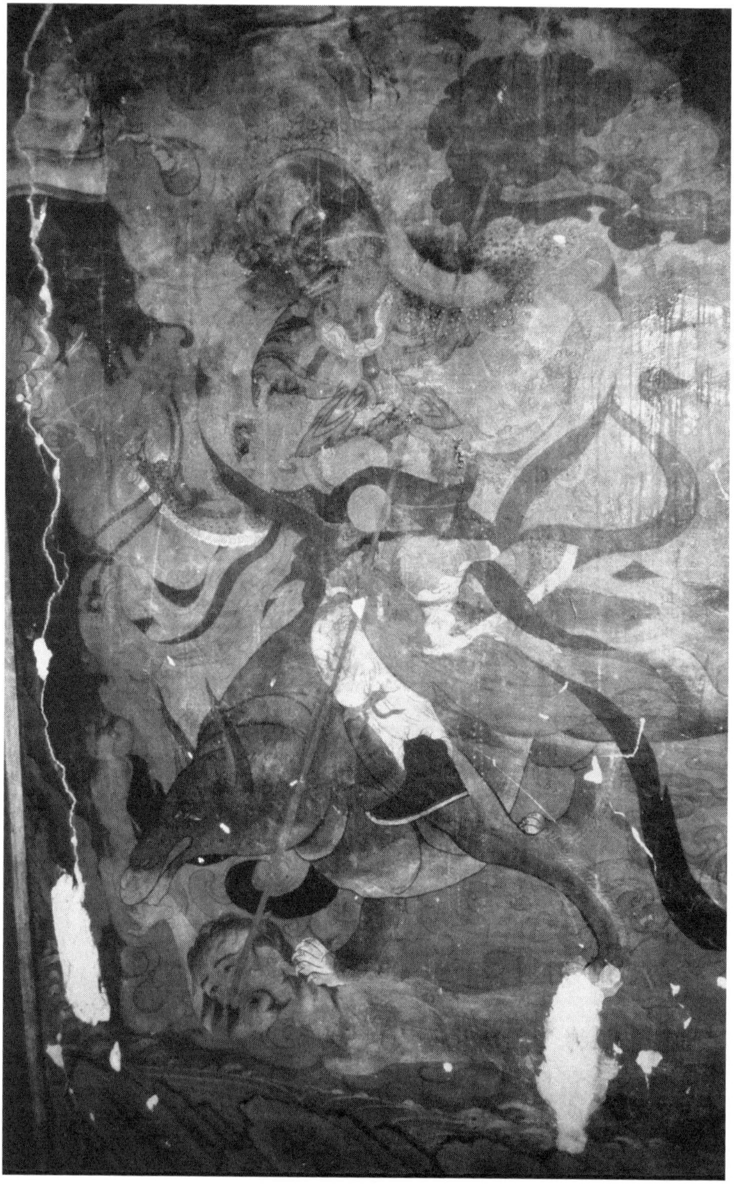

写真9　シベル寺に残る古い壁画の断片（1）

写真10　シベル寺に残る古い壁画の断片（2）

写真 11 シベル寺に残る古い壁画の断片（3）

写真 12 シベル寺に残る古い壁画の断片（4）

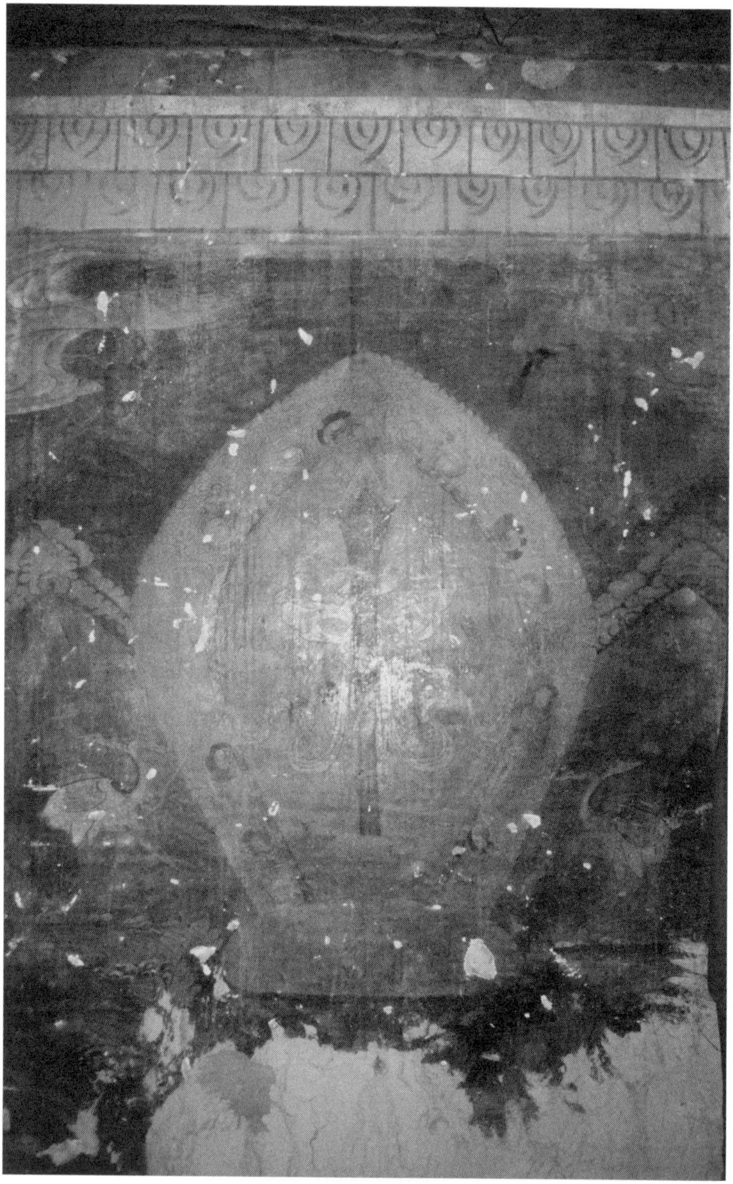

写真 13 シベル寺に残る古い壁画の断片（5）

写真 14　シベル寺のチャム。全員 60 代以上のラマたちが舞っていたので、
ラマたちと観客は全員、悲壮感に包まれていた。(1)

写真 15　シベル寺のチャム。全員 60 代以上のラマたちが舞っていたので、
ラマたちと観客は全員、悲壮感に包まれていた。(2)

写真16　シベル寺のチャム。全員60代以上のラマたちが舞っていたので、
ラマたちと観客は全員、悲壮感に包まれていた。(3)

写真 17　シベル寺のチャム。全員 60 代以上のラマたちが舞っていたので、
ラマたちと観客は全員、悲壮感に包まれていた。(4)

写真 18　シベル寺のチャム。全員 60 代以上のラマたちが舞っていたので、ラマたちと観客は全員、悲壮感に包まれていた。(5)

4　ハリュート寺

ハリュート寺（Qaliɣutu-yin süm-e）はオルドスのウーシン旗の南、バヤンチャイダム（Bayančayidam）平野にある。ハリューとは、カワウソのことである。私は1992年5月9日にこの寺を訪問し、サイチョンガ（Sayičungɣ-a）とチンダル（Čindar）に話を聴いた。二人共72歳で、7歳の時に出家してハリュート寺の僧になっていた。以下は二人の話である。

ハリューはまたハリュー・ブラガン（qaliɣu bulɣan）とも言い、可愛い動物で、毛皮は高級な贅沢品になるので、中国人に密漁されて1960年代から絶滅してしまった。寺の西を流れる河に沢山棲息していたので、河の名もハリュート・ゴールである。

河の近くに昔グーシ・ラマ（Guusir lama）が住んでいた。彼は三世ダライ・ラマがオルドスに来た時に出家した。当時もかなり高齢だったが、勉強してグーシ（Gursir）になったそうで、誰もその本名は知らないが、ラマ名はサムタンザムブ（Samtanzambu）である。その後、ラマ・グーシはチベットの大昭寺（Möngke juu）に巡礼し、小さな銅製の仏像をもらってきていた。チベットではある高僧に「そのうちハリュート河の西に泉が現れる。その泉の近くで仏を祀りなさい」と言われた。オルドスに戻った翌年、オルドス暦の8月（太陰暦5月）5日に河の西側に本当に泉が現れた。それ以来、泉はaraɣšanとなり、病気も治せる聖水となった[74]。昔、カワウソは特に泉の近くに多くいた。

ハリュート寺のチベット語の名はジャーダムバダルジャイリン（Jaadambadarjayiling）である。ウーシン旗で二番目に古い寺で、一番目に建ったの

74　Se, Narasun and Temürbaɣatur (eds.), *Ordus-un süm-e keyed* (2000, pp.244-245) は、グーシの名をサムタンジャムソ（Samtanjamsu）とし、最初は水信仰（usun qural）と関連する寺であったと述べている。寺として拡張したのは康熙54（1715）年のことである。

はホトクタイ・セチェン・ホン・タイジのシベル寺である。ダライ・ラマがシベル寺を離れて東へ行く途中に、このハリュート河を通り、風光明媚な景色に惹かれた。そこで、最初にオボーを建立し、それから寺を作るよう命じた。オボーはタイガン・オボー（Tayiɣan oboɣ-a）と言い、オルドス暦の8月（太陰暦5月）13日に祀っている。

清朝時代になると、ハリュート寺はウーシン・ハラー（Ügüsin qariy-a）の所管となった。当時、イケ・ケレイト・ハラーはシベル寺を、バガ・ケレイト・ハラーはボロ・ホショーン・スメ（Boru Qosiɣun süm-e）寺を、ウイグルチン・ハラーはガルート寺（Γalaɣutu-yin süm-e）をそれぞれ管轄していた。最盛期のハリュート寺ではその僧籍に約300人ものラマが登録され、常時270人は寺にいた。お経はウーシンジョー寺から学んでいた。寺とウーシン旗の王（jasaɣ）や鎮国公バラジュル一家との関係も親しかった。寺には20戸の属民（Šabinar）がいて、旗のalbaから免除されていた。

現在、ハリュート河に入植してきた中国人は泉の近くに道教の「八洞神仙宮」を建設しようとしている。中国人は進出先において、必ず道観を建てる[75]。金持ちの中国人寡婦がその「八洞神仙宮」の建設に木材やレンガを提供しているが、モンゴル人たちは反対し、対立している。その中国人寡婦は寺に対しても、自分の為に読経するよう強く求めてきている。中国人の為に読経するのに抵抗感を抱くラマ（喇嘛）が多いので、実現していないそうである。中国人は宗教を利用してモンゴルへ侵入しようとするが、モンゴル人も寺を陣地にして抵抗を続けているのが現状である。

75　楊海英「漢族がまつるモンゴルの聖地──内モンゴルにおける入殖漢族の地盤強化策の一側面」塚田誠之編『中国における諸民族の移動と文化の動態』（風響社、2003年、293-341頁）。

写真 19　カワウソがいたハリュー河

写真 20　ハリュート寺

5　シニ・スゥメ寺

実はハリュート寺に来る途中、私は同じ日にボロ・トロガイ（Boru Toluɣai）という地にあるシニ・スゥメ寺の廃墟を通った。私の祖母はこの寺の近くのハラシャバク（Qar-a Šabuɣ）という草原に生まれ、少女時代を過ごした。彼女は祖父ノムンゲレル（Nomungerel）の第二夫人として嫁いできた際に、シニ・スゥメ寺の木瓜（singdi modu）と楡の種を持参してきて植えた。1960年代になると、我が家の近くにはとても立派な楡林と数本の木瓜の大木があった。私が子どもだった1970年頃に木瓜は人民公社の革命幹部たちに伐採され、楡も切り倒された。

シニ・スゥメ寺は文化中に破壊されて、何も残っていなかったが、木瓜が一本だけ、生えていた。ハリュート寺の僧サイチョンガ（Sayičungɣ-a）とチンダル（Čindar）は以下のようにシニ・スゥメ寺の歴史について語った。

写真21　シニ・スゥメ寺の廃墟

写真22　シニ・スゥメ寺の廃墟と楡

もともとシニ・スゥメ寺は長城のすぐ北側のバラガス（Balaγasu）にあり、ジャハル・ハラー（Čaqar qariy-a）の寺であった。清末に中国人の侵入を受けて北へ移転した。シニ・スゥメ寺が南のバラガスにあった時のチベット名はロブダイタルヴァリン（Robdeyitarvanling）で、現在の寺はロブダイデチンリン（Robdeyidečingling）である。康熙帝エンケ・アムーラン・ハーンがオルドス南部を通って寧夏に行った際にボロトルガイ（Borutoluγai, 波羅）の北、ジム（Jimu）湾にあった。康熙帝は、「この寺はこれからよく動くだろう」と話していたそうで、その後、まさにハーンの言う通りになった[76]。かつてシニ・スゥメ寺が建っていた地を中国人たちは新廟灘と呼ぶ。中国人に追われた寺は他にもたくさんある。例えば、ガルート寺も同じで、元々はテメート・ホト（楡林）の北のゲブチギ（Gebčegei）にあったが、中国人の圧力を受けて白花灘（Čaγan γool）を経由して今のウーシンジョー公社に移ってきたものである。

76　Se, Narasun and Temürbaγatur（eds.）, *Ordus-un süm-e keyed*（2000, p.257）の記述によると、シニ・スメ寺は康熙年間に建てられた水供養の寺であったという。

シニ・スゥメ寺は、「悪盗」(maɣu qulaɣai, 同治年間の回民蜂起軍）が襲ってきた頃は一間からなる小さな祠だったが、その後拡張されて大きくなった。寺の北東に白塔が、西にオボーが建っていた。最盛期には 80 数人のラマがいた。寺の禁地は広く、西はウラーン・オボー（Ulaɣan oboɣ-a）までで、東はドロガイ・オライ（Dulaɣai-yin orai）までで、南はチャガン・オボー（Čaɣan oboɣ-a）までで、北はキイモリン・ハラ・トロガイ（Kimorin qar-a toluɣai）までであった[77]。

6　パンチェン寺

1992 年 5 月 20 日、私はウーシン旗西部ダー・クレーの貴族で、ホトクタイ・セチェン・ホン・タイジの後裔であるバトラブダン（Baturabdan）と共にパンチェン寺（Bančin süm-e）に入った[78]。彼はシベル寺の檀家である。春の沙嵐もすっかり収まり、緑が少しずつ目立ってきた季節だった。寺のある地域はかつてウーシン旗のガルハタンとウイグルチン両ハラーの草原であったが、清末に中国人に占領された。現在では行政上、陝西省楡林市神木県に編入されている。

パンチェン寺を現地の中国人は班禅寺、板長廟と呼んでいる。境内にある石碑を見ると、1990 年 3 月に陝西省神木県が建てた「県重点文物碑」と、1990 年 10 月に楡林市が建立した「市重点文物碑」等がある。地元の中国人王永開と王永政（当時 45 歳）らによると、楡林市と神木県は寺とその周辺の土地をめぐって激しく係争しているという。互いに相手の石碑を壊したりして、激しい暴力の応酬を展開しているそうである。私が来る 2 日前、すなわち 5 月 18 日にも楡林側が神木県の石碑を倒したという。

別の 1989 年 10 月 23 日に建てられた石碑には、「蓋聞板長廟者悉明万歴年班

77　フィールド・ノート：オルドス（二十 ,No. 2022）。

78　私はこの時、ホトクタイ・セチェン・ホン・タイジとサガン・セチェン・ホン・タイジの墓と祭殿を探す目的も兼ねていた。その成果については、楊海英編『十善白史』と『輝かしい鏡』――オルドス・モンゴルの年代記』（モンゴル学研究基礎資料 4、風響社、2018 年）などがある。

写真 23　パンチェン寺（1）

写真 24　パンチェン寺（2）

禅四世歩履東土而創建」とある[79]。中国と完全に無関係のモンゴルの寺であっても、中国人は自分たちの年号、「万歴」云々で記す。他者の歴史を自国の年号で語り、権力が及んでいなくても、「明代蒙古」と書くのは、自己中心史観の際たる事例であろう。

モンゴル人たちがこの寺周辺から中国人によって追い出されたのは光緒29年で、直後に高、劉、郝、杜姓の中国人が入植してきたという。境内には古い鐘があり、それには「板長廟鐘一口。監生高文永、会首劉九如、郝生芳、杜秀鳳叩。光緒三十三年七月初八日置立」との銘文があった。中国人の草原占領と寺院占拠の功績を謳ったものであろう。現在の廟の会長たちは劉貴有、王漢誠、王唐唐である。

モンゴル人の寺を囲むように、中国人の道観が四囲に林立する。北は関聖帝（関羽廟）で、西に斉天大聖（孫悟空）廟、東側は馬王爺廟、南も関聖帝である。

関羽は中国人の軍神である。遊牧民の軍事的圧力を受けてきた長城沿線の中国人は古くから関羽を祀ってきた。関帝廟の中には関羽像を建て、その股の下にチンギス・ハーンの像や絵画を置いて呪いをかける。私は関羽廟の中を見せてほしいと求めたが、鍵がないと断られた。当然、モンゴル人には見せないことになっている。後日、軍神関羽祭祀のあり方について、オルドスと陝西省が裁判になり、地元の民政局が調停に入ったと聞いた。神木県の白雲山など有名な道教寺院にはほぼ例外なく関羽がチンギス・ハーンを踏みつける像がある[80]。

現在、陝西省の宗教政策は内モンゴル自治区よりもかなり厳しい。そこで、中国人たちはモンゴルの寺を保護する名目で重点文物に仕立てて、その傘の下で軍神関羽などを祭ろうとしている。関羽に守られていれば、占領したモンゴルの草原にも永遠に住めるからである。まさに一石二鳥である[81]。

---

79 Se, Narasun and Temürbaɣatur（eds.）, *Ordus-un süm-e keyed*（2000, p.264）によると、パンチェン寺は最初、1643年に建立されたという。

80 楊海英『「中国」という神話』文春新書、2018年、159-162頁。

81 同様な事例は他にもある。陝西省北部の靖辺県にバドグイン・オボーというモンゴルの聖地がある。中国人はここでも「モンゴル文化を保護する」名目で道教の寺院を建

「モンゴル人の荒々しい神はわれわれ漢人に厳しい。だから、関羽や斉天大聖（孫悟空）で以てパンチェン寺を囲み、祟らないようにおとなしくさせる必要がある」、と廟内の中国人たちは私に話していた[82]。まさに呪われた寺である。

てて祀っている。詳しくは前掲、楊海英「漢族がまつるモンゴルの聖地――内モンゴルにおける入殖漢族の地盤強化策の一側面」塚田誠之編『中国における諸民族の移動と文化の動態』（風響社、2003年、293-341頁）参照。

82　フィールド・ノート：オルドス（二十一, No. 2023）。

写真 25　中国人に道観として利用されたパンチェン寺の一部、斉天大聖（孫悟空）廟

写真 26　道観内の壁画

写真 27　道観内の関羽像

7　ゲゲーン・スゥメ寺

内モンゴル近現代史上、重要な出来事の舞台となったゲゲーン・スゥメ寺（Gegen süm-e, 葛根廟）は自治区東部のウラーンホト市の南30キロメートルのところにある。日本が満洲国から撤退していた頃、侵攻してきたソ連軍は寺の近くで日本人避難民を虐殺した[83]。1946年1月16日から19日にかけて、内モンゴル人民革命党がここで会議を開き、東モンゴル人民自治政府を樹立した。モンゴル人たちは当時、まず高度の自治政権を成立してから、同胞の国、モンゴル人民共和国との統一合併を目指していた[84]。

私はここを1998年8月3日に訪ねた。乾隆年間に建てられた寺は東モンゴルの名刹であったが、1966年に中国共産党に壊された。現在あるものは近年に復元したもので、26人の若いラマがいた。そのうち、フルンボイル盟からきた者や、近くのジャライト旗チャルスン（Čarsun）地域から出家した者がいた。

寺の中には中国風の壁画があり、中国の軍神関羽（関老爺）を祀るコーナーもあった。寺の近くの村ではモンゴル人と中国人が混住しており、モンゴル語の小学校があるという。私は寺の近くでブタの面倒を見ていた二人のモンゴル人少年に会った。二人ともモンゴル語を話していた。寺の東に「蒙古村」という観光用のゲル群があった[85]。

83　興安街　命日会編『葛根廟事件の証言──草原の惨劇・平和への祈り』新風書房、2014年。
84　ボルジギン・フスレ『中国共産党・国民党の対内モンゴル政策』風響社、2011年、128頁。
85　フィールド・ノート：ウラーンホト・オルドス（No. 2060）。

写真 28　ゲゲーン・スゥメ寺（1）

写真 29 ゲゲーン・スゥメ寺（2）

写真 30 ゲゲーン・スゥメ寺（3）

8　ゲルベルジョー寺

ゲルベルジョー寺（Gilbur juu, 善福寺）は内モンゴル自治区中央部、ウラーンハダ（赤峰）市バーリン左旗南西部の山中にある[86]。1999年3月3日に私は松原正毅・国立民族学博物館教授らと共にこの寺を訪問した。近くには有名な契丹時代の真寂之寺がある。寺の住職オチル（Očir, 当時72歳）は7歳の時に出家した地元のラマである。彼は、以前はスゥンカー（Sungka）寺のラマであったが、元の寺が共産党に破壊されたので、このゲルベルジョー寺に来て15年経つという。スゥンカー寺は規模が大きく、ハルハ・モンゴルからのラマや参拝者もいた。清朝時代に康熙帝も一度来たことがあるそうである。バーリン地域は中国共産党の侵入に激しく抵抗したところで、政権成立後は当然、激しく弾圧された[87]。

オチル・ラマによると、バーリン左旗にはかつて中国共産党に占領される前に13もの寺があった[88]。

1. Sungka-yin süm-e　2. Gilbur juu　3. Öbür juu　4. Činbin süm-e　5. Vang-un süm-e　6. Gang-un süm-e　7. Öniyetü-yin süm-e　8. Čongjüng süm-e（規模最大）　9. Soburɣan süm-e　10. Qilɣantu-yin süm-e　11. Beyise-yin süm-e 12. Yamun-u süm-e 13. ?

13の寺のうち、中国共産党の破壊から免れて、現在一部だけが残っているの

86　ドルジサンボ（Dorjisangbuu）によると、この寺のモンゴル名はサイン・ボヤント・スゥメ（Sayin buyantu süm-e）で、清朝の乾隆年間に建立されたものであるという（Dorjisangbuu, *Baraɣun Baɣarin-u süm-e keyed*, Öbür Mongɣol-un soyul-un keblel-ün qoriy-a, 2008, pp.228-231）。

87　楊海英『モンゴル騎兵の現代史』中公文庫、2020年、177頁。

88　Γalsang, Kögjiltü, Batubayar（eds.）, *Juu Uda-yin süm-e keyed*（Öbür Mongɣol-un soyul-un keblel-ün qoriy-a, 1994, pp.153-302）はバーリン右旗と左旗にある多数の寺院を網羅している。

写真31　ゲルベルジョー寺

はゲルベルジョーだけである。最盛期のゲルベルジョー寺には約200人のラマがいたが、文革期に破壊され、ラマたちも追放された。オチルは活仏（gegen）の弟であったことから、文革期にひどい暴力を受け、苦しめられたという。

現在の寺は1983年に修復されたものである。寺には現在12人のラマがおり、そのうちの4人は小僧（bandi）で、8人が老僧である。寺には約50畝の畑があり、ラマたちは月に政府から100元の援助をもらっているという。

バーリン草原を離れて、3月5日には北京に向かう途中にハラチン旗（旧ハラチン右旗）の獅子崖（Arsalantu Γangγ-a）にある龍泉寺を訪ねた。ハラチン旗政府所在地の錦山鎮から北西へ4キロのところ、標高約1200メートルの山の上に建つ元朝時代の寺院である[89]。境内には元朝の世祖フビライ・ハーンの時代、至元24（1287）年とトゴーン・テムール・ハーンの至正元（1341）年に立てられた石碑が二体保管されている[90]。

89　フィールド・ノート :Mongγol ulus, Baγarin, Ulaγan Qada（No. 2061）。

90　Γalsang, Kögjiltü, Batubayar（eds.）, *Juu Uda-yin süm-e keyed*（1994, pp.429-431）。

写真 32　元朝時代から栄えてきた龍泉寺（1）

写真 33　　元朝時代から栄えてきた龍泉寺（2）

9　アルジャイ石窟とバンチン・ジョー寺

オルドス高原北西部のオトク旗にあるアルジャイ石窟寺院（Arjai aɣui-yin süm-e）は中国の重点文物である。このアルジャイ石窟を私は1999年12月19日に初めて訪れた。それ以降、日本学術振興会科研費とトヨタ財団の助成金を申請して調査研究を進めてきた[91]。複数回による長期滞在の研究成果として、楊海英著『モンゴルのアルジャイ石窟――その興亡の歴史と出土文書』（風響社、2008年）などがある。

寺院の最も古い石窟には北魏時代の造営形式の影響が認められ、すなわち中心柱のスタイルが踏襲されている。地元に伝わるモンゴル語の文献（写本）とラマたちの伝承によれば、石窟はディルワ・ホトクトとナルバンチン・ホトクトの寺院で、元々バンチン・ジョー寺（Bančin juu）と呼ばれていたという。バンチン・ジョー寺は後に黄河の北、現在のバヤン・ノール盟に移転していった為に次第に没落した。それでも、モンゴル高原南西部のナルバンチン寺とはずっと特殊な関係にあり、活仏の転生と政治経済の面での交流が盛んでありつづけた。

アルジャイ石窟の南にはシンジョー寺（Sini juu süm-e）とドローン・スゥメ寺（Doluɣan süm-e）などがあったが、1966年に共産党政府に破壊された。石窟の西にはチルーンバイ・スゥメ寺（Čilaɣun bai süm-e）が建っていたが、こちらも1954年に破壊された。1980年代以降、諸寺のラマたちはアルジャイ石窟を拠点に活動している。また、これらの寺院の近くの山に、チンギス・ハーンの末子、トロイ・エジンの妃ソルカクタニ・ベキの墓地がある、とも伝承されている。彼女はまたエシ・ガトンと呼ばれてきた[92]。

91　フィールド・ノート：オルドス（三十四，No. 2036）。

92　フィールド・ノート：オルドス（三十七，No. 2039）。楊海英著『モンゴルのアルジャイ石窟――その興亡の歴史と出土文書』（風響社、2008年、2-3頁）。同『モンゴルの

写真 34　アルジャイ石窟遠望

アルジャイ石窟の継承寺バンチン・ジョー寺は現在、バヤン・ノール市臨河区ウラーン・トク郷にある。私は2005年8月27日に寺を訪問し、バルザン（Balzang, 当時86歳）とチョイジジャムソ（Čoyijijamsu, 当時34歳）という二人のラマから話を聴き、写本等を譲り受けた。

彼らによると、バンチン・ジョー寺の正式名称はシャシン・ユルールト・スゥメ（Šasin-u Irügeltü süm-e）で、チベット語名はラシミンジョールチョイパリン（Rasiminjurčoyipaling）で、中国語名は法祐寺である。かつて最盛期には500人のラマがおり、属民（Šabinar）も300戸いたという。中国共産党政府に破壊されてから、現在は3人のラマしかいない。ディルワ・ホトクトも政府から公認されていないという[93]。

親族組織と政治祭祀』風響社、2020年、216-221頁。

93　フィールド・ノート：オルドス（三十九, No. 2041）。楊海英著『モンゴルのアルジャイ石窟――その興亡の歴史と出土文書』（風響社、2008年、66-71頁）。

写真 35　アルジャイ石窟の門前に残る天幕の床の跡

写真 36　岩壁に彫られた仏塔

写真 37　バンチン・ジョー寺（1）

写真 38　バンチン・ジョー寺（2）

写真39　現在のディルワ・ホトクトの像

10 ハラガムト寺

ハラガムト寺（Qarɣamtu-yin süm-e, Qarɣanatu-yin süm-e）はオトク旗の南部、ウーシン旗との境界地帯に位置する[94]。南と西、それに東に深い谷に囲まれた高い丘の上に建っていた。谷の向う側は連綿と広がる沙漠である。北は美しいガダス平野（Γadasu-yin čayidam）で、湖が点在し、ガンなどの水鳥が飛来していた。元の伽藍は文革中に破壊され、現在は小さな建物だけが寂しく建っている。

2000年8月29日、私はこの寺を訪問し、タングート・オボクのセレンタルバ（Serengtarba, 当時62歳）という管理人に話を聴いた。彼は元々郡王旗の人で、清末に中国人の侵略を受けて北へ移住した経歴を持つ。

ハラガムト寺はオトクとウーシン両旗の境界にあった為、1938年に草原の帰属と使用をめぐる武力紛争が起こった。まず、オトク旗の軍隊がウーシン旗に入って、西協理タイジのビシレル（Bisirel）を殺害した。反撃に出たウーシン旗軍は北へ進攻し、途中、ガタギン氏族（Qatagin obuɣ）のエルデニ（Erdeni）がハラガムト寺に放火した。彼はその時、灌木のハラガナクを積み上げて、火をつけた。そして、「ハラガムト寺はハラガナクの火になれ、ハラガムト寺の神は天に上れ」(Qarɣamtu-yin süm-e qarɣanaɣ-tu ɣar,Qarɣamtu-yin süm-e-yin burqan tengri-dü ɣar）との呪いをかけたそうである。この時、筆者の叔父もウーシン旗軍の一員として、近くにいたそうである[95]。このエルデニという男は当時、陝西省北部とオルドス南部に進出してきた中国共産党紅軍の支援と煽動を受けていた。紅軍の介入で紛争は更に激化した。

また、寺の近くのガダス平野にはチンギス・ハーン祭祀の祭祀者アルタン・ガダスが住み、代々、チンギス・ハーンの「黄金のウマ繋ぎ」を祀ってきたこ

94　Se, Narasun and Temürbaɣatur (eds.), *Ordus-un süm-e keyed* (2000, pp.114-115）によると、チベット名はRasidegjinlingで、乾隆15（1750）年に建てられたという。

95　フィールド・ノート：オルドス（一,No.2003）。

写真 40　ハラガムト寺

とで知られている[96]。最後の祭祀者の一人、チョクジャラガル（Čoɣjirɣal）は 1950 年代末に共産党政府の圧力を受けて自殺し、「黄金のウマ繋ぎ」も没収されて、チンギス・ハーンの八白宮の置かれているエジン・ホローへ持っていかれたという[97]。

96　楊海英『チンギス・ハーン祭祀——試みとしての歴史人類学的再構成』風響社、2004 年、74-75 頁。同『モンゴルの親族組織と政治祭祀』風響社、2020 年、226-228 頁。

97　フィールド・ノート：オルドス（三十五 , No. 2037）。

11　ザンダンジョー寺

ザンダンジョー寺（Zandanjuu）はダルト旗の東部、黄河の南岸にある。2000年8月31日、私は友人たちとこの寺院を訪ね、ドーダーチン・オボクのソンロブリンチン（Sürüngraɣba, 当時82歳）から以下のような話を聴いた。彼はダルト旗クンディ・ハラー（行政組織, Köndi qariy-a）の出身である。このクンディ・ハラーは主として「主君を失った人々」、流れ者や父親を知らない子から成っていたという[98]。

ザンダンジョー寺のモンゴル語の名はアサルーラ・バダラグルクチ・スゥメ（Asaraɣul-i badaraɣuluɣči süm-e）で、チベット名はラシナムジャルチョンコルリン（Rasinamjalčongkorling）で、中国名は広慈寺である。今からおよそ500年前に建立され、本来は現在の場所から西へ2～3キロメートルのハルジャダイ（Qaljadai）という地にあったが、沙丘の移動により、移転したという。ハルジャダイにあった頃、国民政府軍が駐屯していたので、包頭から襲撃してきた日本軍に寺を燃やされた[99]。

共産党政権が成立する1950年以前には90数人のラマがいた。最高位のラマはノムーン・ハン（nom-un qan）の称号を持っていた。最後のノムーン・ハンのラマの名はガルザンイシバルダン（Galzangyisibaldang）で、1998年に96歳で亡くなった。

ザンダンジョー寺の近くにはオゴダイ・ハーンを祀った祭殿が置かれていた[100]。

98　楊海英『モンゴルの親族組織と政治祭祀』にクンディ・ハラーに関する詳しい記述がある（風響社、2020年、81-82頁）。

99　Se, Narasun and Temürbaɣatur（eds.）, *Ordus-un süm-e keyed*（2000, pp.193-197）によると、この寺は最初テンギス（Tenggis）というところにあったが、康熙年間に移転したという。日本軍の襲撃を受けたのは、1941年のことである。

100　楊海英『モンゴルの親族組織と政治祭祀』にオゴダイ・ハーンの祭殿に関する詳しい

写真 41　ザンダンジョー寺

写真 42　ワンギン・ゴリーン・ジョー寺の廃墟。レンガが散乱していた。

12　ワンギン・ゴリーン・ジョー寺

ワンギン・ゴリーン・ジョー寺は規模が大きく、伽藍も豪華だったことから、モンゴル人たちにイケ・ジョーすなわち「大きな寺院群」と親しみを込めて呼ばれていた。オルドスをイケ・ジョー盟と呼ぶようになったのもこの寺院に由来する。2000年8月31日、私は前述のザンダンジョー寺を離れてこのイケ・ジョー寺の跡地を見学した。寺の近くに住むバルダン（Baldang, 当時72歳）から話を聴いた。

ワンギン・ゴリーン・ジョー寺のチベット名はラシゼムブリン（Rasizembuling）で、「ジノン・ハーンの寺」であった[101]。中国語名は広慧寺である。オルドスなど右翼の三万戸を統率するジノン・ハーンの宮帳オルドもこの寺の近くのワンギン・ゴールという河の近くに置かれていたし、歴代ジノンの舎利（遺骨）も寺にあった。その為、場所はダルト旗の領内にあっても、行政上はジュンワン（郡王）旗の管轄下にあった。かつては金箔を塗られた13の白塔が立ち、ジノン・ハーンとその子孫13人の舎利を収めたものであった。1940年旧正月の15～16日に日本軍が黄河を渡って寺を襲撃し、焼き払われた。白塔も破壊された。当時、60～70人のラマがいたという[102]。

記述がある（風響社、2020年、236-238頁）。フィールド・ノート：オルドス（三十五, No. 2037）。

101　Se, Narasun and Temürbaɣatur（eds.）, *Ordus-un süm-e keyed*（2000, p.33）はこの寺のチベット名をセンルブチョイクルリン（Sengrübčöyikürling）としている。1613年にボショクト・ジノンがハシルガイン・ゴール（Qasilɣ-a-yin ɣool）のほとりに建てたものである。それ以降、河の名も「王の河」（Vang-un ɣool）と呼ばれるようになった。

102　フィールド・ノート：オルドス（三十五, No. 2037）。

写真 43　ワンギン・ゴリーン・ジョー寺近くのモンゴル人のキー・モリ（風の馬）

13　メーリン・スゥメ寺

メーリン・スゥメ寺（Meyiren-ü süm-e）はウーシン旗東部、トゥク・ソムの領内にある。2004年9月7日に私が寺を訪ねた際、バヨート氏族のチャガンラディ（Čaɣanridi）という60代の人が管理していた。寺は1967年にトゥク人民公社政府の共産党員たちに破壊されたという[103]。トゥク人民公社のモンゴル人たちは文革中に大量虐殺されたことで、中国全土で知られている[104]。

ある研究によると、この寺は元々、長城に近いイケ・ボダン（Yeke Bodang）にあった。それは、ハラメイリン（Qar-a Meyiren）という中国人の侵入に抵抗した人物の個人の寺であった。1850年に、ボル（Boru）という人がハラメイリンの家廟を拡張したが、またもや中国人の圧力を受けて移転せざるを得なくなった。現在のところに移ったのは、1901年のことである。チベット名はプンチュクチョイリン（Püntsugčoyiling）である[105]。

103　フィールド・ノート：オルドス（三十八,No.2040）。

104　楊海英『墓標なき草原──内モンゴルにおける文化大革命・虐殺の記録』下、岩波現代文庫、2018年。同『続　墓標なき草原──内モンゴルにおける文化大革命・虐殺の記録』岩波書店、2011年、185-285頁）。

105　Se, Narasun and Temürbaɣatur（eds.）, *Ordus-un süm-e keyed*（2000, p.252）。

写真44　メーリン・スゥメ寺。寺の前には二本の槍が立っている。

14　ウーシンジョー寺

ウーシンジョー寺（Ügüsin juu）はウーシン旗の東部にある。ウーシン旗の王（jasaɣ）一族の菩提寺であることから、旗の名前が冠された寺院である。年代記作家のチャガンドン（Čaɣandong）によると、寺は清朝の初期に建立され、乾隆年間に拡張された。哲学部（Zanid rasang）と時輪学部＝天文学部（Düinkür rasang）、それに密教学部（Jüdbe rasang）の三学部からなる学問寺で、最盛期には1,000人ものラマがいたという[106]。

106　*Ügüsin-ü teüke*, Üüsin qosaiɣun-u Mongɣol kele bičig-ün alban ger, 1982, pp.37-38. Se, Narasun and Temürbaɣatur（eds.）, *Ordus-un süm-e keyed*（2000, pp.233-240）の記述によると、ウーシンジョー寺のチベット名はデチンダムチョイガサリン（Dečindamčoyiɣasalling）で、康熙年間か、遅くとも乾隆年間に建立されたものであるという。ハルハと青海との交流が頻繁で、学僧が輩出する名刹であった。尚、この寺の歴史については、チベット語で書かれたものがあり、1984年にモンゴル語に翻訳されているという（2000, pp.267-300）。

写真 45　ウーシンジョー寺（1）

ウーシンジョー人民公社は内モンゴル自治区のモンゴル人指導者ウラーンフーが 1960 年代に創った社会主義建設のモデル地域である。「牧区大寨」と呼ばれ、中国の牧畜地域の「社会主義建設の模範」とされていた[107]。文革中、ウーシンジョー人民公社の書記であったボロルダイ（Boruldai）は造反派となり、寺を拠点として再利用していた為、建物の多くは破壊されずに済んだ。

私は 2004 年 9 月 7 日に同寺院を久しぶりに再訪した。寺の東側に文革期の文化館兼映画館（電影院）が、南には図書館兼展覧館が「模範」とされていた時代の面影を伝えている。寺の周囲には僧房（blama-yin bayising）が多数、残っている。また、寺の門前にはかつてシャンド（Šanda-yin γool）という河が東へとチャガン・ノール（Čaγan naγur）湖へ流れていたが、文革中に水源の泉をブルドーザーで埋め込んだことから、乾上がった。

ボロルダイはその後、共産党中央委員候補となり、アラシャン盟の副盟長に

107　楊海英『中国とモンゴルのはざまで──ウラーンフーの実らなかった民族自決の夢』岩波書店、2013 年、147-150 頁。

写真46　ウーシンジョー寺（2）

昇進したが、1981年に自治区で中国人の大規模移民に反対するモンゴル人学生運動に彼女の息子が参加し、本人も同情的な態度を示したことで失脚したと伝えられている。私がここへ来る前に彼女もフフホト市から帰郷して「年代記作家サガン・セチェン・ホン・タイジ生誕400周年記念行事」に参加していた。寺は補修が必要であるが、政府は一向に許可しようとしないという。そうした状況を見て、ボロルダイも悲しんでいた、と寺の周辺のモンゴル人たちは語っていた[108]。

108　フィールド・ノート：オルドス（三十八,No.2040）。

写真 47　ウーシンジョー寺（3）

写真 48　ウーシンジョー寺の僧房

写真 49　ウーシンジョー寺の壁画（1）

写真 50　ウーシンジョー寺の壁画（2）

写真 51　ウーシンジョー寺の壁画（3）

写真 52　ウーシンジョー寺の壁画（4）

15　ディヤン寺

ディヤン寺（Dhiyan süm-e）はオトク旗北西部に聳え立つオルドス高原の最高峰、ウランドゥシ峰の北側、四方に険しい山々に囲まれた深い谷間にある。ディヤンとは修行、修練、座禅との意である。チベット語の名はエブドチンリン（Ebüdöčingling）ある。

このディヤン寺はその東方に位置するアルジャイ石窟と深い関係があると聞いて、2005年8月25日に訪ねた。私は当時、アルジャイ石窟の現地調査を進めていた。実際にディヤン寺を訪問する前の8月23日にはディヤン寺の僧で、チルーンバイ（Čilaɣunbai）に住むタングート・ウザル（Tangɣud Ozar, 当時73歳）から寺の縁起についてインタビューをした。彼は7歳で出家し、ディヤン寺の医学院を1950年に卒業した医者で、宗教と医学に関する著作を写本の形で多数仕上げている。以下は彼の話である。

ディヤン寺はカギュ派（gharmajud）の寺であるが、ラマたちはナルバンチン・ホトクトを崇拝していた。ナルバンチン・ホトクトはディルワ・ホトクト、それにマルワ・ホトクトと共に、アルジャイ石窟寺院の三人の活仏の一人である。先代ナルバンチン・ホトクトは北モンゴルのハルハにもよく行っていたし、向こうにも寺領があった。アルジャイ石窟からダルト旗のバンチン・ジョー寺を経由してハルハに移転していった際に、300人ものラマたちがついていったそうである。

私がディヤン寺に着いた時、ガルザンジョンナイ（Galzangzungnei）という29歳の僧がいた。彼はフフホト市近郊のウスト・ジョー寺に置かれているラマ学校で4年間学んだ後に住職となったそうである。彼の他に、56か57歳になるナワン（Navang）という転生活仏ホビルガンがいるというが、私は会えなかった。

ガルザンジョンナイによると、ディヤン寺の創設者は修練者（Dhiyanči）で、ここウランドゥシ峰近辺をデムチョク・オロン（damčuɣ-un orun, 上楽金剛界。オルドスでは demčüg と発音する）と見なし、13の石窟を設けて修練を続けた。その修

写真 53　現在のディヤン寺

練者とパートナー（dama）との間に生まれたのがギリグジャムソ（Giligjamsu）で、地元のモンゴル人は彼をナルバンチン・ホトクトの転生として崇敬していた。バヤン・ノール盟バンチン・ジョー寺のディルワ・ホトクトもディヤン寺を自分の寺の一つであると主張している[109]。

16　ジュンガル・ジョー寺

ジュンガル・ジョー寺（Jegünɣar juu）はジュンガル旗の最大の寺で、オルドスの東勝市からアプローチすると近く、南 40 キロメートルの地、バヤントクム

109　バンチン・ジョー寺はアルジャイ石窟から離れてダルト旗に移り、そこから更に黄河を北へ渡って移転している。ディルホ・ホトクトもオルドスのバンチン・ジョー寺との関係について回想している（Vreeland III, Herbert Harold, *Mongolian Community and Kinship Structure*, 1957, pp.18-19）。現在、アメリカと内モンゴル自治区にそれぞれ一人のディルワ・ホトクトがいる。フィールド・ノート：オルドス（三十九，No. 2041）。

写真 54　旧ディヤン寺の廃墟

（Bayantöküm）という盆地の中にある[110]。近年、近くで大規模な炭鉱が見つかり、共産党政府主導の略奪式開発が進んでいる。私は石炭を運ぶトラックの間を縫うようにして、2005 年 9 月 8 日にこの寺を訪問した。

寺の中国名は広寧寺で、境内には民国期の石碑が二体あり、モンゴル語と漢文の双璧で、碑文の書風は美しい。寺のラマ、ドルジ（Dobjai, 当時 85 歳）師が私を案内した。彼は 7 歳の時に出家しており、今もとても元気で、頭脳明晰なラマである。寺にはモンゴル人の参拝者が多く、老人の健康から若い娘の恋愛の

110　Se, Narasun and Temürbaɣatur（eds.）, *Ordus-un süm-e keyed*（2000, pp.3-9）の記述によると、ジュンガル・ジョーはジュンガル旗の最初の寺で、同旗の貴族の祖先にあたるミンガイ・ダイチン・ホン・タイジ（Mingɣayi Dayičing Qong Tayiji）が 1623 年に建てたものである。チベット名はガダンシャドルブダルジャイリン（Γadanšadrübdarjayiling）で、中国名は宝堂寺である。尚、この寺の歴史については、チベット語で書かれたものがある。それのモンゴル語訳は『白い銀の鏡という名のジュンガル・ジョー寺の歴史』との名で、1960 年にチンギス・ハーン祭祀に携わるダルハトと、各旗の知識人たちが翻訳したものである。Narasun らは自著にもそれを収録している（2000, pp.301-323）。チベット語のオリジナルはオルドスの档案館にあるという。

写真55　ジュンガル・ジョー寺（1）

悩みの相談など、人間のすべての悩みの相談に応じている、と自慢していた。主としてチベット語とモンゴル語で占い（jiruqai）をし、心の問題を解決しているという。彼は医者であり、占い師でもある。

寺の付近には彼が小僧だった時代に既に中国人難民が現れ、モンゴル人も半農半牧の生活を営んでいた。寺の周りにはモンゴル人と中国人が雑居している。若い人たちは顔がモンゴル的であっても、モンゴル語は話せない。年配の人たちは典型的なオルドス・モンゴル語を操る。

僧院の南側に僧房が立ち並ぶ。その暗い一室にヨンドン（Yongdong, 当時76歳）とヤルピル（Yarpil, 当時73歳）兄弟が住んでいる（後続の写真167）。2人はラバイ河（Labai-yin ɣool）の出身で、幼少時からそろって出家している。4人兄弟のうち、2人がラマになったのである。師匠はデムベリン（Dembering）という老僧であった。当時のラバイ河にはモンゴル人が大勢暮らしていたという。

兄弟はドーダーチン（Daɣudačin）というオボク（氏族）で、雷雨の時に雷を退治する特別なシャーマンの家であった。雷が鳴り響く時、「ハーン・ホルムスタ・テンゲルよ、元のところへ帰れ」(qan qormusta tngri, qamiɣ-a-ača iregsen bol, tendegen morila) と天に向かって叫ぶ。すると、雷は遠ざかっていくという。2人は敬虔なラマであるが、ドーダーチンというシャーマンの文化についても熟知している[111]。

2人はまた私にジュンガル旗のモンゴル人の信仰についても語った。貴族タイジのキー・モリには鉄の三叉（seyisem）があり、庶民のキー・モリには三叉がなかった。オルドス・モンゴルが維持してきたチンギス・ハーンの祭殿八白宮のうち、チンギス・ハーンの夫人イェスゥイとイェスゥガン姉妹を祭った宮殿（Jegünɣar ejen）は徳勝西にあり、ミンガト（Mingɣad）たちが守っていた。毎年、郡王旗のチンギス・ハーンの祭殿のところに行く際にはイェスゥイとイェスゥガンの宮殿と馬乳酒の桶（Boru üngdür）、それに黄河の東側に放たれていた卵白馬など、各種の守護神たちはすべてジュンガル・ジョー寺の門前を通っていた[112]。

かつてのジュンガル・ジョー寺には東部内モンゴルのハラチンやホルチン、それにハルハ、チベットのカム地域のモンゴル人、青海省の三川人（現在の民和県と互助県の土族）のラマたちがいた。

1966年に政府が寺を壊そうとした際に、地元の中国人があまり熱心ではなかったので、遠くエジン・ホロー旗（旧郡王旗）の中国人紅衛兵たちを呼んできて破壊した。1969年には北京軍区から派遣された「京字・三五五部隊」が進駐してくると、寺は軍用倉庫として占領された。かくして建物の一部は残されたが、仏像と経典はすべて焼き払われた。合計36の宮殿（duɣan）があったが、現在では9つの宮殿だけが建っている。寺にはかつて地元のラマたちが彫った版木もあり、独自のチベット語経典を印刷していた。大蔵経ガンジョール（仏説部）の版木も揃っていたが、それも全部焼かれた。「西のチベットの紙は楡の若葉（zambaɣ-a）でできているが、東のモンゴル人は草類（ebesü）で紙をすいていた」、

111　ドーダーチンというシャーマンについては、前掲楊海英著『モンゴルの親族組織と政治組織』（241-244頁）参照。

112　チンギス・ハーンの祭殿、八白宮の祭祀については、楊海英『チンギス・ハーン祭祀――試みとしての歴史人類学的再構成』（風響社、2004年）を参照されたい。

と兄弟は話す。その為、お経もチベットとモンゴルのどちらで印刷されたかは紙質ですぐに分かる。木版印刷の技術に大差はなかったという。

私は兄弟から以下のような4種のモンゴル語の写本を譲り受けた。

(1)「天たる火の大いなる祭祀と招福儀礼の書」(Γal tngri-yin yeke takilγ-a dalalγan-u sudur orusibai)

(2)「良い日を選ぶトいの書」(Sayin edür-i sungγuju üjekü erkim keregtü üjilge-ü sudur orusiba)

(3)「ジュンガル・ジョー寺のゲスグイの報告」(Jegünγar juu-yin gesküi-yin ayildqal)

(4) 無題。冒頭はÖljei-yin čoγ-i öggügči ilaju tegüs burqan baγsi: öljei-yin esi-yi üjegülügsen qoyar ünen-ü degedü nom:

今回、そのうちの拝火祭に関するもの (1)「天たる火の大いなる祭祀と招福儀礼の書」を公開する。尚、本書の巻末には神奈川大学博士課程に在籍するサイン・ホビト氏による写本のローマ字転写と日本語訳を収録した（後続する第9章サイン・ホビト氏論文参照）。

4種の写本のうちの (3)「ジュンガル・ジョー寺のゲスグイの報告」は、この寺の僧ドブジャイ（Dobjai）が書写したものである。

現在、ジュンガル・ジョー寺には青海省から来た若いラマが4人いる。最後の活仏も青海省の出身だったから、故郷のラマたちを呼んだのであろうが、地元のモンゴル人たちとの交流はうまくいっていないそうである。中国共産党政府は地元での信仰が広がらないよう、活仏と地元のモンゴル人が親密にならないよう、わざわざ他所からのラマたちを配置している、という。

ジュンガル旗のモンゴル人は早くから漢化した、と一般的に見られている。しかし、彼らもモンゴル語の写本を大事に保管し、学問寺の伝統文化を維持しているのである[113]。私が譲り受けたこれらの写本も、モンゴル人ラマたちがどんな文献を保管してきたかを知る上で、重要な資料である。

113　フィールド・ノート：オルドス（四十, No. 2042）。

写真 56　ジュンガル・ジョー寺（2）

写真 57　ジュンガル・ジョー寺（3）

写真 58　ジュンガル・ジョー寺（4）

写真 59　ジュンガル・ジョー寺（5）

17　ドハイン・ジョー寺

ジュンガル・ジョー寺を訪問した次の日、2005年9月9日に私はドハイン・ジョー寺（Toqai-yin juu）を訪ねた。この寺を訪問した目的は、木版本を集める為である。寺のラマたちはかつて版木を彫り、独自の印刷を展開していた。印刷技術が高かった為、モンゴル全土で広く知られていただけでなく、チベットのラマたちからも「沙漠から虹が立った」と称賛されていたほどである[114]。

ある研究によると、ドハイン・ジョー寺のチベット名はラシプンツリン（Rasipüntsuling）で、ジュンワン旗の貴族ラシ（Rasi）が五世ダライ・ラマの許可を得て建てたという。乾隆年間に拡張され、規模が次第に大きくなった。寺の二世活仏ロブサンニンラク（Lubsangningraɣ）はチベット語で著作を残し、青海とチベット、それにハルハまで広がっていたという[115]。寺の木版印刷が盛んだったのも、歴世の活仏の著述が旺盛だったことと関係があるかもしれない。内モンゴルで調査をしていた長尾雅人は、「学問寺の蔵版目録や学僧の全集目録は、学問寺にとって本質的なものだからである」、と位置づけていた[116]。

ドハイン・ジョー寺はブハンゴル（Buq-a-yin ɣool）河の北岸にある。寺の東をゲスル（Gesür-ün ɣool）河が流れ、北にはアグィン・オロイ（Aɣui-yin orui）という丘陵がある。私はこの寺でグンチュクダワ（Gönčügdaba, 当時72歳）とソンロイジャムソ（Sungruyijamsu, 当時69歳。別名Qoo bandi）という2人のラマに会った。2人とも貴族ボルジギン（Borjigin obuɣ）の出身である。グンチュクダワは元々チャクラク（Čaɣaraɣ-un juu）寺の僧であった。寺が中国共産党政府に破壊されたので、今は仕方なくドハイン・ジョーに身を寄せているという。

114　楊海英『墓標なき草原──内モンゴルにおける文化大革命・虐殺の記録』（下、岩波現代文庫、2018年、9頁）。

115　Se, Narasun and Temürbaɣatur（eds.）, *Ordus-un süm-e keyed*（2000, pp.39-41）。

116　長尾雅人『蒙古学問寺』中公文庫、10頁。

写真 60　ドハイン・ジョー寺

ドハイン・ジョーにはかつてハルハとアラシャン、それにジャハル地域からのラマたちがいた。活仏（gegen）は青海省の人であった。1964 年から中国政府の破壊が始まり、1967 年には二棟だけが倉庫として残され、他はすべて壊された。現在、5 ～ 6 人の年配のラマがいるだけだという。

2 人によると、寺では以前にホルス（qulus）、デレス（deresü, ススキ）、ジャキルマク（jakirmaɣ, 馬蓮）という野生植物で紙をすき、ダランテルー（dalan terigü）というという灌木で香を作っていた。版木の材料として柔らかくて強い月牙樹（köbün modu）を選ぶ。寺にはほんの数点だけ、版木が残っているが、整理してから次回に見せると約束して別れた[117]。以前にオーノスという人物が 2000 年 8 月 11 日に筆者に語ったところによると、民間には版木彫りの名人職人（darqan）がいたという。例えば、オルドスのハンギン旗のエンケスムベル（Engkesümber）という職人は版木彫りの名人であった。ドハイン・ジョー寺の「金剛経」（Dorjijodba）という木版本の版木も彼が彫ったそうである。

117　フィールド・ノート：オルドス（四十 , No. 2042）。

2005年12月29日、私は友人のサインジャヤー（Sayinjiyaɣ-a）とバトジャラガル（Batujirɣal）と再びドハイン・ジョー寺に入った。再会したソンロイジャムソによると、寺の中に残っている僅かな古い壁画も削られることになったという。古い壁画を削って新しいものを描き、観光客を誘致しよう、とオルドスの共産党政府は決定したが、ラマたちは反対しているそうである[118]。

私はその時に紙と白い布、それに墨と氷砂糖、蒸留酒（白酒）を東勝市から持参した。墨に氷砂糖と蒸留酒を適量にまぜると、印刷しやすくなる、とラマたちが話していたからである。しかし、それぞれどれぐらいの量を調合するかは、誰も知らない。私たちは午後いっぱいかけて印刷したりしたが、あまり綺麗に刷ることはできなかった。あらためて、木版印刷技術の大切さと、それが廃れてしまった現実を悔やんだ。残っていた版木の中で、二人のラマが判別できるのは僅か数種であった。その他の零散な版木を使って刷ったものは、写真69～91の通りである[119]。

118 フィールド・ノート：オルドス（四十一, No.2043）。

119 チベット語の内容については、宗教情報センターの佐藤直実博士のご教示による。写真データを佐藤博士に送り、判読していただいた。この場を借りて深謝を申し上げる。

写真 61　ドハイン・ジョー寺の壁画（1）

写真 62　ドハイン・ジョー寺の壁画（2）

写真63　ドハイン・ジョー寺の壁画（3）

写真 64　ドハイン・ジョー寺の壁画（4）

写真 65　ドハイン・ジョー寺の壁画（5）

写真 66　ドハイン・ジョー寺の壁画（6）

写真 67　ドハイン・ジョー寺の壁画（7）

写真 68　ドハイン・ジョー寺の壁画（8）

写真69　版木を使って刷ったもの（1）　45.5cm ×2.2cm ×2.0cm，a 面

写真70　版木を使って刷ったもの（2）　同上。b 面

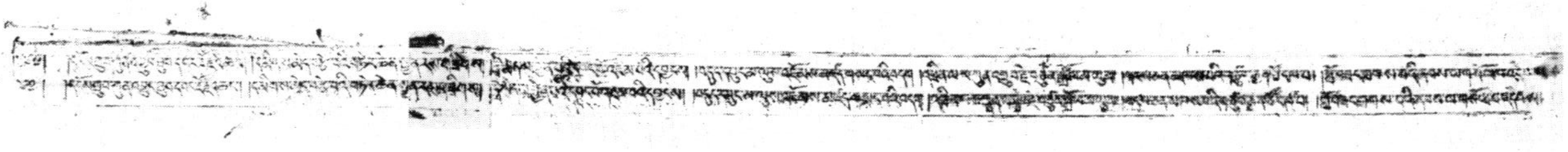

写真71　版木を使って刷ったもの（3）　69.5cm ×3.0cm ×1.7cm

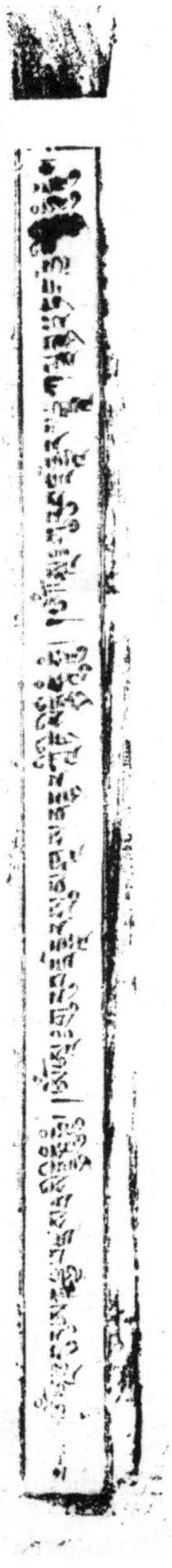

写真72　版木を使って刷ったもの（4）　44.1cm×4.0cm

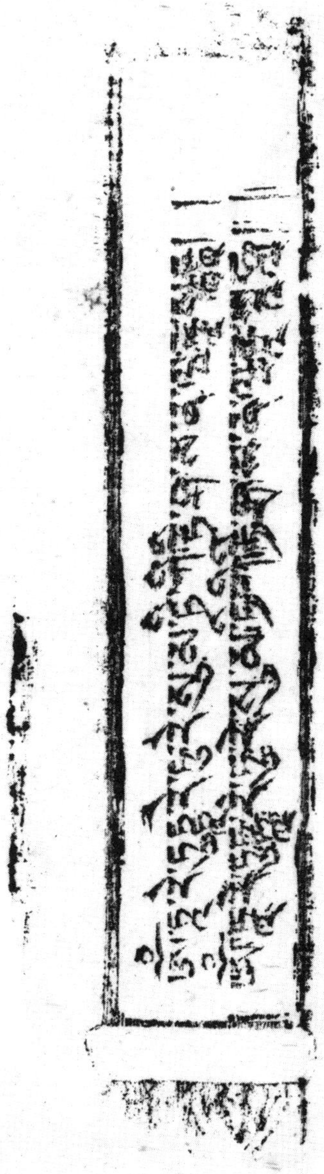

写真73　版木を使って刷ったもの（5）　仏頂尊勝陀羅尼

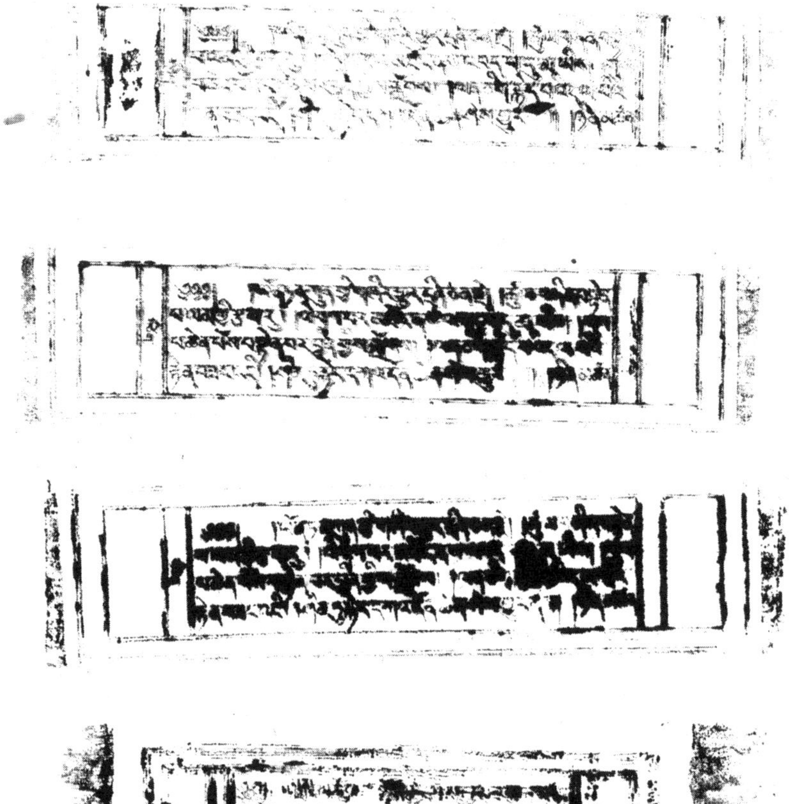

写真74　版木を使って刷ったもの（6）　不明

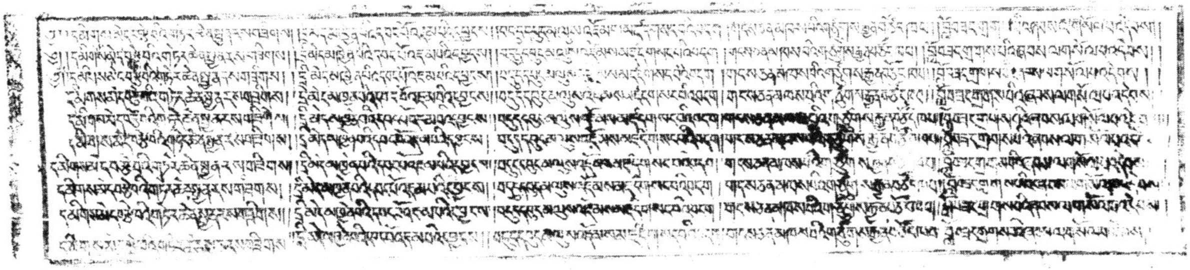

写真 75　版木を使って刷ったもの（7）　45.2cm ×8.0cm ×1.8cm。Sungbum:zab lam bla ma mchod pa bde stong dbyer med ma dpal 'khor lo sdom pa dang'brel ba'i rnal'byor nyams su lan tshul gyi cho ga nag'gros su bkod pa.

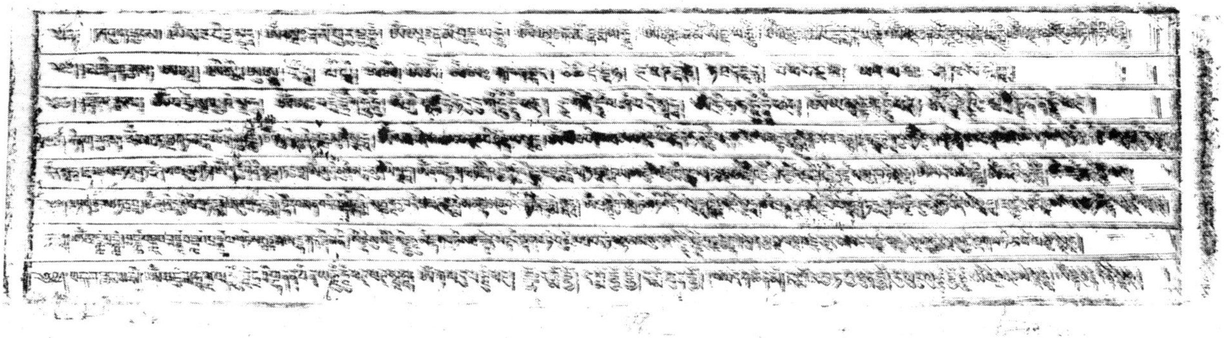

写真 76　版木を使って刷ったもの（8）　50.0cm ×12. 6cm ×1.8cm。

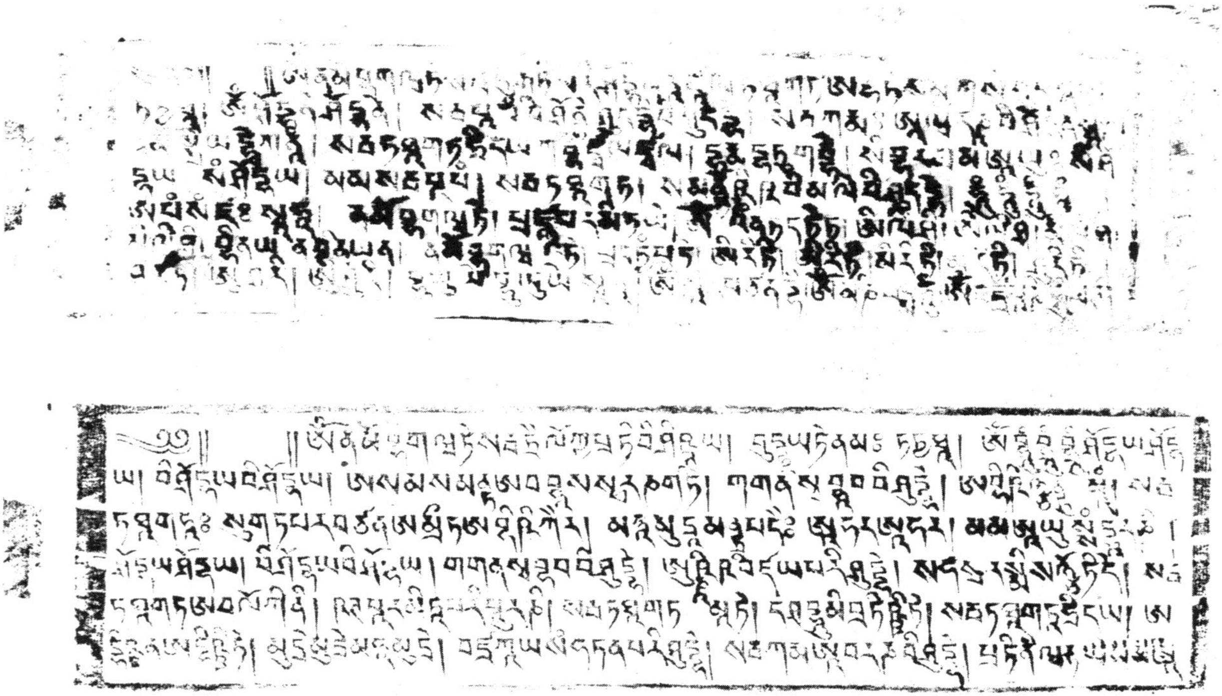

写真 77　版木を使って刷ったもの（9）　36.3㎝ ×8.4㎝ ×1.5㎝。上は Kangyur: kl0536_sarvatathagatosnisavijaya-nama-dharani-kalpasahita 一切如来仏頂尊勝陀羅尼。下はサンスクリットの音写テキストか。oM na mob ha ga wat e sarba trai lo kya bra ti bi zhiZ? ya / bu ddhaa ya tena maH taryathaa/ oM bha‥‥‥.

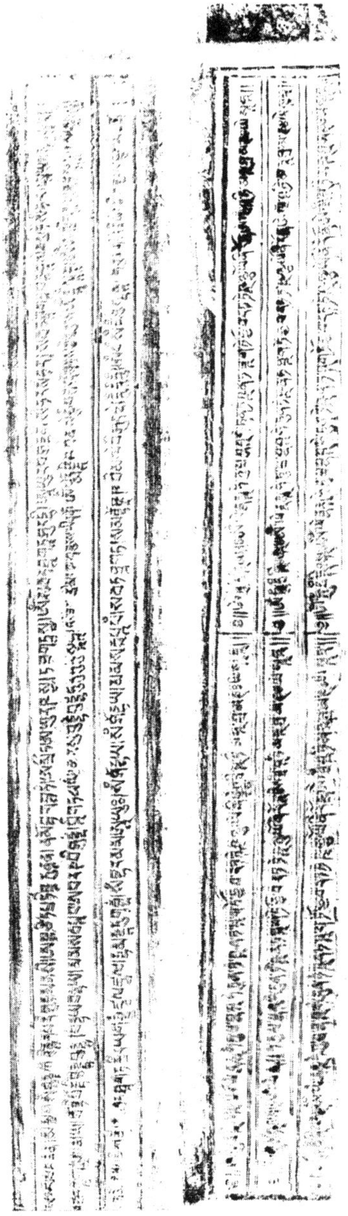

写真78　版木を使って刷ったもの（10）　54.0cm×6.6cm×2.4cm

写真79　版木を使って刷ったもの（11）　47.5cm×7.2cm×2.4cm

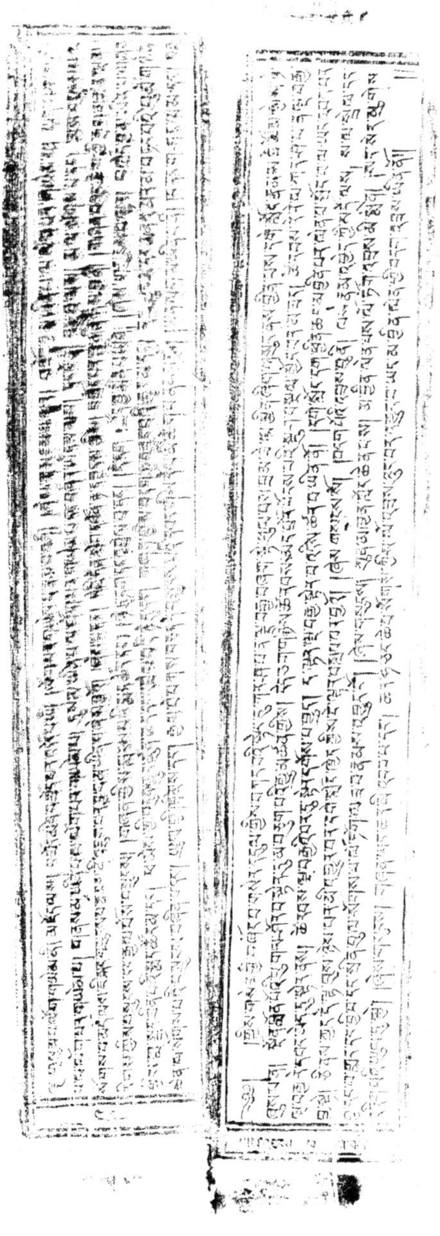

写真80　版木を使って刷ったもの（12）　48.2cm×7.8cm×2.2cm

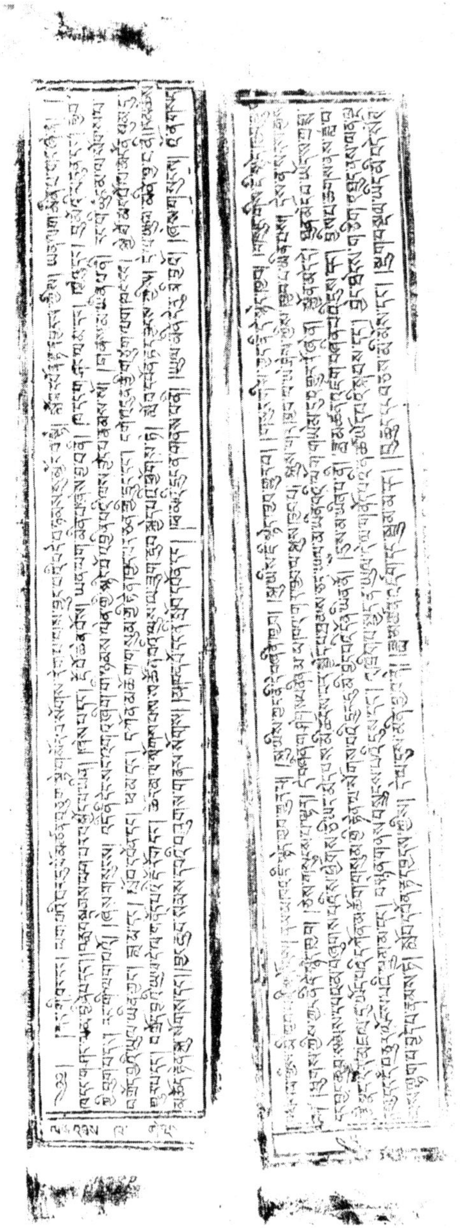

写真81　版木を使って刷ったもの（13）　47.1cm×7.0cm×2.0cm

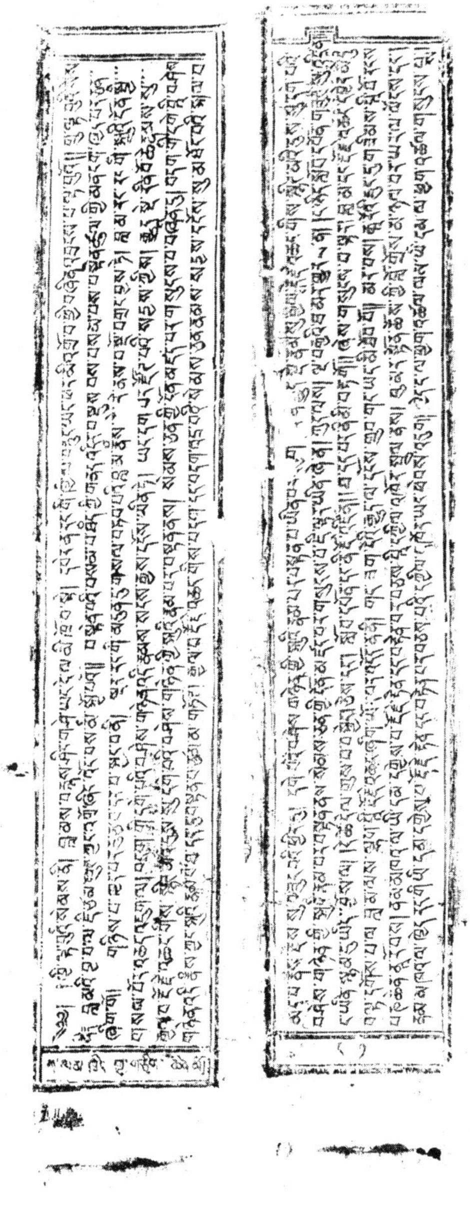

写真82　版木を使って刷ったもの（14）　47.9cm×7.1cm×2.0cm

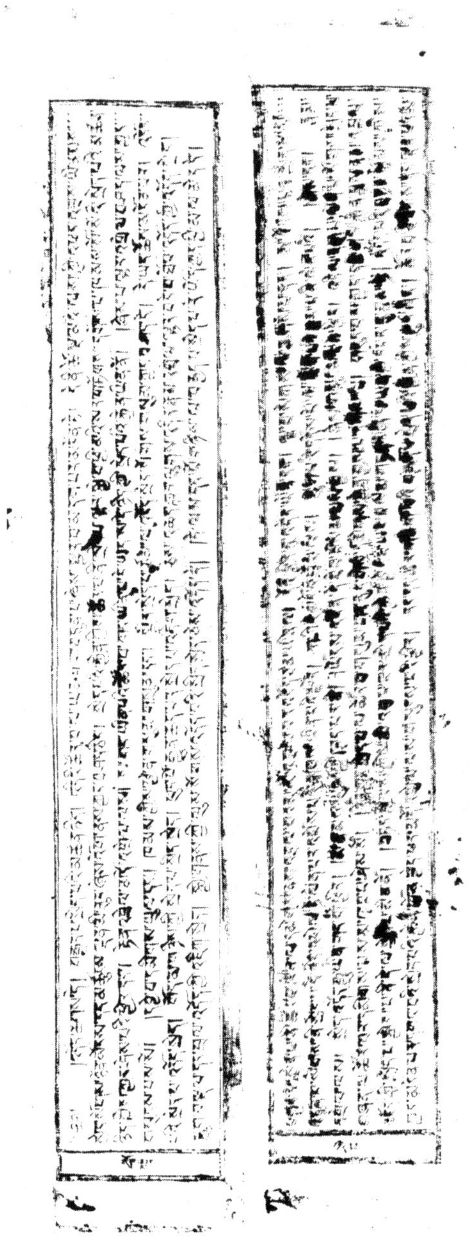

写真83　版木を使って刷ったもの（15）　47.8cm×7.0cm×2.4cm

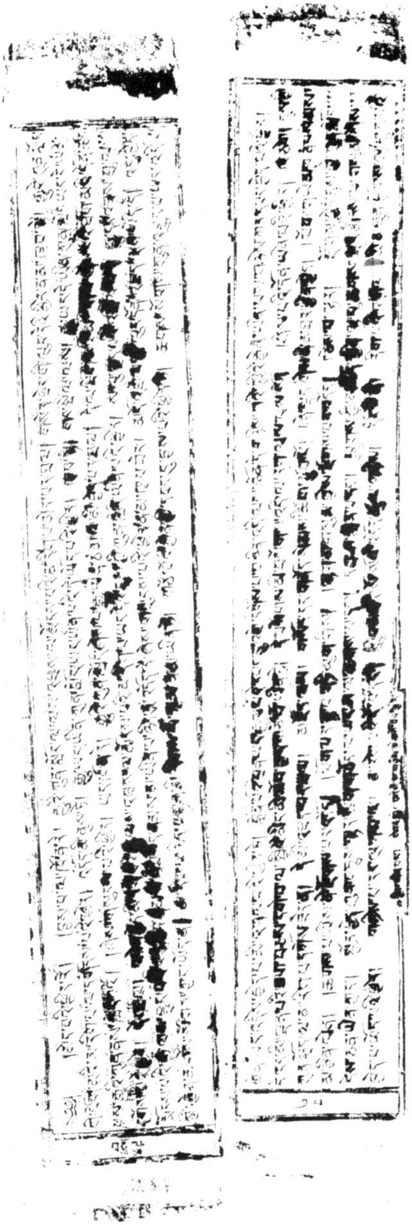

写真84　版木を使って刷ったもの（16）　47.6cm×7.1cm×2.0cm

写真85　版木を使って刷ったもの（17）　4.05cm ×4.2×3cm Takil（護符か）

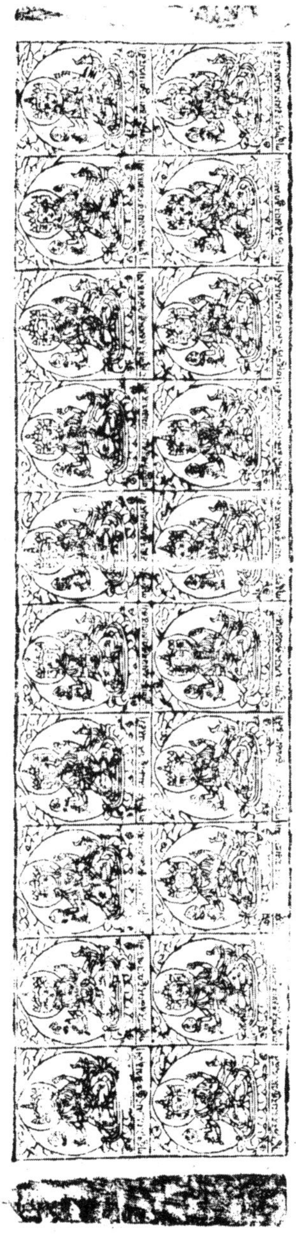

写真86　版木を使って刷ったもの（18）　47.6cm×11. 0cm×2.5cm（二十仏像）

写真87　版木を使って刷ったもの（19）　29.3㎝×25.5㎝×2.5㎝（Tsongkaba burqan）

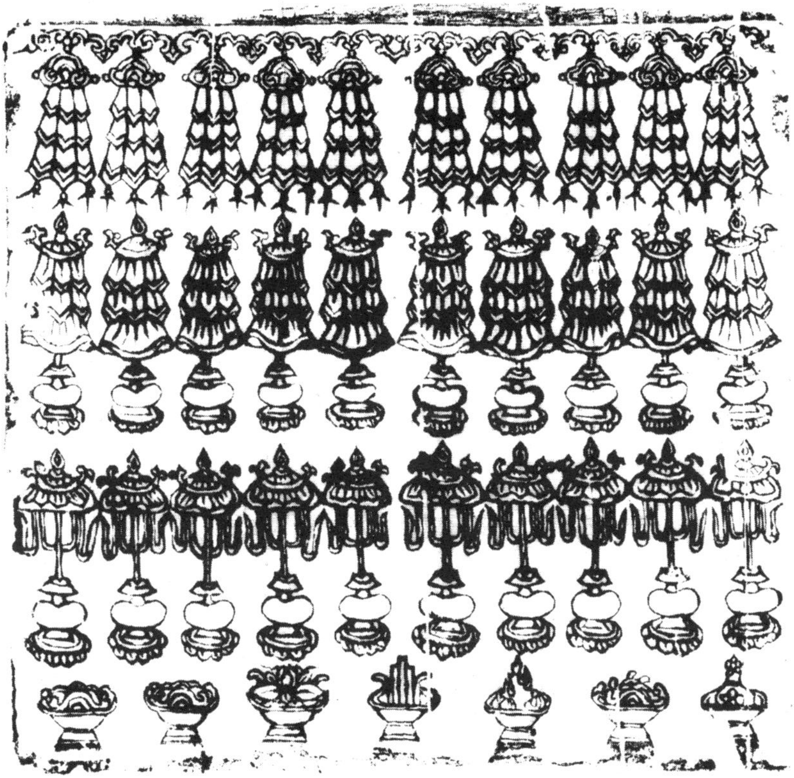

写真88　版木を使って刷ったもの（20）　44.5×44.1×2.5㎝ Čaγan sikürtei（白傘蓋仏母の部分か）

写真89　版木を使って刷ったもの（21）　46.0cm ×47.0cm（マントラ輪）

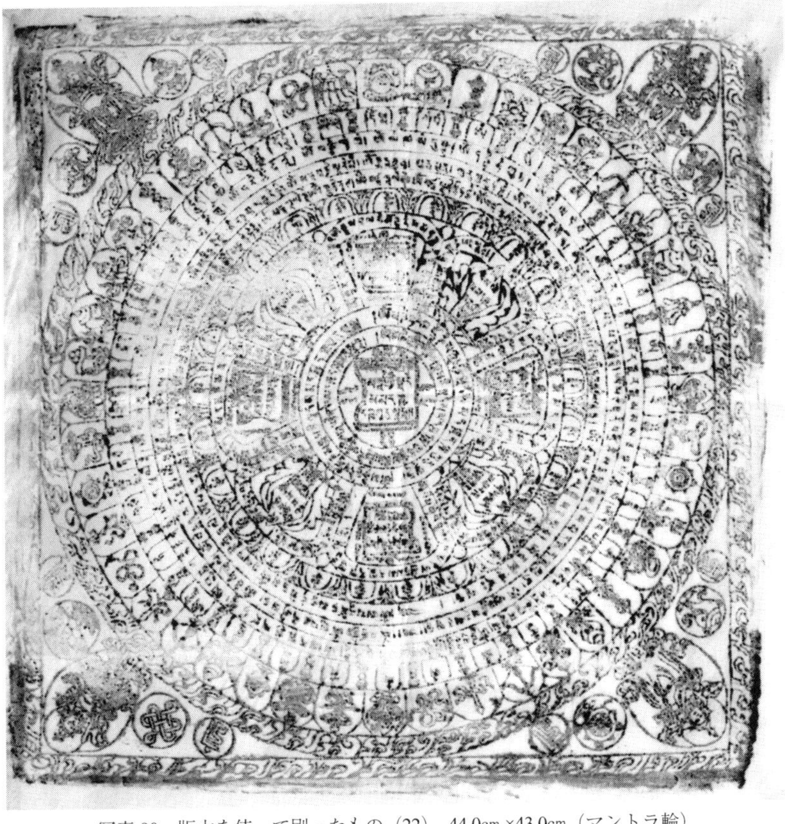

写真 90　版木を使って刷ったもの（22）　44.0cm×43.0cm（マントラ輪）

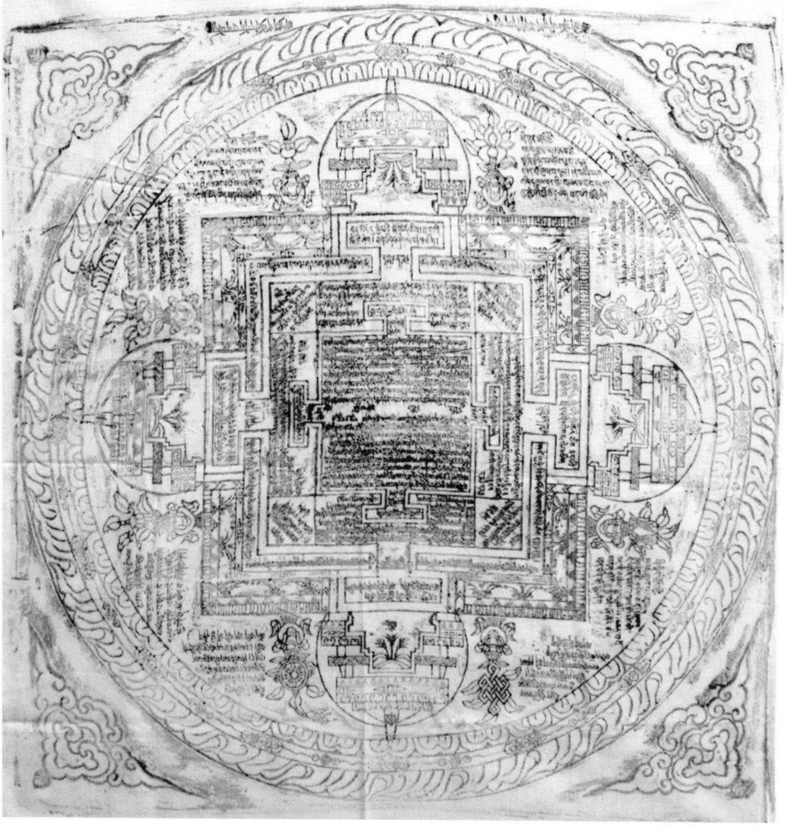

写真 91　版木を使って刷ったもの（23）　71.5×70.0×2.5cm
（gendung debei-yin qorloo= 法輪マンダラ）

18　シャルムレンジョー寺とシレートジョー寺

内モンゴル自治区の首府フフホト市から北へ86キロメートル離れた草原に建つシャルムレンジョー寺（Siramüren juu, Qotala neyilegülügči süm-e, 普会寺）を私は2006年5月14日に見学した。この寺はフフホト市にあるシレートジョー寺（Siregetü juu, Öljei-yi egenegtü bolɣaɣči süm-e, 延寿寺）の末寺の一つである[120]。5月16日、私はフフホト市に戻り、シレートジョー寺のダー・ラマであるワンチュク（Vangčuɣ, 当時87歳）に会い、話を聴いた。

ワンチュク・ダー・ラマによると、かつて繁栄していた頃のシャルムレンジョー寺には三つの群れからなる馬（約100匹）がいた。それぞれ純粋に黒と白、それにアラク（まだら）の馬からなっていた。日本統治時代になると、広大な寺領で一つの旗が設置され、サムタン（Samtan）が旗長に任命されていた。彼は社会主義時代になってから、ときの自治区の最高指導者であったウラーンフーの勧めで共産党に入る。文革期になると、「封建社会のラマを党員にした罪」でウラーンフーは批判された。サムタンの息子ケシク（Kesig）は1958年に大学を卒業し、シレートジョー寺の文書係となっていたが、まもなく「右派」として粛清された。こうした歴史もあり、シャルムレンジョー寺とシレートジョー寺のラマたちと、近くに住むモンゴル人たちは文革期に大勢虐殺された。

シャルムレンジョー寺は2005年まで外来の中国人に占領され、観光客用の食堂として使われていた。モンゴル人たちの強い要望で返還されたが、修繕はまったく進んでいない。「中国人には信仰心がなく、彼らは金儲けのことばかり考えている」、とワンチュク師は語る。

120　Mandumui and Medereltü（eds.）*Ulaɣančab-un süm-e keyed*（Öbür Mongɣol-un soyul-un keblel-ün qoriy-a, 1998, pp.326-327）によると、シャルムレンジョー寺は、シレートジョー寺の六世活仏アグワンロブサンダワ（Aɣvanglubsangdava）が乾隆34(1769)年に建てられ建てた末寺である。元々トゥメト旗の管轄下に置かれていたが、1954年にダルハンムーミンガン旗に移されたという。

このシャルムレンジョー寺の西に小さな博物館がある。入ってみると、なんと私と小長谷有紀氏が編集した『草原の遊牧文明――大モンゴル展によせて』(財団法人　千里文化財団 1998 年）の中の写真が何枚も無断で利用されているではないか。近くのオロン・スムから運んできたネストリウス教の石碑とチンギス・ハーンの三女の遺骨とされる遺骸、元朝時代のものとされる石臼、石人一体、岩画のある巨石などが遊牧民の文化として展示されていた。スタッフに写真の出どころについて尋ねると、「誰の写真でもいいではないか」、と言われた。

地元出身の者や見学に来たモンゴル人たちは「チンギス・ハーンの三女の遺骨」が展示されていることに強い違和感を示していた。シャルムレンジョー寺は行政上、ダルハンムーミンガン旗に属す。旗内のバヤンボグド（Bayan boɣda）山で鉱脈が確認され、包頭市による大規模な開発も計画中だという。「鉱山開発で更に無数の中国人が入ってくるので、草原が破壊される」とモンゴル人たちは危機感を隠そうとしなかった。

フフホト市内のシレートジョー寺とイケ・ジョー寺（大召）の周りは例外なくモンゴル人ラマたちの僧房で、清朝時代から山西商人に貸し出しするように変わっていた。私はそうした古文書を収集していたし、シレートジョー寺の関係者も集めて整理しているという。寺の周辺の巷の名もすべてモンゴル語で、ラマの誰が、中国人の誰にいくらで賃貸したか。中国人がどんな店舗を出していたかなど、実に細かな記録からなる古文書である。

5 月 15 日、シレートジョー寺とその南側にあるイケ・ジョー寺（大召）の間にある南大街に広場を作り、その付近の僧房をすべて取り壊すとのニュースに接したので、丸二日かけて僧房の写真を可能な限り撮ってまわった。清朝初期から造営されてきた僧房はユニークな建築物であるが、数日後には跡形もなく消えた。映像で詳細な記録を残したのは、私以外にいないのではないかと思われる[121]。

121　フィールド・ノート：オルドス（四十四 , No. 2046）

写真92　シャルムレンジョー寺（1）

写真93　シャルムレンジョー寺（2）

写真 94　取り壊し中のイケ・ジョー寺付近（1）

写真 95　取り壊し中のイケ・ジョー寺付近（2）

写真 96　取り壊されることになった僧房

写真97　イケ・ジョー寺の仏塔

19　ウーラン・スゥメ寺

ウーラン・スゥメ寺（Aɣula-yin süm-e）はオルドスのエジン・ホロー旗にある。元々はジャサク旗の寺であった。ジャサク旗は中華人民共和国によってジュンワン旗と合併し、新たにエジン・ホロー旗が現れた。2012年8月15日、私は父親と一緒にこの寺を参拝した。父親が「赤い活仏」(Ulaɣan gegen）に挨拶したかったからである。

先代のウラーン・ゲゲーン、すなわち十一世ウラーン・ゲゲーン（1920-2004）は郡王旗のジャサク、トブシンジャラガル（Töbsinjirɣal）親王の息子であった。本名はバトオチル（Batuvačir）で、2歳の時にジャサク・ジョーの活仏に認定された。その後、彼はグンブム寺に滞在中の1958年にチベット人の武装蜂起に加わっていた[122]。その為、文革期にはひどく迫害されたが、1980年代からは再び「愛国人士」に祭り上げられ、内モンゴル仏教協会の会長に任命された。「愛国愛教の模範的人物」と高く評価された[123]。そのような「赤い活仏」のウラーン・ゲゲーンは、ただ一人の公認の活仏として中国共産党の「宗教信仰の自由」という花瓶の役割を演じてきた。

先代の第十一世ウラーン・ゲゲーンが亡くなってから、当然、政府は後任の活仏を認定しようとしなかった。しかし、モンゴル人の希望は強く、加えて非公認の活仏も増えそうな状況にあったことから、オトク旗のモンゴル人の児童がウラーン・ゲゲーンの生まれ変わりとして政府に認定されたのである。ウラーン・ゲゲーンの本来の寺はジャサク・ジョー寺（Jasaɣ juu）であったが、そ

122　徳勒格の研究によると、グンブム寺には内モンゴルからのラマが323人おり、ウラーンゲゲーン（Ulaɣan gegen）の位が一番高かった。蜂起が鎮圧された後に逮捕されたラマは58人で、最初は青海で収容され、1960年に内モンゴル自治区に護送された（徳勒格『内蒙古喇嘛教史』、758頁）。

123　内蒙古政協文史資料委員会・民族和宗教委員会編『愛国愛教的典範——記念第十一世烏蘭活仏』（内蒙古文史資料第58輯）、2005年。

の寺は跡かともなく中国共産党に破壊された為に、ウーラン・スゥメ寺に身を寄せているに過ぎない。

ウーラン・スゥメ寺はエジン・ホロー旗の南西部、ウーシン旗のトゥク・ソムに近いところの、高い山の上（Aɣula-yin sili）にある。ある研究によると、ウーラン・スゥメ寺は乾隆元（1736）年にジャサク旗の貴族ウルジイジャラガル（Öljeyijirɣal）が建てたもので、チベット名はラシソナムダルジャイリン（Rasisodnamdarjayiling）である。元々長城に近いモドト（Modutu）という地にあったが、中国人の侵入を受けて、1830年頃に現在のところに移転したという[124]。

私たちが到着してから、すぐに7歳になる活仏に儀礼用の絹ハダクを献上し、挨拶した。活仏は私たちに祝福の結び（janggiy-a）をくれた。その時、活仏の部屋に複数の監視カメラが設置してあるのに気づいた。数分も立たないうちに、警察官が2人現れ、父親と私は別室に連行され、身分証の提示を求められた。どこから、何をしに来たのか、など長時間にわたって厳しく尋問された。「私たちは活仏の安全を守っている」、と警察官たちは話していた。彼らの詰め処の部屋は壁一面にモニターがあった。

最悪な気分になったので、解放されてからはすぐに寺を離れた。すると、10代後半のラマが一人、私たちの車のところに走ってきて、CD-ROMを一枚くれた。「ゲゲーンから渡すよう言われた」、と話す。家に戻ってからCD-ROMを見ると、ウーラン・スゥメ寺と歴世ウラーン・ゲゲーンの活動を記したものであった[125]。以上のような経緯から、写真は一枚も撮れなかった。

父親は1950年代初期に騎兵第十四師団の兵士たちと共に寺の近くに駐屯していたことがある。当時は野生のガゼルが群れを成して移動し、狼の遠吠えが聞こえていたという。今や往昔の風景は面影もない、と父親はがっかりしていた。

124　Se, Narasun and Temürbaɣatur（eds.）, *Ordus-un süm-e keyed*（2000, p.78）。

125　フィールド・ノート：内モンゴル・雲南・韓国（No. 5010）。

20　グンギーン・ジョー寺

グンギーン・ジョー寺（Güng-ün juu）はそのゲゲーンのイシダンゼンワンジャル（1853-1906或いは1854-1907）が有名な詩人にして名医者であったことで広く知られている。彼の詩は写本の形で南北モンゴルに広がっており、私も公開したことがある[126]。

この寺の正式名はジャルリク・アール・ソヨルハクスン・ボヤン・イブケクチ・スゥメ（Jarliɣ-iyar soyurqaɣsan buyan ibekegči süm-e）で、中国語は綏福寺で、チベット名はラシミンジョールリン（Rasiminjuurling）である。郡王旗の補国公セブテンノルブ（Sebtennorbu）が乾隆40（1775）年に建てたもので、それにちなんで「グンギーン・ジョー」すなわち「公の寺」と呼ばれるようになった。イシダンゼンワンジャルが活仏だった頃に栄え、ハルハとハラチン、ホルチンとジャハル地域出身のラマたちも集まっていたという[127]。

かつては郡王旗の名刹であったこの寺も中国共産党に破壊されたが、その跡地を私は2014年8月9日に友人と共に訪ねた。廃墟はエジン・ホロー旗の西部にあり、近くに人民公社時代の建物、供銷社（国営の売店）が残っている。新たに再建された寺は金鍍金の装飾が目立ち、「中国人成金の悪趣味だ」、と地元のモンゴル人に酷評されている。復元された寺はまだ政府による認可を得ていなかった。

寺の周りには陝西省から侵入してきた中国人のトウモロコシ畑が広がっていた。「ここはモンゴル人の土地だ。おれたちは一歩たりとも退かない」、と地元のモンゴル人たちが語っていた。

126　楊海英『オルドス・モンゴル族オーノス氏の写本コレクション』（国立民族学博物館・地域研究企画交流センター、2002年、15-17頁）。イシダンゼンワンジャルの著作を収録した研究書も内モンゴルから複数、出版されている。

127　Se, Narasun and Temürbaɣatur（eds.）, *Ordus-un süm-e keyed*（2000, pp.38-39）。

写真 98　現在のグンギーン・ジョー寺

写真 99　グンギーン・ジョー寺の隣に残る毛沢東時代の建物。

写真 100 「毛主席の萬寿無疆を祝おう」とある。

第3章　新疆ウイグル自治区

1　ブルハン・バグシン・スゥメ寺

1992年8月26日、私は松原正毅・国立民族学博物館教授を団長とする科研費調査団の一員として、新疆ウイグル自治区のモンゴル・クレーを訪れた。この地は行政組織上、昭蘇県に入る。県政府所在地にブルハン・バグシン・スゥメ寺（Burqan baɣsi-yin süm-e）があった。私たちは寺のラマのチョグラマ（Čoɣlam, 当時59歳）から話を聴いた。

チョグラマによると、寺のチベット名はドンバシャジトブ（DongbaŠaɣjitub）で、漢字名は神佑寺である。寺は1777～1778年の間に建立され、その後1898年と1929年と二度にわたって修繕されている。ウールト（Ögeltü）・モンゴルの「ジュルガン・ソム（六つのソム）」という軍事遊牧組織が作らせたという。

県文物管理所所長のセルケ（Seike, 当時54歳）によると、「ウールト・モンゴルの六つのソム」とは、アハ・ソム（Aq-a somu）、トイ・ソム（Toi somu）、バス・ソム（Bas somu）、デイ・ソム（Dei somu）、ノス・ソム（Nos somu）、チャイ・ソム（Čai somu）から成っていたという。いずれも清朝がジュンガル・ハーン国を鎮圧した後の生き残りである。寺もハーン国滅亡後にモンゴルの再起を祈願して建てられたものであるという。

チョグラマの話では、1950年以前に約500人のラマがいたが、文革が発動される前は90人に減っていた。現在は9人のラマがいて、全員地元の出身である。そのうちの一人、19歳のラマは内モンゴル自治区包頭市近郊のバディゲル・

写真 101　ブルハン・バグシン・スゥメ寺

写真 102　ブルハン・バグシン・スゥメ寺内の天幕の仏殿

ジョー寺の宗教学校を卒業している。

境内内の固定建築の二階に仏殿（burqan baɣsi-yin örge）がある。こちらはフェルト製の天幕で、仏像を保管している。1984年に第十世パンチェン・ラマも訪れていたので、その肖像画が飾ってある[128]。

2　シャル・スゥメ寺

モンゴル人がシャル・スゥメ寺（Sir-a süm-e）、中国人は黄廟と呼ぶ寺は天山山中にある。行政組織上は和静県で、標高約1580メートルのバロンタイ河（Balaɣuntai ɣool）の渓谷内にある。私は1993年8月4日に松原正毅教授らと共に訪れた。

寺ではちょうど住職（主事ラマ）任命式（aminjilɣ-a）がおこなわれていた。青海省グンブム寺の活仏ツォジン（Tsujing）が主催する儀式に併せて、出家する小僧もいた。その子どもは7歳くらいで、胸に十世パンチェン・ラマの写真を付けていた。近くのモンゴル人も大勢参列していた。

モンゴル人たちによると、寺は1884年にバヤンムンケ・ハーン王（Buyanmüngke qan vang）の発願により、ムンケナソン協理（Müngkenasun tusalaɣči）の尽力で、シンチン・ゲゲーン（Sinčin gegen）の為に建てられたものであるという。チベット語名はシャラブダルジャイリン（Sirabdarjayiling）である。寺の西、バロンタイ河の下流にハーン王の墓がある。敬虔な信者だったので、亡くなってから寺の近くで埋葬されたそうである。

中華人民共和国になると、まもなく寺は破壊されたが、1986年9月に再建された。現在、合計4人のラマがおり、小僧は10人いる。一番年長のラマは78歳に達しているという。毎月、政府統一戦線部から84元の給料をもらっているそうである[129]。

128　フィールド・ノート：(1992年，十三，No. 1015)。
129　フィールド・ノート：新疆編・六（1993年8月，No. 1021)。

写真 103　モンゴルの王宮を利用した和静県民族博物館

写真 104　シャル・スメ寺に出家したばかりの子どもとその両親

第4章　寧夏回族自治区

1　同心県元朝仏寺

寧夏回族自治区南部固原地区の同心県に元朝時代のラマ教寺院がある（地図2参照）。現在では、同心県清真大寺となり、イスラームのモスクとして再利用されている。2004年8月31日、私は同モスクを訪れ、楊玉明（当時74歳）というアホン（導師）に話を聴いた。

楊玉明アホンによると、モンゴル人が中原から北の草原地帯に撤退していった後、残っていたムスリムたちがラマ教の寺院をモスクに改築して使うようになったという。近くにはモンゴル軍が駐屯していた城の跡も複数あるそうである。共産党の紅軍が中国南方から陝西・甘粛・寧夏に逃亡してきてから、一時はここを占拠していた為、「革命文物」と位置づけられたことで、建物の一部が文革中に破壊されずに運よく残った。しかし、アホンらは追放されたのである[130]。

2　石空寺黄寺

石空寺は寧夏回族自治区の中衛県にあり、双龍石窟とも呼ばれている（地図2参照）。私は2004年9月1日にこの寺を見学したが、ほぼ廃墟と化していた。管理人の中国人居士によると、石空寺の一番東側の寺は「黄寺」と言い、モンゴ

130　フィールド・ノート：オルドス（三十八, No. 2040）。尚、中国西北イスラームについては、拙著『モンゴルとイスラーム的中国』（文春文庫、2014年）に詳しい報告がある。

ル人の寺だったという。近年まで一人のラマが寺を守り続けていたそうで、モンゴル人もたまに参拝に来ていたという。

この石空寺にはダライ・ラマ五世が1652年9月中旬に順治帝の招待を受けて東に向かう途中に立ち寄っている。ラマ教の寺院がいつ頃から建立されたかは不明である。ラマ教の寺と漢地仏教が並列する景観として特殊である。2003年12月に塑像の胎内からチベット語の古文書が発見されたと報道されていた。私はその古文書を見ようとしたが、地元文物管理所の所長が不在であったことから、実現しなかった[131]。

131　フィールド・ノート：オルドス（三十八, No. 2040）。楊海英『モンゴルとイスラーム的中国』（文春文庫、2014年、140-142頁）に詳しい報告がある。尚、2018年から寧夏回族自治区内のモスクや聖者廟も片っ端から破壊されている。

写真 105　寧夏回族自治区の同心県モスク（元仏教寺院）

写真 106　寧夏回族自治区の石空寺

第5章　山西省

五台山

五台山（Üitei）に複数のラマ教寺院があり、昔からモンゴル人の巡礼地の一つであった[132]。2002年1月5日、私はフフホト市から車を借りて山西省の五台山を目指した。フフホト市から西へと喇嘛湾（Lama-yin toqai）で黄河を渡る。黄河には複数の湾曲があるので、万家寨で再び黄河を南へと越えてから山西省に入った。そこから偏関、平虜（現平魯）、忻州、定襄を経て一路南下した（地図2参照）。

五台山の西麓には山西省を支配していた閻錫山将軍の生まれた村があり、河を挟んでその東側に許向前元帥の実家がある。国民党側の閻錫山は大富豪で、共産党に入った許向前は貧農だったという。許向前元帥が貧農だったかどうかは不明だが、対照的な二人が中国の現代史上でそれぞれの立場から活躍した。中華民国時代は閻錫山の系統を汲む軍人たちが内モンゴルの西部で跋扈していたし、共産党政権が成立してからは許向前の部下たちが内モンゴル自治区で発生したモンゴル人虐殺事件（内モンゴル人民革命党粛清事件）に関与した。

夜の6時半に五台山に入った。南の山頂を経由しなければ、寺院群のある盆地に辿り着くことは不可能だ。その為、参拝者は全員、関所で50元の入山料を支払わなければならない。夜、山西省郵電五台山接待所に泊まった。他のホ

132　楊海英編『オルドス・モンゴル族オーノス氏の写本コレクション』国立民族学博物館・地域研究企画交流センター、2002年、134-135頁。Isabelle Charleux, *Nomads on Pilgrimage, Mongols on Wutaishan*（*China*）, *1800-1940*, Brill, Leiden, Boston.

写真 107　五台山の白塔

テルは大都市並みに高かったからである。キノコと山菜、イノシシと野生山羊の料理ばかりだが、どれもとんでもない値段である。

翌朝 7 時半に菩薩頂に行く。ここはラマ教の寺院なので、黄廟と呼ばれている。つづいてもう一つの黄廟の羅喉寺（Rāhula）を見学する。羅喉寺にはオルドスのジュンガル・ジョー寺から来たホニチン・ゲンデンという年配のラマが滞在している[133]。五台山には現在約 50 数人のモンゴル人ラマがいるが、数の面で遥かに中国人の僧侶に及ばない。いずれ、黄廟は青廟に塗り替えられるだろう、と彼は危惧していた。青廟は、中国仏教（漢伝仏教）の寺院を指す。宗教界でも民族間の対立が存在している。

伽藍堂の前にモンゴル語の功徳碑が立ち並ぶ[134]。碑は小さく、漢文碑より地味

133　Se, Narasun and Temürbaɣatur（eds.）, *Ordus-un süm-e keyed*（2000, p.29）によると、五台山のチョルジ・スウメ寺（Čorji-yin süm-e）はオルドスのジュンガル旗の四代目のジャサクが建てたものであるという。五台山のラマ教寺院の残存状況については、前掲 Isabelle Charleux, *Nomads on Pilgrimage, Mongols on Wutaishan*（*China*）, *1800-1940*（p.77）にも記述がある。

134　五台山に参拝し、寄進したモンゴル人信者について、前掲 Isabelle Charleux, *Nomads*

である。漢文碑は地元の文人たちによって文殊寺に集められて手厚く保護されているが、モンゴル語のものは放置されて、下水道の蓋に使われているものもある。白塔の近くでウラーンハダ（赤峰）から巡礼して来たモンゴル人女性に出会った。彼女は毎日白塔を200回まわっている、と話していた。

五台山を出てからは代県、雁門関、右玉、殺虎口（殺胡口）を通って内モンゴル自治区のホリンゲル（和林格爾＝和林県）に帰った。代県はほとんど大平野で、かつては遊牧民の草原であったことが分かる。殺虎口には古城の跡があり、中国人が作った烽火台が南へと連なる。往復の調査で把握できたのは、西の偏関から平虜までは道が険しく、恐らく遊牧民が南進する際も避けていたのではないか、ということである。その東の殺虎口の方が騎兵で容易に突破できる。殺虎口を落とせば、雁門関まで馬を飛ばし、太原を掌中に収めることも可能となる。モンゴル高原から中原への道は複数あるが、走りやすいルートは限られている。

二日間の旅であったが、食べ物の値段は内モンゴルの数倍もあり、しかも肉はほとんどなかった。運転手の中国人も山西省から内モンゴルに入植した二世であるが、故郷の中国人に強い嫌悪感を示していた。その為、ホリンゲルに着くと、すぐにモンゴル人の経営する食堂に行き、肉料理を注文していた。中国人も遊牧民化するものである[135]。

---

on Pilgrimage, Mongols on Wutaishan（*China*）, *1800-1940*（pp.232-233）に記述がある。

135　フィールド・ノート：オルドス（三十六, No. 2038）。

写真 108　五台山に建つモンゴル語功徳碑（1）

写真 109　五台山に建つモンゴル語功徳碑（2）

写真 110　五台山に建つモンゴル語功徳碑（3）

写真 111　五台山に建つモンゴル語功徳碑（4）

写真 112　五台山に建つモンゴル語功徳碑（5）

写真 113　五台山に建つモンゴル語功徳碑（6）

写真 114　五台山に建つモンゴル語功徳碑（7）

写真115　五台山に建つモンゴル語功徳碑（8）

写真 116　五台山に建つモンゴル語功徳碑（9）

写真 117　五台山に建つモンゴル語功徳碑（10）

写真 118　五台山に建つモンゴル語功徳碑（11）

写真 119　五台山に建つモンゴル語功徳碑（12）

写真 120　五台山に建つモンゴル語功徳碑（13）

写真 121　五台山に建つモンゴル語功徳碑（14）

写真 122　五台山に建つモンゴル語功徳碑（15）

写真 123　五台山に建つモンゴル語功徳碑（16）

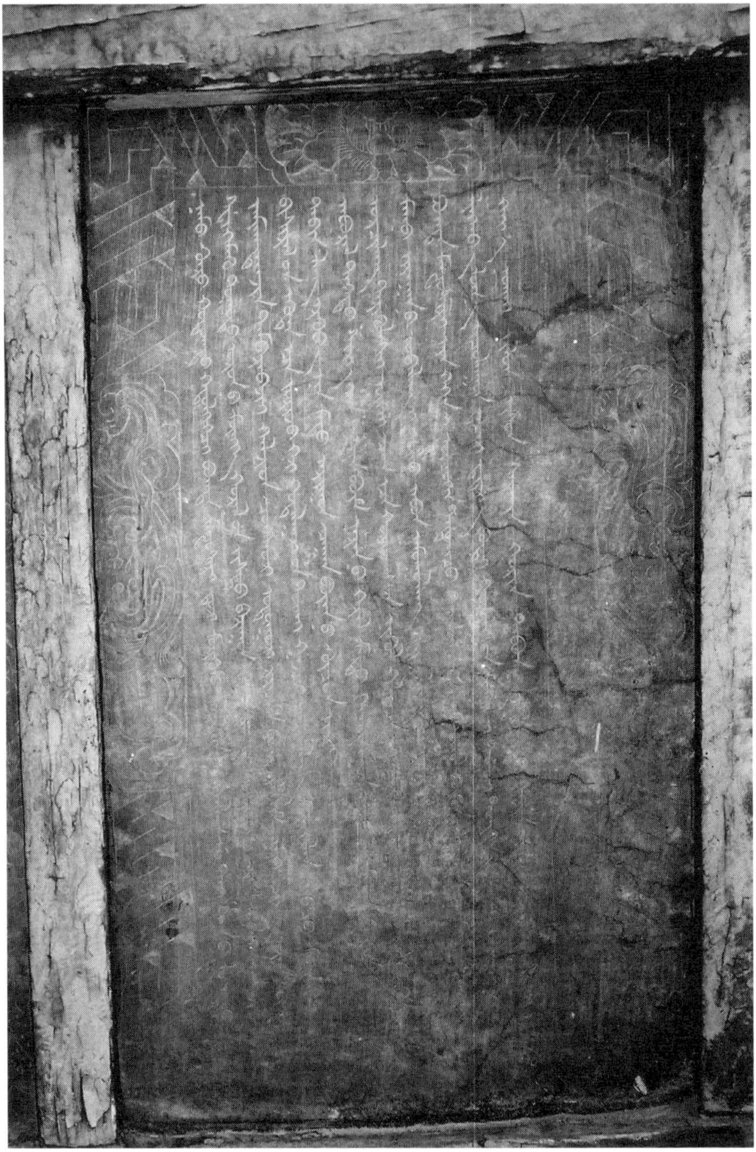

写真 124　五台山に建つモンゴル語功徳碑（17）

写真 125　五台山に建つモンゴル語功徳碑（18）

写真 126　五台山に建つモンゴル語功徳碑（19）

写真 127　五台山に建つモンゴル語功徳碑（20）

写真 128　五台山に建つモンゴル語功徳碑（21）

第6章　青海省

ダザン・キイト寺

青海省の省都西寧市から北西へと湟源県内を流れるモリチンゴル河（Moričin γool）の南岸に有名なダザン・キイト寺（Dazang keyid）がある。私はここを2004年12月20日に訪ねた。寺にはデチン（Dečing, 当時33歳）とロブサン（Lubsang, 当時35歳）という二人の若いラマをはじめとする20数人の僧がいた。二人の師匠で、北京の雍和宮のドグドム（Dögdüm）とグンブム寺のロブサンチョイナム（Lubsangčoyinam）は共にオルドス出身であるという。その為か、オルドスから来た私を歓迎してくれた。

二人によると、ダザン・キイト寺は青海地域で二番目に古いお寺にあたるという。一番古いのはダライ・ラマ三世とモンゴルのアルタン・ハーン、ホトクタイ・セチェン・ホン・タイジらが会合したチャブチャル寺（仰華寺）である。ダザン・キイト寺はダライ・ラマの弟子が建てたもので、後にホショート・モンゴルのグーシ・ハーンも河の近くに馬群を放していたという。清朝が青海を占領した際に、年羹堯将軍に破壊されたが、後に再建された。クケート・ワン（Köked vang）の旗など、8つの旗の衙門も近くにあり、大量の古文書が保管されていた。そうした古文書と寺の経典類はすべて文革期に中国共産党に没収されて焼かれた。寺の周辺の水のある良質な草原はほとんど中国人と回民に奪われ、モンゴル人は遠くへと避難していった。中国人はあまり来ないが、イスラームを信仰する回民の参拝が多いという。二重信仰の回民はまたラマに病気を治療してもらう為に訪れるらしい。

私が訪ねた日の翌日、12月21日は緑ターラーを祀る、「千の祭」(noɣuɣan dhar-a eke-yin düngčig) があるという。「千の香」と「千の灯明」を用意して、寺を千回も回る行事である[136]。

136　フィールド・ノート：西北（甘粛・青海・オルドス　二, No. 5004)。楊海英『モンゴルとイスラーム的中国』（文春学藝ライブラリー　2014年、179-184頁)。尚、2018年から青海省内のモスクや聖者廟も破壊されている。

写真 129　ダザン・キイト寺（1）

写真 130　ダザン・キイト寺（2）

第7章　モンゴル国

1　エルデニ・ジョー寺

初めてモンゴル国の土を踏んだのは1993年8月31日である。北京からウランバートルへ飛ぶ飛行機には奇しくもインドからモンゴルへ運ばれる仏舎利を届ける高僧も同乗していたので、ウランバートル空港では盛大な儀式に出会った。自由主義陣営に加わったモンゴル国の宗教自由化を象徴するイベントであった。

9月5日に憧れのエルデニ・ジョー寺（Erdeni-juu, 1585年から建設）を訪問した。寒い雨の日であった。1937年に破壊された寺院内を急いで見学した[137]。それ以来、モンゴル帝国の首都ハラホリムの遺跡に建つ同寺院を複数回にわたってみて回った。

また、1993年以降はほぼ毎年のようにモンゴル国を訪問し、毎回、ウランバートル市内のガンダン寺（Gandantegčeling, 1809年建立）とチョイジン・ラマ寺（Čoyijin blam-a-yin süm-e, 1904-1908年の間に建立）、ボクド・ハーンのノゴーン・キイト寺、それにトゥブ・アイマクのマンジュシャリ寺などを見て回ってきた。これらの寺も1930年代にダメージを受けているが、既に諸先学による詳しい報告があるので、本書では省略する。

137　フィールド・ノート：モンゴル国（No. 3001）。

写真 131　1993 年 8 月 31 日におこなわれた仏舎利歓迎式典

写真 132　モンゴル帝国の首都ハラホリムに建つエルデニ・ジョー寺

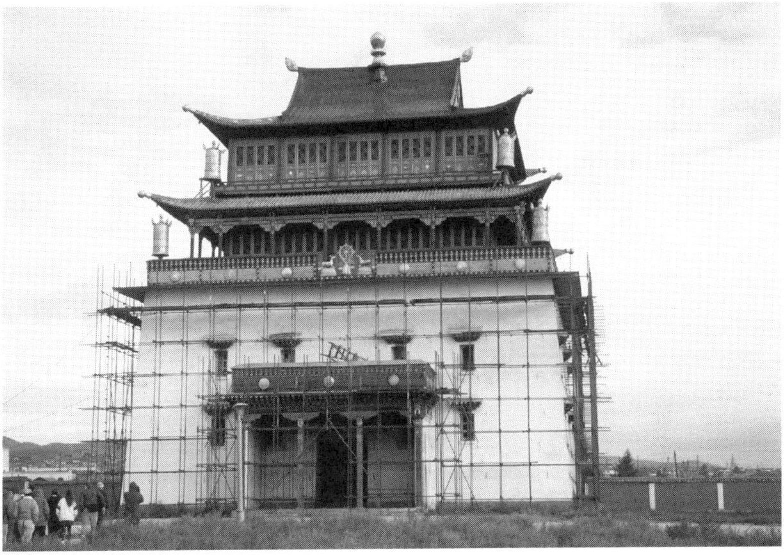

写真 133　1993 年のガンダン寺。修復工事が進められていた。

写真 134　2019 年のガンダン寺

写真 135　ウランバートル市内のチョイジン・ラマ寺

写真 136　マンジュシャリ寺の廃墟

2　タリヤーティン・クレー寺

1996年8月24日の夕方、私は国立民族学博物館教授の松原正毅師らについて、アルハンガイ・アイマクのオロハイ（Oruqai dabaɣ-a）を越えてタリヤーティン・クレー寺（Tariyatu-yin küriy-e）に着いた。1995年夏に再建された木造の建物を拠点に、10人ほどのラマたちが活動しているという。元々は千人もの僧がいた大伽藍だったが、1931年にこの地で社会主義の宗教政策に反対する蜂起が勃発したという口実で、ソ連・モンゴル人民共和国連合軍による空爆で完全に破壊されてしまった、との話を聴いた。当時、このあたりはダライ・チョンクル・ワン旗（Dalai Čüngkür vang-un qosiɣu）の領地で、寺のチベット名はサンチョブリン（Sangčubling）である[138]。

3　アマルバイスガラント寺

モンゴル国北西部にあるアマルバイスガラント寺（Amurbayisɣalangtu keyid）は清朝の雍正帝の勅命によって1726年に建立されたもので、中国名は「勅建慶寧寺」である[139]。私がここを最初に訪れたのは1997年8月16日のことである。寺は山の南麓のブレンウブルト（Büreng-ün öbürtü）という地にあり、その西をジビンゴル（Jibin ɣool）河が流れている。寺の門前に広がる広々とした盆地に大勢の馬たちが草を食んでいた。

寺にはジャムンダブ（Jamindab, 当時84歳）という管長がおり、20数人のラマがいた。彼はブルガスタイ（Burɣastai）河の出身で、ラマであった父親の意向にした

138　フィールド・ノート：ロシア・トゥヴァ・モンゴル国（No. 3005）。萩原守『体感するモンゴル現代史』（南船北馬舎、2009年、237-238頁）にも記述がある。

139　Don Croner, *Guide Book to Locales Connected with the Life of Zanabazar First Bogd Gegeen of Mongolia*（Polar Star Press, 2006, p.45）は1727年に雍正帝が建設を許可したとしている。

写真 137　タリヤーティン・クレー寺

がって出家したという。ほとんどが 10 代の小僧（bandi）で、他は 70 ～ 80 代の老僧で、中年の者はいない。その内の一人は南モンゴルのフルンボイル出身で、今年 88 歳になる。以下は管長の話である。

寺は初代ウンドゥルゲゲーン・ザナバザル（Ündürgegen Zanabazar）が入寂してから 3 年後に建てられた。最盛期には約 2000 人ものラマがいて、チベットへ巡礼や留学に行く者も多かった。しかし、1920 年代から中国国境が閉鎖された為、次第に行けなくなった。1938 年、ソ連軍が襲撃してきて、10 数日間にわたって略奪された。寺は閉鎖され、ラマは追放された。高僧は処刑され、仏像はトラックでソ連領内へ運ばれ、経典類は焼かれた。もしかして、国境の対岸、キャフタの博物館に眠っているかもしれない。ジャムンダブも翌 1939 年に還俗して軍隊に入った。民主化が実現された 1990 年に、彼は再び僧籍に戻った。

寺は 1970 年代からユネスコの援助で修復がスタートした。日本人が指導し、ベトナム人の大工たちが働いた。しかし、モンゴル国からの財政的な支援は少

写真 138　1997 年のアマルバイスガラント寺（1）

ない。近年、台湾人女性信者からの寄付も届いている[140]。

2019 年 8 月 12 日夕方、私は友人とアマルバイスガラント寺を再訪した。雷雨の中、無数の馬たちが寺院の西と南の草原に広がっていた。やがて、虹が立ち、伽藍は黄金色に輝いていた。寺の近くには観光客を受け入れている天幕も 1997 年より増えていた。

翌朝、寺の近くを散歩していたら、ガンボルド（Γangbolud, 50 歳）という遊牧民に出会った。彼の夏営地は寺の近くのエフンゴル河（Eküng-ün ɣool）にあり、秋営地と春営地はジョブチ（Jöbči）で、冬営地はすぐ近くの山間にあるという。彼はおよそ 800 頭の羊と山羊、60 頭の牛、70 匹の馬を所有していた。寺には現在、60 人のラマがおり、ほとんどが 30 代で、10 代の小僧たちも数人いるという。

寺の北の山の中腹には大きな白塔が新たに増築され、修復作業も少しずつ進

140　フィールド・ノート：モンゴル国・ブリヤート（No. 3007）。萩原守『体感するモンゴル現代史』（南船北馬舎、2009 年、263-265 頁）にも記述がある。

写真 139　1997 年のアマルバイスガラント寺（2）

んでいた。寺では西のバヤンウルギー（Bayan Ölgei）から来たばかりの 8 歳の小僧と、ウランバートル市から来て一年になるという 9 歳の小僧が掃除に励んでいた。僧侶たちは朝の読経を終えてお茶を飲んでいた[141]。私たちが見学していたら、またもや雷雨になった。ラマたちの話では、アマルバイスガラント寺周辺は、夏に雨が多く、冬は深い雪に覆われるという。

141　フィールド・ノート：モンゴル国（No. 4012）。

写真 140　2019 年のアマルバイスガラント寺（1）

写真 141　2019 年のアマルバイスガラント寺（2）

写真 142　2019 年のアマルバイスガラント寺（3）

写真 143　2019 年のアマルバイスガラント寺（4）

写真 144　2019 年のアマルバイスガラント寺（5）

写真 145　2019 年のアマルバイスガラント寺（6）

写真 146　2019 年に会ったアマルバイスガラント寺のラマたち

4　バルダン・ベルベンリン寺

モンゴル国東部ヘンティ県にあるバルダン・ベルベンリン寺（Baldangberbeling keyid）を私は友人と共に2019年1月1日に訪ねた（図3）。寺にはシルネク（Sirneg, 72歳）という老僧が一人いて、管理に当たっていた。かつて、1938年以前には800人のラマたちが暮らしていたが、破壊されてからは衰退の途を辿ったという[142]。現在、夏になると、ウランバートル市から多数のラマたちがやってきて、法会をおこなうことになっているそうである。

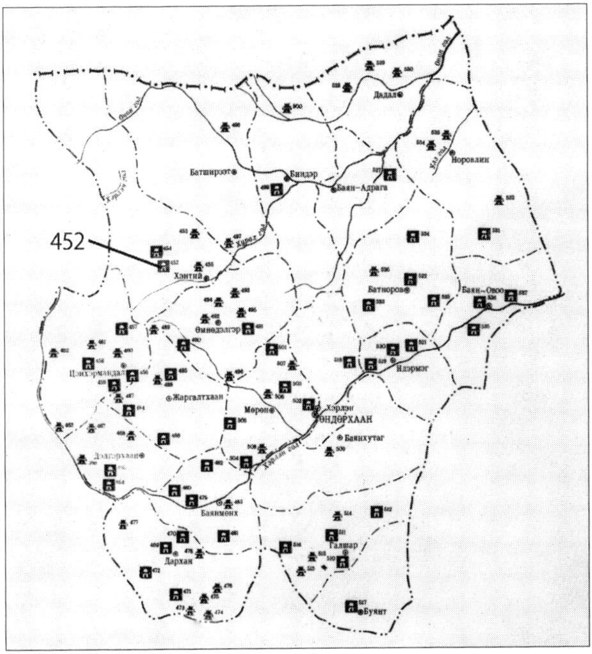

図3 モンゴル国ヘンティ県内の寺院。第452番の寺がバルダン・ベルベンリン寺。
Mongol ard ulsin ugsaatni sudlal, xelnii shinjleliin atlas, ed by Rinchin, Ulaanbaatar, 1979 に加筆。

142　フィールド・ノート：ロシア・モンゴル国（No. 4011）。

写真 147　バルダン・ベルベンリン寺（1）

写真 148　バルダン・ベルベンリン寺（2）

写真 149　バルダン・ベルベンリン寺（3）

5　バルーン・クレー寺

モンゴル帝国の首都であったハラホリムの南 38 キロメートルのところから南へ数キロメートル離れたところ、ウブルハンガイ・アイマクにあるバルーン・クレー寺（Baraɣun küriy-e）がある。かつてはシャンハイン・キイト（Shangqa-yin keyid）とも呼ばれていた。私はここを 2019 年 8 月 30 日に訪問した。

私が着いた時、寺の住職バトトルガ（Batutulɣ-a, 34 歳）は 6 人の小僧 (bandi) の指導に当たっていた。彼によると、寺は 1647 年に初代ジェプツンダムバ・ホトクトのウンドゥルゲゲーン・ザナバザル（Ündürgegen Zanabazar）によって建てられたものであったが、1930 年代後半に破壊されたという[143]。最盛期には 1300 人ものラマたちが暮らしていたが、現在いるのは 13 人で、そのうちの半分は小僧である。

143　Don Croner, *Guide Book to Locales Connected with the Life of Zanabazar First Bogd Gegeen of Mongolia*（Polar Star Press, 2006, pp.14-15）にも同様な記述がある。

写真 150　バルーン・クレー寺

写真 151　バルーン・クレー寺のラマたち

第8章　ロシア連邦

1　トブデンチョイホルリン寺

ロシア連邦トゥバ共和国のトブデンチョイホルリン寺（Töbdengčoyiqorling）は首都キジル市の近郊、大エニセイ河の北岸にある。私は松原正毅師らについて、1996年8月13日に寺を訪問した。現在の寺は1992年に建てられたものである。1992年9月19日から22日にかけて、ダライ・ラマ法王も同国を訪れている。

寺には修行中の小僧（Šabi）も入れて20数人のラマがいるという。そのほとんどはモンゴル国に近いエルジン・アイマク（Erjin Ayimaɣ）の出身で、モンゴル語が堪能である。また、モンゴル国からの若いラマも指導に来ていた。彼は5年間も勉強し、医学（otoči）が専門であるという。また、インドからは2人のチベット人ラマが指導に来ていた。そのうちの一人は1995年8月から来ているという。彼は祖国チベットへ巡礼に行きたいが、中国政府の許可がもらえないので、困っていると話していた。キジルには更にサンクトペテルブルクから来たラマも一人いるという[144]。

トゥバ共和国にはテスケム（Teskem）、チャダム（Čadam）、サマガラ（Samaɣala）、

144　Alexander Andreyev, *The Saint-Petersburg Datsan*（Nestor Historia, 2012, pp.52-79）によると、サンクトペテルブルグのダツァンは18世紀初頭にカルムイク・モンゴル人がこの地で活動するようになった時から縁起が始まるという。1991年には名をクンゼチョイナイ・ダツァン（Kunzechoinei Datsan）に改め、多くラマたちはブリヤートのイヴォルガ寺にあるダシチョイコルリン（Dashi Choikorling）仏教学院を出た者であるという。

写真 152　トブデンチョイホルリン寺

写真 153　トブデンチョイホルリン寺のラマたち

エルジル（Erjir）、バイタク（Bayitaɣ）、シャグノール（Šaɣanuur）などの地に一か所ずつ寺が再建されたという[145]。

2　イヴォルガ寺

ロシア連邦ブリヤート共和国の首都ウランウード市の西約30キロメートルのところ、セレンゲ河の南側に建つイヴォルガ寺（Ivolga, Yabulɣ-a-yin datsang）を私は1997年8月9日に初めて訪れた。18世紀頃に建立され、1930年代の宗教弾圧政策を経て、1943年に存続が許されたと言われている。境内の入り口の土産屋では仏具類があり、子どもたちはブリヤート・モンゴル語を操っていた[146]。

2012年9月21日、私はこの寺院を再訪した。建物のペンキは新しく塗られ、僧房も拡張されている。境内はとても清潔に整備されている。ここには全ロシアの仏教協会の本部と仏教学院があり、ロシア人のラマも複数いると聞いた[147]。

145　フィールド・ノート：ロシア・トゥヴァ・モンゴル国（No. 3005）。萩原守『体感するモンゴル現代史』（南船北馬舎、2009年、226頁）にも記述がある。

146　フィールド・ノート：モンゴル国・ブリヤート（No. 3007）。萩原守『体感するモンゴル現代史』（南船北馬舎、2009年、250-251頁）にも記述がある。

147　フィールド・ノート：モンゴル国・ブリヤート（No. 4000）。Alexander Andreyev, *The Saint-Petersburg Datsan*（Nestor historia, 2012, p.79）によると、イヴォルガ寺のチベット名はダシチョイコルリン（Dashi Choikorling）であるという。

写真 154　1997 年のイヴォルガ寺

写真 155　2012 年のイヴォルガ寺（1）

写真 156　2012 年のイヴォルガ寺（2）

写真 157　2012 年のイヴォルガ寺（3）

写真158　イヴォルガ寺の「キー・モリ」(風の馬)

写真 159　ブリヤート・モンゴルの仏画タンカ（1）

写真 160　ブリヤート・モンゴルの仏画タンカ（2）

写真 161　ブリヤート・モンゴルの仏画タンカ（3）

写真 162　ブリヤート・モンゴルの仏画タンカ（4）

写真 163　ブリヤート・モンゴルの仏画タンカ（5）

写真 164　ブリヤート・モンゴルの仏画タンカ（6）

写真 165　ブリヤート・モンゴルの仏像（1）

写真166　ブリヤート・モンゴルの仏像（2）

第9章　「天たる火の大いなる祭祀と招福儀礼の書」という写本について

サイン・ホビト

（Sayin Qubitu　神奈川大学博士課程）

本章では楊海英氏が2005年9月8日にオルドスのジュンガル・ジョー寺の僧、ヨンドン（Yongdong）とヤルピル（Yarpil）兄弟（写真167）から入手した拝火祭に関する写本「天たる火の大いなる祭祀と招福儀礼の書」（*Γal Tngri-yin Yeke Takilɤ-a, Dalalɤan-u Sudur Orusibi*）を取り上げる。モンゴルの仏教寺院は殆んどが学問寺であり、ラマたちは学僧であった[148]。この写本も学問寺の学僧が保管していたもので、その内容も重要である。

写本は中国製の麻紙に青いインクを用いて、毛筆で書いている。大きさは14.1×24.7センチメートルで、表紙を入れて計18枚ある。紙紐で左綴じした冊子体で、1ページに5行の文字があり、「前引き」（uruɤsil）が長く、「右引き」（segül）は短く、典型的なオルドス・モンゴルの書風となっている[149]。表紙と裏表紙以外はページ数がアラビア数字で記されている。内容的には1～15頁が拝火祭祀文で、16～32が招福祝詞である。写本の表題通りに前半は「天たる火の大いなる祭祀」（Γal Tngri-yin Yeke Takilɤ-a）、後半は「大いなる黄金の招福」（Yeke Altan Dalalɤ-a）になる。裏表紙に書き写した日付に関する二種の表記があり、それぞれ「一九九二年八月二二日」と「qar-a beči-yin jil-ün namur-un

148　長尾雅人前掲『モンゴル学問寺』、44頁。

149　モンゴル語写本の書風については、楊海英編『オルドス・モンゴル族オーノス氏の写本コレクション』（国立民族学博物館・地域研究企画交流センター、2002年、5頁）と Kara György, *Books of the Mongolian Nomads, More than Eight Centuries of Writing Mongolian*（Indiana University Bloomington, Research Institute for Inner Asia Studies, 2005, pp.97-101）参照。

写真 167　ヨンドン 当時 76 歳（左）とヤルピル 当時 73 歳

terigün sar-a-yin qorin dörben čaɤan morin edür」(黒い猿年の秋の最初の月の二十四日・白い馬の日)、すなわち「壬申年戊申月庚午日」とある。以下、本稿では手写本の書写法とその構成について検討する。

1 モンゴルの拝火祭用テキスト

モンゴルの拝火祭に関する写本には幾つかの形式がある[150]。オルドスの写本の言語学的特徴を抽出する為には、モンゴル語古体文字と比較研究する必要がある。モンゴル語古体文字は「至元訳語」の明朝期の再編版となる「華夷訳語」(以下は訳語とする。知恥子 1974) を使う。訳語と「至元訳語」の書体と発音、そして語彙には一定の差があるが、13 世紀以降のモンゴルの言語と文字の特徴を有していると思われる。

1 訳語の書写上の特徴

(1) 古代モンゴル語の大きな特徴を保っている。

濁音と鼻音の文字に点がつかない：

原本は 13 世紀とされる訳語などの古典に見られるモンゴル語では ɤ (g) を q

150 ここでは『「金書」研究への序説』(楊海英 1998、以下は金書とする) 及びリンチンのシャーマニズム・テキスト集 (Rintchen 1975) に収録している諸文書を比較してみたい。本文でメインに扱う写本 *Γal Tngri-yin Yeke Takilɤ-a, Dalalɤan-u Sudur Orusibi* (大なる天たる火の祭祀、招福儀礼書なり) を A 本とし、シャーマニズム・テキスト内の以下の文をそれぞれ B, C, D, E, F, G, H (a, b) とする。それらは *Γal-un Tngri takiqui-yin jang üile Bayasqulang ɤarqu-yin oron kemegdekü sudur orosibai* (天たる火を司祭する習俗之慶喜《きょうき》なる書なり)、*Temegen-ü Γal-un takilɤ-a orosibai* (ラクダの火の祭祀書なり)、*Γal-un takilɤan-u sudur orosibai* (拝火祭祀書なり)、*Γal-un takilɤan-u sudur* (拝火祭祀書)、*Γal-un takilɤ-a dalal15-a-yin sudur* (拝火祭祀招福書)、*Γaliyin takil oroŠiboi* (トド文字、火の祭祀なり)、*Temegeni kesigiyin sudur oroŠibo* (ラクダの福の書なり) である。そして金書の拝火祭祀書を I, J とする。すなわち、*Isi qatun ejin-ü ɤal-un öčüg* (エシ・ハトンの火の語り・祝詞《のりと》) 並び *Γolumta-yin öčig* (ゴルムタの語り語・祝詞) 等である。「金書」ではもう一つの拝火祭祀書の一節があるものの、原書は文字の欠けた箇所がある為、題目も付いてない。

（k）と発音している。kiraɤu（霜）を kiraqu（乞刺兀）、naɤur（湖）を naqur（納兀兒）と発音する。中世モンゴル語に男性子音の ɤ/ 女性子音の g なる濁音の発音があり、書写する際に区別しない。例えば göilesün/ 圭列孫 / 杏、güikü/ 歸窟 / 走などがある。全体的に言えば、現在の語彙と比較して男性子音の ɤ の濁音が少なかった。

nの発音は同じく存在しているが、書写する時にa行と変わらない。点なし（a, e）に n の発音が出来る。すなわち濁音化する点を無くしている。naran（日）を aran/ 納蘭、namur（秋）を amur/ 納木兒と書写する。実際にモンゴル語の正字法でもこの伝統は残っている。子音 n（点付き）に a の行が付いて na 行になるが、単語の中節や語尾の a/e, n（a/e）の書写は同じく、n は点なし（a/e になるが）に n の発音が出来る。anda（友）、yabun（行）などから分かる。

i, y, jは同じJの形で書写する：

訳語のモンゴル語の表現にまた i の語中形と y の語頭、語中形、そして j の語初形は同じように書写する。語彙の発音から j[151] を簡単に区別出来る。y[152] の書写表現において区別しにくいところがある。i の語中形と yi の語中形は書写が同じで、発音も近いからである。例えば、凱—qayilasun, qayirsun、亦—qayiči, qoyimusun、因—sayin, juyil（jüil）、乃—neyireküi（nayiraküi）、孩—ayimausba、赫—qayilumu、委—oyiqur などの yi/i は現在の正字法に i の語中形として定着している。伝統的な書写特徴の継続から語彙の原型が y 行であったことも可能であろう。実際に写本ではこの伝統を継ぐこともよくある。『金書』の J 本に j（y）irdinčü-yin j（y）egüdkü（世の変わり）、j（y）eskii ejen（イェスゲイ主君）などの表現がある。

151　訳語の漢字の表現とモンゴル語の表現 : 只—jiqar, jida、者—jigüjü, jiy-e、主—juruken, jul-a、扎—jayilan, jaqan、沼—jegüdün、勺—jokqiy-a, jegün など。

152　同上 : 颜—nayan, tariyan、牙—yadam, uqiyaqu、耶—üyer, jiy-e、影—yongqulaɤ、勇—yungqur、寅—yin、宜—bayi、央—kičiyengk、也—yeke, yisun、约—yosun、延—göyen など。

(2) 古代の語彙の発音並び書写特徴を保ち、近現代の口語表現と方言も表現する。

言葉は話し手により、一定の時間あるいは特定の環境の中で変化する。訳語の語彙から見ると、個別のモンゴル語の発音は一定の基準で変化することがある。現在のモンゴル語と比較し、古代語彙の変化を纏めた（華夷訳語二種類の版の対象なる語彙の大部分を選出したものである）。

ö/ü 音が変化する例：öbül—ebül（冬）、ül-e—ula（足の裏）等。

m,l と n 音の間に生じた変化の例：ömdegen—öndegen（卵）、aljasun—anjisun（犁）等。

i 音から a/e 音へ変化した例：nigübe—negübe（移動）、imiqu—imaqu（寸）等。

q 音から o/u 音に化した例：qorul—uruɤul（唇）、qoyimusun—oyimusun（靴下）等。

その他：ebečegün—ebčigün（胸）、öl-e—öliye（吹）、idaqan—idqan（勧）等[153]。

以上は訳語のモンゴル語の変化であるが、実際の書写になると、更に独特な特徴が見られる。それは ɤ/g と qi/ki の表現である。正字法では男女性に含まれない i は女性子音に付く。すなわち語彙が男女性に関わらず、qi ではなく ki と表記すべきである。現に訳語では男女性区別して、ki（kimüsün,kičiyenggü）及び qi（joqildulun, taqimdaqu）と表現していた。

訳語で正字法と異なり男女性を区別したが、逆に写本で混用することもある。I 本で öčüg を öčüɤ と ögtügei を öɤtü (i) gei と表現し、quduɤ を qudug と書くことがある。原本のモンゴル語の確認ができないが、シャーマニズム・テキスト内の H (b) 本に kesiq qutuq という転写がある。ɤ/g の男女性混用、そして q/k (i) の書き方の痕跡は A 本によく見られる。更に古い書写方法と口頭表現、

153 この他に siliqun—siluɤun（俊）、toqai—toqui（尺）、ebači—abči（狩人）、güikü—güyükü（走）、siskei—iskei（フェルト）、qalbuq-a—qalbaɤ-a（勺）、sülen—sülün（スープ）、jiy-e—jige（甥）、tegü—tegüü（弟）、kür-e—kürü（達）、güyen—güiken（浅）などがある。

表2　A写本に見られる書写上の特徴

頁数	原文字（正字法）	変音⇒正字法	13	über（übür）	e ⇒ ü
1	kerigül（keregül）	i ⇒ e	13	qaɤalju（qaɤalaju）	a 欠
2	beyi（bey-e）	i ⇒ e	13	čikiɤur（čakiɤur）	i ⇒ a
2	qubačisu（qubčasu）	a 余 ;i ⇒ a	13	qaɤulju（quɤulaju）	i ⇒ a
2, 7	emüssügsen（emüsügsen）	s 余	14	kide（kede）	i ⇒ e
2	amiduriɤsad（amiduraɤsad）	i ⇒ a	14	jirɤalng（jirɤalang）	a 欠
2	bügedeger（bügüdeger）	e ⇒ ü	14	jayaɤn（jayaɤan）	a 欠
2	örtü（urtu）	ö ⇒ u	14, 15	aduɤi（atuɤai）	a 欠
1	tügüsjü（tegüsčü）	ü ⇒ e;j ⇒ č	14	delekii（delekei）	i ⇒ e
3	čɤsu（čaɤasu）	a 欠	14,15 21	sar-a（sir-a）	Š ⇒ s;a ⇒ i
4	qaringɤui（qarangɤui）	i ⇒ a	14,15 21	Šar-a（sir-a）	Š ⇒ s;a ⇒ i
4	ögülige-an（öglige-yin）	ü 余	15	amai（ami）	a 余
4, 5 31	ejid（ejed）	i ⇒ e	15	čari（čirai）	a 欠
4	buraqad（burqad）	a 余	15	öčüg（öčig）	ü ⇒ i
4	qoladaɤul（qoldaɤul）	a 欠	15	engnin（engnen）	i ⇒ e
4	suldq-a（suladq-a）	a 欠	15	jarɤalang（jirɤalang）	a ⇒ i
4	amurlɤun（amurlaɤun）	a 欠	16,17 18,19	kisig（kesig）	i ⇒ e
4	üildügči（üiledügči）	e 欠	16	terigülün（terigülen）	ü ⇒ e
5	sakiɤulusun（sakiɤulsun）	u 余	16	gigülügči（geyigülügči）	i ⇒ e;yi 欠
5	qolda（qolada）	a 欠	17	ebderisi（ebderesi）	i ⇒ e
5	tangɤaraɤ（tangɤariɤ）	a ⇒ i	18	anabada（anabad）	a 余

5	ɤaraɤ-a（ɤarɤ-a）	a 余	18	murin（mören）	u ⇒ ü;i ⇒ e
5	ögilige（öglige）	i 余	18	Šargisi（Širgisi）	a ⇒ i
5	öküd（nöküd）	n 欠	18	ajini（ajinai）	a 欠
5	kijiɤar（kijaɤar）	i ⇒ a	19	urun-a（ürün-e）	u ⇒ ü
5,6	qayimɤ-a（qamiɤ-a）	不明	19	temgen（temegen）	e 欠
5	emüin-e（emün-e）	i 余	20	ejin（ejen）	i ⇒ e
6	odbču（odbaču）	a 欠	20	tamasiɤ（tamsiɤ）	a 余
6	durlaɤsan（duralaɤsan）	a 欠	21	enegedü（egenigtü）	n ⇔ g
6	alai（ali）	a 余	21	bosuɤudu（boŠuɤutu）	s ⇒ Š
6,32	küsigsen（küsegsen）	i ⇒ e	21	bolɤ（bolaɤ）	a 欠
6	anau（anu）	a 余	21	eregči（yiregči）	e ⇒ i
7	kadn-a（ɤadan-a）	k ⇒ ɤ;a 欠	22	buulaɤ-a（buɤulɤ-a）	ɤ 欠 ;a 余
7	ulɤan（ulaɤan）	a 欠	22	Šar-a（Šar）	a 余
7	bariɤaun-a（baraɤun-a）	i ⇒ a;a 余	22	qairlan（qayirlan）	i ⇒ yi
7	ɤarün-a（ɤar-na）	k ⇒ ɤ;a 欠	22	ajiraɤ-a（ajirɤ-a）	a 余
7	toɤulan（toɤalan）	u ⇒ a	22	deling（deleng）	i ⇒ e
7	jegüin-e（jegün-e）	n 余	22	debekeren（debkeren）	e 余
7	qobčisu（qobčasu）	i ⇒ a	23	taɤn（taɤan）	a 欠
7	küriyelkülügsen（küriyelekülügsen）	e 欠	23	boduɤalaqu（botuɤulaqu）	a ⇒ u
7	dürdüdüger（düdüger/dürbedüger）	dür 余	23	temge（temege）	e 欠

8	qoquli（qoɤulai）	q ⇒ ɤ;a 余	23	sedgesi（sedgisi）	e ⇒ i
8,13 14	geril（gerel）	i ⇒ e	23	qoiduɤar（qoyaduɤar/ qoyarduɤar）	i ⇒ ya
8	büldgegsen（beledgegsen）	ü ⇒ e;e 欠	24	serege（serge）	e 欠
8	qaɤalaɤadai（qaɤalɤatai）	a 余	24	oked（ökid）	o ⇒ ö;e ⇒ i
8	ünčüɤdü（ünčügtü）	ɤ ⇒ g	24	ɤoyumŠiɤ（ɤoyumsuɤ）	i ⇒ u;Š ⇒ s
9	bayasaqulang（bayasqulang）	a 余	25	adɤ-a（auɤ-a）	u 余
9	beleddüɤsen（beleddügsen）	ɤ ⇒ g	25,32	keged（kiged）	e ⇒ i
9	sedkel（sedkil）	e ⇒ i	26	qulɤayiči（qulaɤayiči）	a 欠
9	qoblaoɤsan（qoblaɤsan）	o 余	26	qayiralan（qayirlan）	a 余
9	joɤulan（joɤuɤlan）	ɤ 欠	27	quuda（quda）	u 余
9,30	sid（sidi）	i 欠	27	ariljiy-a（araljiy-a）	i ⇒ a
9	oɤturɤui（oɤtarɤui）	u ⇒ a	27	čidker（čidkür）	e ⇒ ü
9	tegegsi（tegsi）	ge 余	27	arbin（arban）	i ⇒ a
9	delgereɤsen（delgeregsen）	ɤ ⇒ g	27	jilaɤsan（jayilaɤsan）	ji ⇒ jayi
10	ekin（eken）	i ⇒ e	28	sur（sür）	u ⇒ ü
10	arakii（ariki）	a ⇒ i;i 余	28	öber（öbür）	e ⇒ ü
10,14	taken（takin）	e ⇒ i	29	üjimjidü（üjemjitü）	i ⇒ e
10	jiraɤalang（jirɤalang）	a 余	29	taraɤun（tarɤun）	a 余
10,12 13,15	jarɤan（jirɤan）	a ⇒ i	29	ebsü（ebesü）	e 欠
10,13	jiyaɤan（jayaɤan）	i ⇒ a	29	singerin（singgeren）	g 欠 ;i ⇒ e

10,13 17	sümber（sümbür）	e ⇒ ü	29	čukeregsen（čükeregsen）	u ⇒ ü
10	ɤangnɤ-a（ɤangɤ-a）	n 余	29,32	sanagsan（sanaɤsan）	g ⇒ ɤ
10	muran-u（müren-ü）	u ⇒ ü	30	yijiɤur（yijaɤur）	i ⇒ a
10	sab（saba）	a 欠	30	ündesüden（ündüsüden）	e ⇒ ü
10,14	araki（ariki）	a ⇒ i	30,31	ölji（öljei）	e 欠
11	amita-nu（amitan-u）	n 欠	30	čiɤulɤn（čiɤulɤan）	a 欠
11	čoɤjil（čoɤ jali）	i ⇒ a;i 欠	30	sed（sidi）	e ⇒ i;i 欠
11	eklen（ekilen）	i 欠	31	sakigčid（sakiɤčid）	g ⇒ ɤ
11	delgeriɤsen（delgeregsen）	i ⇒ e;ɤ ⇒ g	31	arilɤaɤčai（arilɤaɤči）	a 余
11,14	ebečigün（ebčigün）	e 余	31	telkii（delekei）	e 欠 ;i ⇒ e
11	jirɤuɤaduɤar（jirɤuduɤar）	ɤa 余	31	sedkelčilen（sedkilčilen）	e ⇒ i
12	jaraɤalang（jirɤalang）	a ⇒ i;a 余	32	tegünčiln（tegünčilen）	e 欠
12	bod（boda）	a 欠	32	eregilde（ergilte）	e 余
12	nyiljiɤur（nayiljaɤur）	i 欠 ;i ⇒ a	32	büren（bürin）	e ⇒ i
12	girel（gerel）	i ⇒ e	32	olaɤun（olɤun）	a 余
12	mürgimüi（mürgümüi）	i ⇒ ü	32	türbil（türbel）	i ⇒ e
12	jiyaɤn（jayaɤan）	i ⇒ a;a 欠	裏表紙	yesün（yisün）	e ⇒ i
13	odqn（odqan）	a 欠	裏表紙	qoiyar（qoyar）	i 余

正字法を一つの写本に見ることが出来る。同じ写本でも一つの文字の書き方が多様である場合も認められる。

2 「天たる火の大いなる祭祀と招福儀礼の書」の特徴

モンゴルの手写本には、書き手個人の書風上の特徴があれば、時代の差も反映される。モンゴル文字と言葉の変容、更には文字と言葉の相互の影響が見られる。近代以前にモンゴル文字は様々な改良を経ており、13 世紀からのウイグル文字の書写法の伝統も根強く残っている[154]。現代の正字法に即した文法から見ると、写本は話し言葉を文字化したものもあれば、方言も見られる。同じ語彙を方言で書いている場合と、正字法によって書いている場合と、両方が見られる。

本稿の対象であるオルドスからの A 写本にも近代的正字法と話し言葉、方言と古体の書写など多くの特徴が現れている。モンゴルの写本はモンゴル文字と言葉の発音の変化を忠実に反映し、文字の歴史的特徴を維持していると言える。特に A 写本には訳語に書かれたモンゴル語の独特な書写方法が現れていることから、二つの推察ができよう。一つは A 写本の原型は訳語と同じ文法的考え方に基づき、作成された時代も近い可能性がある。もう一つはモンゴル語の伝統的な書写ルールは正字法、時代の推移に関わらず、何らかの形でモンゴル社会にずっと残ってきたということであろう。

2　ローマ字転写と日本語試訳

A 写本を転写する際に、以下のような原則に従った。

まず、副詞の中「nar/ner, ud/öd/üd, ban/ben, bar/ber, tai/tei」の転写は転写法に基づき、男女の性的区別に依拠している。写本では ayan/eyen, ayar/eyer（a/e は一歯）と表記しているが、転写法並び転写の伝統に基づいて、「iyan/iyen, iyar/iyer」と

154　モンゴル文字の変遷史については栗林均（2006, 2016）を参照。

転写した（現在の正字法で ien/iar, ier/iar と表記）。「イ」について語頭形と語尾形、女性字語中形、そして副詞を i と転写し、男性字の語中形の場合は yi と転写した。その為、語中形の i と yi を区別していない。例えば ɤayiqamsiɤtu の yi は男性字につく二歯の i である。「d/tu, d/tö, d/tü」、「d/tur, d/tör, d/tür」については写本の書写を表現し、正字法の修正はおこなってない。ただし、副詞以外の t/d を含む文字について、文字の本意を正しく表現するため、正字法と発音を優先的に表現した。

次に、手写本は方言と話し言葉をそのままに表すこともある。そして、同じ文字にしても地域により発音が異なる。例えばリンチンは orošibo と転写しているに対して、楊は以前に orušiba と転写した。西のオルドス方言並びハルハ方言（シャーマニズム・テキストの転写）で ö の発音が多いのに対して、東のホルチン地域で ü の発音が多い。これらはモンゴルの文字と言葉の特徴であり、方言にはまた各地域、部族ごとの差がある。本書でオルドス方言並びハルハ方言の発音を優先とした。

日本語はあくまでも試訳で、( ) 内は意味を補う為の言葉である。

3 「天たる火の大いなる祭祀と招福儀礼の書」

Γal Tngri-an Yeke Takilɤ-a, Dalalɤan-u Sudur Orusibi

（写真 168 ～ 201 参照 ）

1

Um a qung, um a qung, um a qung:

オマホン、オマホン、オマホン。

Ja, ɤayiqamsiɤtu burqan tngri-yin bujar tüidker

じゃ、驚嘆すべき天たる神様が（あらゆる）穢れ

-yi arilɣamui, Ene edür-ün kerigül-ün kele aman-u bujar tüidker-yi arilɣamui,

を取り除くように。本日の喧嘩と口からの災いと穢れを取り除くように。

Ene edür-ün qamuɣ amitan-u bujar tüidker-yi arilɣamui.

本日の衆生の穢れを追い払うように。

Nigedüger čaɣasu[155]

2

Bujar idegen idegsen-ü bujar tüidker-yi arilɣamui.

汚い食べ物の穢れを取り除こう。

Beyi-degen bujar qubačisu emüssügsen-ü bojir-ji arilɣamui.

身に付けた不浄な服の穢れを取り除こう。

Amidurisɣad-un bojir tüidker-yi arilɣamui.

生き物すべての穢れを取り除こう。

Yokadtzadar-ba bürin nöküd selten bügedeger-ün ami nasu-yi

ヨガヅラ[156]とあらゆる幕僚らすべての寿命が

Urtu bolɣaɣad ed tavar qotala tügüsjü ülü jokilduqu

伸びるように。生活道具が豊富になり、妨げとなる

3

Ada tüidker-i ariɣudqan ariɣulan jarumlɣun

悪霊をきれいに祓って使えるように。

Amulɣun sedkegsen-ü keb üiles bükün nom-un yosuɣar

安楽になれるすべての業が経典の教え通りに

Bütükü boltuɣai: sindeng küriy-e soyurq-a:

155　写本はアラビア数字の他にまたモンゴル文字で、「第一葉」（Nigedüger čaɣasu）という風に葉数を表している。

156　Sodubilg, *Šasin-u Toli*（1996, p.454）ではヨガ行派、唯識学法と訳している。

成るように。すべてが円満に成就するように。

Um a qung. um a qung. um a qung:

オマホン、オマホン、オマホン。

Ja γayiqmsiγtu sakiγulusad ta kiged bügüdeger enekü

じゃ、驚嘆すべき守護神並びにあらゆる

Qoyaduγar čaγsu

4

Qaringγui orun-yi ariγun-iyar tögemel bolγaju

黒い闇を清らかに照らそう。

Bügüde ögülige-an ejid-üd-be qamuγ buraqad-i

すべての施主並びに諸々の守護神たちとあらゆる神様が

Dergede-eče-ben buu qoladaγul. Burqad-ta bügün küčün-iyen buu suldq-a:

傍から離れないように。神様の力が衰えないように。

Qamuγ burqad qayir-a-iyan soyurq-a. qamuγ burqad

神様の恩愛をくださるように。あらゆる神様が

Örüsiyel-iyen buu saγara sakisuγai amurlγun üildügči

許し、安寧をくださるように。

5

Qamuγ burqan tngri bayasun taγalaqu-yi buu osulda.

すべての天たる神様の慈愛が途絶えることがないように。

Jarliγ-iyar oduγči sakiγulusun dergede-eče buu qolda.

勅命にて赴く者が傍から遠く離れないように。

Tangγaraγ-yi ebdegči dayisun-dur yeke küčün-iyen γaraγ-a.

誓いの言葉を破る敵を大いなる力で鎮定し

Qoortan dayisun-dur buu örügden. ögilige-yin ejid nüküd selte

害をなす敵に負けないように。施主や幕僚など

Büküdeger dörben jüg naiman kijiɣar-tu qamiɣ-a yabubasu emüin-e-eče

全員が四方八方から現れて、いずこへ行こうとも正面から

Γurbaduɣar čaɣasu

6

Uɣtuɣad qoyin-a-eče aburaju qamiɣ-a odbču saɣad ügei yabu:

迎えて後ろから支えて、滞りなく進めるように。

Imaɣta durlaɣsan idegen-i idejü. ɣar daɣan dur-a-tai ed-yi bariɣad

常に好きな食べ物を口にし、好きなものを手にし

Külüglekü-dü alai sayin muri-i unuju. qamuɣ sayin-küsigsen kereg-üd-anau nom-un yosuɣar

好きな駿馬に乗れるように。願うことすべてが経典通りに

Bütükü boltuɣai:um a qung. um batzar yaɣča qung.

叶えられるように。オマホン！オムバザラヤックチャホン。

Um suw-a-bar arilɣan qoɣusun-u aɣar-tu kim üsüg

オムという（呪文）（で）祓おう。空気にはキムとの文字が

7

Uɣuɣada boluɣsan-eče öber-ön kadn-a ɣal-un tngri ulɣan öngge-tei.

現れたが故に、自らの外に赤色の天たる火が

Nige niɣur-tai. qoyar motur-tai. bariɣaun-a kadn-a erke toɣulan

一面にして両手があり。右手で数珠を回して

Bariɣsan. jegüin-e altan qongq-a barin eldeb keb-ün qobčisu-i

持ち、左（手）に金の鈴を持ち、種々の絹の服を

Emüssügsen.qurdun köke imaɣ-a külüglegsen sang-un Γal tngri

纏い、足の速い青いヤギに颯爽と乗った、香（で祭られる）天たる火。

Böm nöküd-iyer küriyelkülügsen erken nöküd-ün bügüde-yin orui-dur um.

十万の朋に囲まれた、有力な朋らの頂きにはオム（という文字を飾り）、

Dürdüdüger čaɤasu

8

Qoquli-dur a. jirüken-dür qung üsüg-eče geril sačuran

喉にはア（との字が）、胸にはホム文字が輝いて

Uɤuɤada boluɤsan-eče nebte-ber tatam bolbai:

智慧の源泉として生成された。

Um ma rini sudari arkim. badam. büsbei. tübi. elüküi. ɤanda. nebde

オムマリニソダリタルキム。バダムブスベイ。トビエルクイら外界の（神々が）

Šebde tüibel ügei ene ordun-dur ögede bolun soyurq-a:

穏やかにこの宮殿に鎮座するように。

Ene aqui yekete büldgegsen ene dörben qaɤalaɤadai dörben ünčüɤdü

この盛大に用意した、かくのごとき四つの扉と四つの角のある

9

Ene čomčuɤ-tu maši bayasaqulang-tai nöküd selte batutan saɤun soyurq-a:

この祭殿に大いに安楽を有して朋と幕僚たちと永遠に鎮守するように。

Iledte beleddüɤsen sedkel-iyer qoblaoɤsan ene takil-yi joɤulan soyurq-a:

心をこめて用意したこれらの供え物を召し上がるように。

Joɤuɤlaɤad nasun sid-yi öggün soyurq-a:

召し上がってから長寿の奇跡をくださるように。

Ja deger-e tngri-yin öndür köke oɤturɤui ilaɤus büküi-eče

じゃ、上天の広大な青空が生成された時から

Douratu öndügen yeke altan delekei-yin tegegsi büküi-eče delgereɤsen odqan

下界にある卵のごとき黄金の世界が平らだった頃から錬成された、母神たる

Tabuduɤar čaɤasu

10

Γaliqan ekin-dür qalim ögekü. qar-a arakii-bar ergün taken mörgümüi:
火の母に脂肪と蒸留酒を供えて跪拝しよう。

Qamuɤ amitan bayan jiraɤalang-un dumda engke-yin jarɤan jiyaɤan atuɤai:
衆生に幸あれ、幸せに生きるように。

Qaɤan čoɤtu sümber aɤula-yin dobun büküi-eče anabad dalai-yin ɤangnɤ-a-yin
最高の須弥山が丘だった時から、宏大な海原がガンジス

Muran-u šalčiɤ büküi-eče aqui sab yirtinčü-yin abural boluɤsan
河の入り江だった時から、器の世に救いとなった

Odqan Γaliqan ekin-dü tosu ögekü arja araki-ban ergün takimui:
母神たる火の母に脂肪と二度蒸留した御酒を供えて跪拝しよう。

11

Γandarsad aɤula-yin tobun büküi-eče ɤangɤ-a-yin mören anabada dalai-yin
ガンダラサド（金鋼）山が丘のようだった頃から、ガンジス河が大海原の

Šalčiɤ büküi-eče ɤayiqamsiɤtu burqan budasadaw-a nar-un ariɤun sanvar-un
沼だった頃から、驚嘆すべき仏たちと菩薩たちの清らかな戒めの

Törül egüdkü-yin čaɤ-eče qamuɤ amita-nu čoɤjil boluɤsan odqan
生成が始まった頃から、万物生命の精気となる母神たる

Γaliqan eken-dü arja ariki eklen arban jirɤuɤan serbege delgeriɤsen
火の母に二度蒸留した酒を始め、十六本の骨からなる

Ariɤun ebečigün-iyer takin mörgümüi:
清らかな胸肉を供えて跪拝しよう。

Jirɤuɤaduɤar čaɤasu

12

Qamuɤ amitan bayan jaraɤalang-un dumda engke-yin jarɤan jiyaɤn atuɤai:

衆生が幸運に恵まれ、豊富の中に生きるように。

Budaling aɤula-yin dobun büküi čaɤ-tu bod modu-nu nyiljiɤur büküi kiged

ボダラ山が丘だった頃から、巨木が梢のように細かった頃から、

Bodasaw-a nar-un ariɤun sanwar-un türül egüdkü-eče qamuɤ amitan-u

菩薩たちの清らかな戒めが生成されはじめた頃から生成された、衆生の

Girel boluɤsan odqan Γaliqan eken-dür qalim ögekü qar-a arja-bar takin

光となった母神たる火の母に脂肪と二度蒸留した御酒を供えて

Mörgimüi: qamuɤ amitan bayan jirɤalang-un dumda engke-yin jarɤan jiyaɤn

跪拝しよう。衆生が幸運に恵まれ、豊富の中に生きる

13

Atuɤai: deger-e dörben tümen bar-a-yin öndür sümber aɤula-dur

ように。上の四万丈高い須弥山まで

Kürtel-e geril boluɤsan odqn Γaliqan eken-dür arqaɤtu torɤ-a.

光を照らした母神たる火の母に錦緞を

Aru über-tü emüsgenem amusun budaɤ-a ebčigün-iyer takin mörgümüi:

丸ごとに着せて、穀物と胸骨を供えて跪拝しよう。

Qamuɤ amitan bayan jirɤalang-un dumda engke-yin jarɤan jiyaɤan atuɤai:

すべての衆生が幸運と豊かな生活の中で生きるように。

Qar-a aɤula-eče qaɤalju čikiɤur abuɤsan. qayilasu modun-eče

黒い山から砕いて取った火打ち石と、楡の木から

Toluduɤar čaɤasu

14

Qaɤulaju ula abuɤsan kide bolud temur ečige-tü qas čilaɤun

折って取った、火の元となった鋼鉄を父に、玉石を

Eke-tü odqan Γaliqan eken-dü arja araki amusun budaɤ-a ebčigün-iyer

母にした母神たる火の神に二度蒸留した酒と穀物、それに胸骨を

Takin mörgümüi: qamuɤ amitan bayan jirɤalng-un dumda engke-yin jirɤan jayaɤn aduɤi:

供えて跪拝しよう。すべての命が幸運と豊富の中に生きるように。

Deger-e tngri-dü kürtel-e geril boluɤsan delekii takin-dur geriltü engnige

上天に届くほど光となり、大地に浸透するくらいの炎に

Nebte ilčetü sar-a tosu idesitü šar-a terigütü čaɤan qonin-u ebečigün-ü

暖かいバターオイルの供物と黄色頭の白い羊の胸肉を

15

Takilɤ-a-tai. šar-a kilaɤan-a-yin ebesün-ü amai-tai. torɤan čari

供物としよう。黄色のキラガナ草のごとき（強い）命を持ち、絹のような（柔らかい）顔

-tai, tosun niɤurtu odqan Γaliqan eken-dü arban takil, örgen yeke

を有し、脂の尊顔を持つ母神たる火の神に十種の供物と、大なる

Öčüg-i-činü ergün daɤudan mörgümüi: bide ekilen engnin saɤuɤči

祝詞を唱えて跪拝しよう。我らを始め並んで座る

Ene ger-ön edeger bayiɤči erken ulus engke möngke bayan jarɤalang-un

この天幕にいるみんなに永遠なる安寧と、幸運と豊かな生活の

Dumda engke-yin jarɤan jiyaɤan aduɤi:

中に生きるように。

Naimaduɤar čaɤasu

16

Ja erketü šakimuni terigülen qamuɤ burqan bodisaw-a nar-un

じゃ、尊い釈迦牟尼仏をはじめとするあらゆる菩薩たちの

Boyan kisig-yi qayirlan soyurq-a qurui. qurui:

幸福を頂くように。ホリー！ホリー！

Asurw-a Γal Qormustu tngri terigülün qamuɤ tngri nar-un

宏大な火の神様、天たるホルムスタ（アフラマズダ）をはじめとするあらゆる天たちの

Boyan kisig-yi qayirlan soyurq-a qurui. qurui:

幸福を頂くように。ホリー！ホリー！

Ene bükün-i gigülügči nara sara terigülen qamuɤ odud-yin

すべてを照らす太陽と月をはじめとするあらゆる星の

17

Boyan kisig-yi qayirlan soyurq-a. qurui. qurui:

幸福を頂くように。ホリー！ホリー！

Anandan Übegden terigülen qamuɤ luus-un qaɤad-un baraši ügei

アナンダをはじめとするあらゆる竜王たちの、途絶えることのない

Boyan kesig-yi qayirlan soyurq-a qurui. qurui:

幸福を頂くように。ホリー！ホリー！

Qan sümber aɤula metü ebderisi ügei.

ハーンたる須弥山のように崩落しない

Boyan kisig-yi qayirlan soyurq-a qurui. qurui:

幸福を頂くように。ホリー！ホリー！

Yisüdüger čaɤasu

18

Anabada dalai-yin ɤangɤ-a-yin murin-u šargisi ügei

アナバダ海とガンジス河の絶えることのない

Boyan kisig-yi qayirlan soyurq-a qurui. qurui:

幸福を頂くように。ホリー！ホリー！

Dorun-a jüg-ün dalai tayibung qaɤan-u alta mönggü keb torɤ-a-nu

東方にある太平洋のハーンたちの金銀絹布の

Boyan kesig-yi qayirlan soyurq-a qurui. qurui:

幸福を頂くように。ホリー！ホリー！

Emün-e jüg-ün Odurun-a-yin ɤajar-deki el-e ayil ulus-un ajini-yin muri-nu

南方にあるオドロナの地の集落からでる駿馬の

19

Boyan kesig-yi qayirla soyurq-a. qurui. qurui:

幸福を頂くように。ホリー！ホリー！

Urun-a jüg-ün qara-a töbed-ün ɤajar-deki olan qonin-u

西方にある黒いチベッドから出る多くの羊の

Boyan kisig-yi qayirlan soyurq-a. qurui. qurui:

幸福を頂くように。ホリー！ホリー！

Umar-a jüg-ün qar-a tümed-ün ɤajar-eče olan temgen-ü

北方にある黒いトゥメドの地に出る多くのラクダの

Boyan kesig-yi qayirlan soyurq-a qurui. qurui:

幸福を頂くように。ホリー！ホリー！

Arbaduɤar čaɤasu

20

Ja erketü Möngke tngri terigülen qamuɤ tngri nar-un

じゃ、最高の永遠なる天をはじめとするあらゆる天たちの

Boyan kesig-yi qayirla soyurq-a qurui qurui:

幸福を頂くように。ホリー！ホリー！

Ed-ön ejin mal-un ejin Bisma tngri terigülen qamuɤ šambal nar-un

財福の守護神と、家畜の守護神たる毘沙門天をはじめとするあらゆる浄土の（神々）たちの

Boyan kesig-yi qayirlan soyurq-a qurui. qurui:

幸福を頂くように。ホリー！ホリー！

Toɤunutu ger-tü-minü toɤ-a tamasiɤ ügei iregči. alta mönggü keb toraɤ-a（torɤ-a）-nu

天窓のある我が天幕に届いて来る数え切れない、金銀絹布の

21

Boyan kesig-yi qayirlan soyurq-a qurui. qurui:

幸福を頂くように。ホリー！ホリー！

Enegedü ger-tü minü eyilen qayilan iregči olan mal aduɤusun-u

暖かい我が天幕に鳴き声をあげて来る大勢の家畜の

Boyan kesig-yi qayirlan soyurq-a. qurui. qurui:

幸福を頂くように。ホリー！ホリー！

Bosuɤudu ger-tü minü bolɤ-un usu metü urusun eregči šar-a tosu.

凛と建つ我が天幕に泉のように流れてくるバターオイルと、

Čaɤan idegen-ü boyan kesig-yi qayirlan soyurq-a qurui. qurui:

白い食物（=乳製品）の幸福を頂くように。ホリー！ホリー！

Arban nigedüger čaɤasu

22

Ja šil-iyer bütügsen Γal tngri-eče-mini buulaɤ-a yeketü buq-a. bosun

じゃ、ガラスでできた天たる火より大きい角の種オス牛、起きられ

Yadaqu tarɤun šar-a. bolaɤ-un usu metü undurlaɤ-a-tai sü yeketü

ないほど肥えた青い牛、泉のように湧き出る乳のある

Üniy-e. bürgirin toɤlaqu olan tuɤul bariɤun-u boyan kesig-yi qairlan soyurq-a:

雌牛、走り戯れる多くの仔牛を飼える幸福を頂くように。

Delgeregsen činartu Γal tngri-eče-mini del yeketü ajiraɤ-a deling yeketü

燃え栄える天たる火から生まれた、茂った鬣のある種オス馬と、大きな乳房のある

Geküü tesbüri güyüdeltü aɤta mori debekeren toɤlaɤči olan

雌馬と、長距離競争に走り耐える駿馬、じゃれながら走りまわる多くの

23

Unaɤ-a taɤn-u boyan kesig-yi qayirlan soyurq-a. qurui. qurui:

仔馬の幸福を頂くように。ホリー！ホリー！

Jol yeketü Γal tngri-eče-mini joɤdur yeketü buur-a julan boduɤalaqu

大いなる福を持つ天たる火より生まれた、茂った前髪のある種オスラクダと、順調に出産する

Engge. joriɤ-tai yabuqu adan temge. juud ülü oruɤči olan botuɤu

雌ラクダと、勇気のある去勢ラクダ、寒気に耐えられる多くの仔ラクダ

Torum-ud-yin boyan kesig-yi qayirlan soyurq-a qurui. qurui:

が育った時の幸福を頂くように。ホリー！ホリー！

Sedgesi ügei činartu Γal tngri-eče segül yeketü irge. semeje

想像もつかない天たる火より生まれた、大きな脂肪尾のある仔羊、肥えた

Arban qoiduɤar čaɤasu

24

Yeketü serege ekilen toɤ-a tamsiɤ ügei olan qoni imaɤ-a-nu

羊をはじめ、数え切れない多くの羊とヤギの

Boyan kesig-yi qayirlan soyurq-a qurui qurui:

幸福を頂くように。ホリー！ホリー！

Miq-a ɤal-un činartu Γal tngri-eče-mini sanaɤ-a sayitai köbegün

優しい性格を帯びた天たる火より善良な男の子と

Siluɤun nomuqan beriyed ɤow-a sayiqan oked ɤoyumšiɤ

忠実で優しい嫁となる美しい女の子が生まれ、優雅な

Sayiqan kürged-yin boyan kesig-yi qayirlan soyurq-a qurui. qurui:

婿と嫁に幸福を頂くように。ホリー！ホリー！

25

Olja-i oluɤči omuɤtan-i nomqadqaɤči adɤ-a küčütü köbegün-ü

捕虜を捕まえて服従させる者たる、強い敵に勝つ息子の

Boyan kesig-yi qayirlan soyurq-a qurui. qurui:

幸福を頂くように。ホリー！ホリー！

Ed-yi esgegči idegen-i bariɤči-nuɤud-un ɤar arbin-u

富を増やす者たる、食物を差し上げる者が多くなるような

Boyan kesig-yi qayirlan soyurq-a qurui. qurui:

幸福を頂くように。ホリー！ホリー！

Qar-a jil. qar-a sar-a keged qar-a edür-üd-tü ɤaruɤsan ed mal-bolun

黒い年と、黒い月並びに黒い日に費やした財と家畜、そして

Arban ɤuduɤar čaɤasu

26

Idegen-ü boyan kesig-yi qayirlan soyurq-a qurui×:

食物の幸福を頂くように。ホリー！ホリー！

Qulɤayiči abuɤsan-ba quddɤ usun-du onaɤsan mal-un-mini

泥棒に盗まれた（家畜）と井戸に落ちた我が家畜に

Boyan kesig-yi qayirlan soyurq-a qurui qurui:

幸福があるように。ホリー！ホリー！

Ayil-un noqai idegsen-be doɤsin činw-a idegsen mal-un-mini

他人の犬に食べられた（家畜）と凶猛な狼に攫われた我が家畜に

Boyan kesig-yi qayiralan soyurq-a qurui qurui:

幸福があるように。ホリー！ホリー！

27

Quuda anda-du öggügsen-be qudaldulɤ-a ariljiy-a-bar

姻戚と義兄弟に贈った（家畜）や、商売に出されて

Yabuɤsan mal-un-mini sünesün-ü boyan kesig-yi qayirlan soyurq-a※:

しまった我が家畜たちの魂に幸福が届くように。ホリー！ホリー！

ɤai čidker-tei mal aduɤusun-i abču sürüg-tü

厄災に見舞われた家畜をもらって群れに

Talbijü bayiɤsan-eče boluɤsan mal-un-mini sür sünesün-ü

加えた故に減ってしまった我が家畜の魂に

Boyan kesig-yi qayirlan soyurq-a qurui. qurui:

幸福があるように。ホリー！ホリー！

Arbin tüdüger čaɤasu

28

Aɤur kiling keregül bariɤul-eče bolju jilaɤsan mal-un-mini

怒りと喧嘩により消されて行った我が家畜の

Sur sünesün-ü boyan kesig-yi quriyan öggün qayirlan soyurq-a :

魂に幸福を頂くように。

Aru über bey-e-yi-mini alta mönggü keb torɤ-a ed aɤursun-iyar

我が身の胸と背中が金銀と絹布の品物で

Čimejü öggün soyurq-a qurui. qurui:

飾れるように。ホリー！ホリー！

Sünesün-dü-mini nasu nemejü. aman-du-mini künesü nemejü öggün soyurq-a※:

我が魂に寿命を足し、我が口に食の福を加えて頂くように。

29

Üjimjidü mal sürüg-mini öndege metü taraɤun. ebsü metü

Olan boltuɤai qurui qurui:

素敵な我が家畜の群れが卵のように肥えて、草の如き増えるように。ホリー！ホリー！

Singerin čukeregsen mal sürüg-ün-mini buyan kesig-yi quriyan

Öggün soyurq-a qurui. qurui:

減っていく我が家畜の群れに幸福をとり戻して頂くように。ホリー！ホリー！

Sanaɣsan küsegsen bügüde-yi enekü Γal tngri-yin yeke altan

希望と理想などすべてを、この天たる火の大なる黄金の

Arban tabuduɤar čaɤasu

30

Dalalɤan-dur tegüs büridkü boltuɤai qurui qurui:

招福に完璧に叶うように。ホリー！ホリー！

Ja ijiɤur-ba ündesüden blam-a nar-un ölji qutuɤ oruši:

じゃ、由緒ある僧侶たちの吉祥なる福が止まるように。

Adadsadad-un sid-yi öggün ölji qutuɤ oruši:

神々のご加持と吉祥なる福が居着くように。

Yadam burqan čiɤulɤan-u öljei qutuɤ oruši:

金剛菩薩の集まった吉祥なる福が居着くように。

Sid-i öggün örüsiyekü-yin öljei qutuɤ orusi:

成就を賜り、吉祥なる福が居着くように。

31

Nom-i detgün sakigčid-un öljii qutuɤ oruši:

経典を持ち支える者たちの吉祥なる福が居着くように。

Saɤad touqar bügüde-i arilɤaɤčai. ölji qutuɤ orusi:

阻害なるものを取り除く者たち（の）、吉祥なる福が居着くように。

Orun tngri telkii-yin ejid nar-un öljei qutuɤ orusi:

天空と大地の主たちの吉祥なる福が居着くように。

Jokilduqu siltaɤan-i bütügekü-yin ölji qutuɤ orusi:

相性を良くすることの吉祥なる福が居着くように。

Sanaɤsan küsegsen kereg üiles bügüde-yi sedkelčilen bütügekü-yin öljei qutuɤ

希望並びに理想のものすべてが実現することの吉祥なる福が

Arban jirɤuduɤar čaɤasu

32

Oruši: bide bükün-ü sanagsan -ba küsigsen-ü küčün keged

居着くように。我々の希望並びに理想の力と

Adasdad-un küčün-be tegünčiln iregsed-ön nom-un

神々のご加持の力、如来菩薩たちの経典の

Aɤar ünen udq-a činar-iyar aliba üiles-i

真正な性質と含意を持って、あらゆる業を

Eregilde ügei-ber büren sayitur olaɤun soyurqaju. türbil

挫折なくまた完璧に達成して頂き、康寧

Ügei bolun ɤartuɤai: sarva mangkala:

であるように。大願成就たれ。

33

Nige mingɤ-a yesün jaɤun yirin qoiyar on-u naiman sar-a-yin

一九九二年の八月の

Qorin qoyar-un edür. qar-a beči-yin jil-ün namur-un terigün sar-a-yin

二二日、黒い猿年の秋の最初の月の

Qorin dörben čaɣan morin edür qaɣulun bičibai:

二四、白い馬の日に書き写した。

参考文献

栗林　均

2016　『蒙漢字典――モンゴル語ローマ字転写配列』東北アジア研究センター叢書

栗林　均・呼日勒巴特尓

2006　『「御製満珠蒙古漢字三合切音清文鑑」モンゴル語配列対照語彙』東北アジア研究センター叢書

楊　海英

1998　『「金書」研究への序説』国立民族博物館

2006　「「ラクダの火をまつる儀礼」から民族誌の政治性を読む――ネイティブ人類学徒の曖昧な喪失の視点から」『国立民族博物館研究報告』30(4):493-532

2002　『オルドス・モンゴル族オーノス氏の写本コレクション』国立民族学博物館・地域研究企画交流センター

Rintchen, B.

1975　*Materiaux Pour L'etude du Chamanisme Mongol, III*, Otto Harrassowits, Wiesbaden.

Yang Haiying（ed.）

2000　*Manuscripts from Private Collections in ordus, Mongolia*（1）, International Society for the Culture and Economy of the Ordus Mongols（OMS e.V.）, Köln, Germany.

北京圖書舘古籍出版編輯組編

1990　《北京図書館古籍珍本叢刊 6;（經部）》

賈敬顔・朱風

1990　《蒙古訳語　女真訳語汇辑》天津古籍出版社

知恥子

1974　《至元訳語（遼金元語文僅存録　第 5 冊）》台联国风出版社

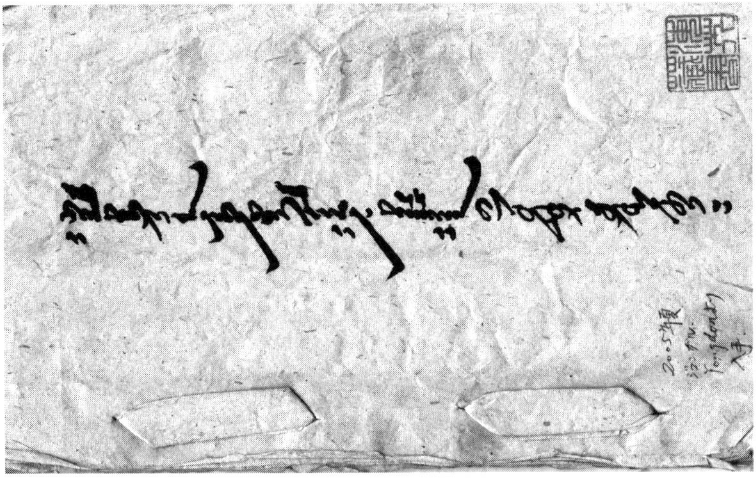

写真 168　オルドス・モンゴルの写本
「天たる火の大いなる祭祀と招福儀礼の書」(1)

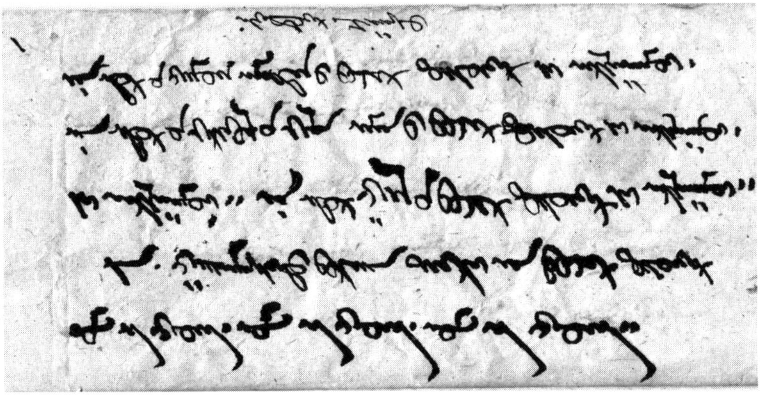

写真 169　オルドス・モンゴルの写本
「天たる火の大いなる祭祀と招福儀礼の書」(2)

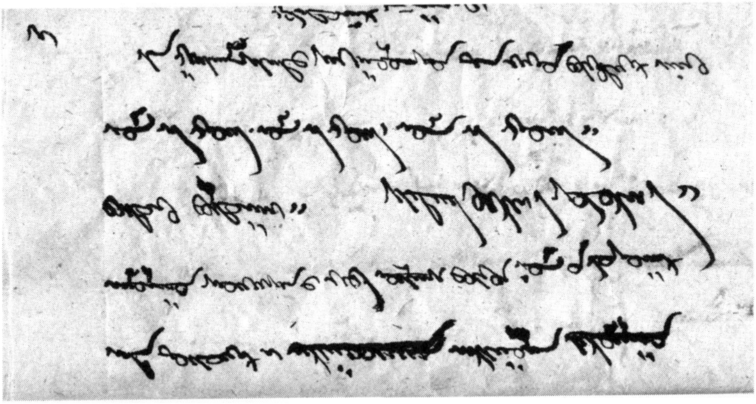

写真171　オルドス・モンゴルの写本
「天たる火の大いなる祭祀と招福儀礼の書」(4)

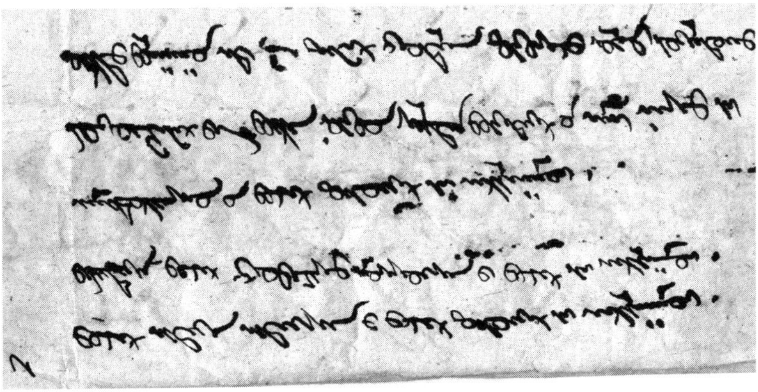

写真170　オルドス・モンゴルの写本
「天たる火の大いなる祭祀と招福儀礼の書」(3)

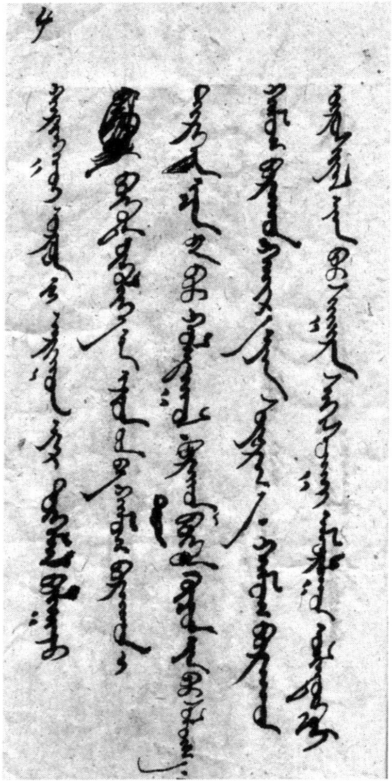

写真 172　オルドス・モンゴルの写本
「天たる火の大いなる祭祀と招福儀礼の書」(5)

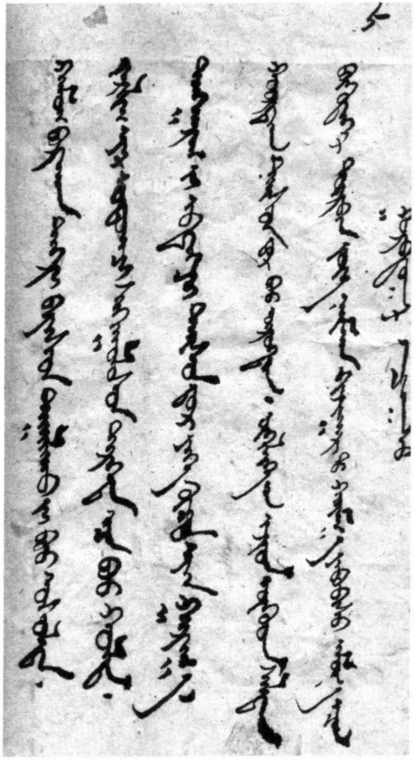

写真 173　オルドス・モンゴルの写本
「天たる火の大いなる祭祀と招福儀礼の書」(6)

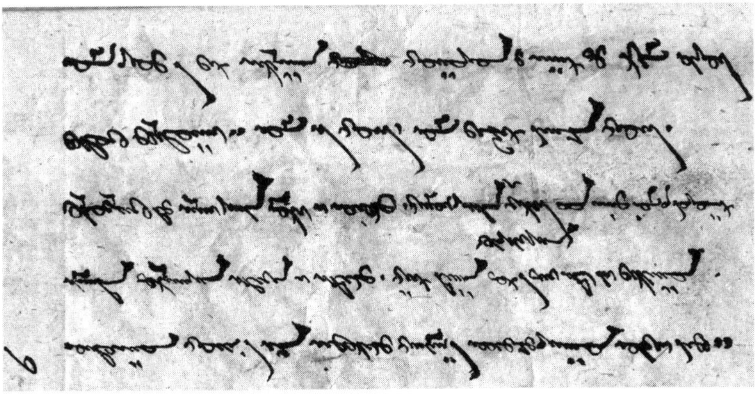

写真 174　オルドス・モンゴルの写本
「天たる火の大いなる祭祀と招福儀礼の書」(7)

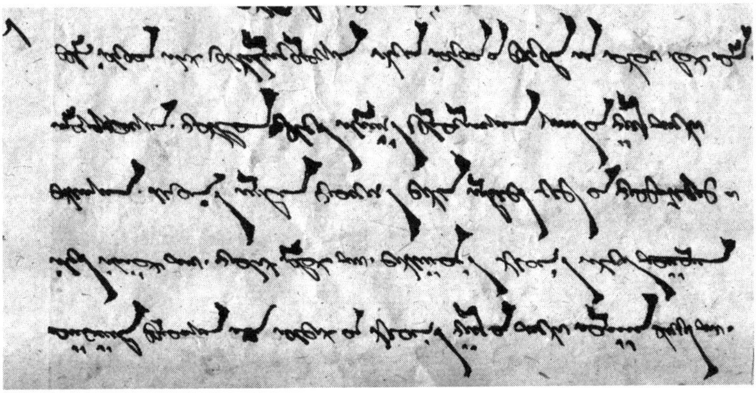

写真 175　オルドス・モンゴルの写本
「天たる火の大いなる祭祀と招福儀礼の書」(8)

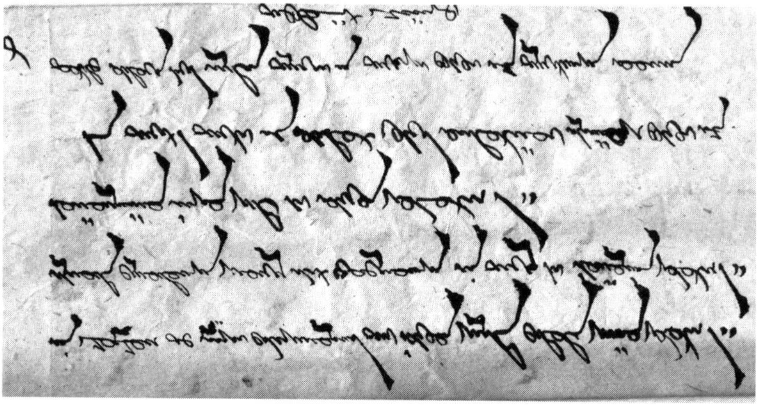

写真177　オルドス・モンゴルの写本
「天たる火の大いなる祭祀と招福儀礼の書」(10)

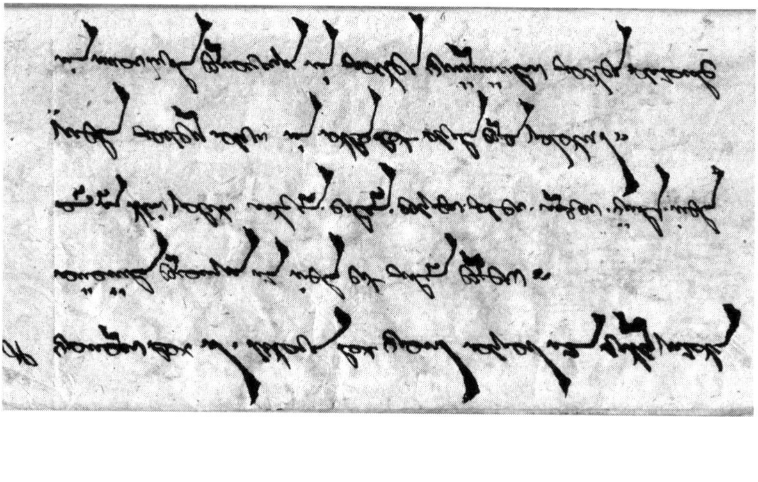

写真176　オルドス・モンゴルの写本
「天たる火の大いなる祭祀と招福儀礼の書」(9)

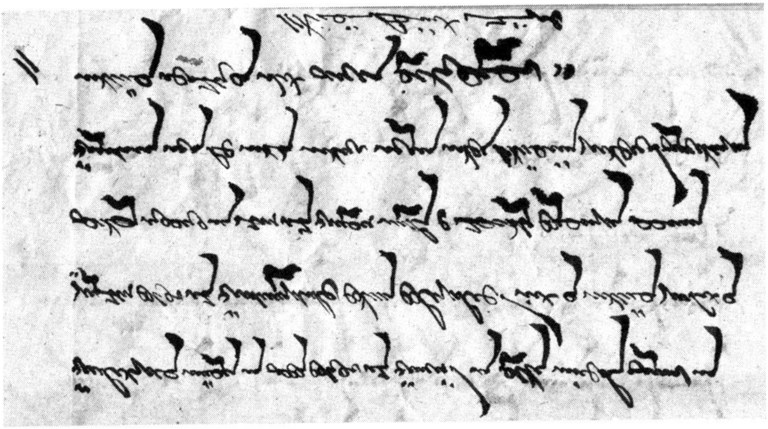

写真179　オルドス・モンゴルの写本
「天たる火の大いなる祭祀と招福儀礼の書」(12)

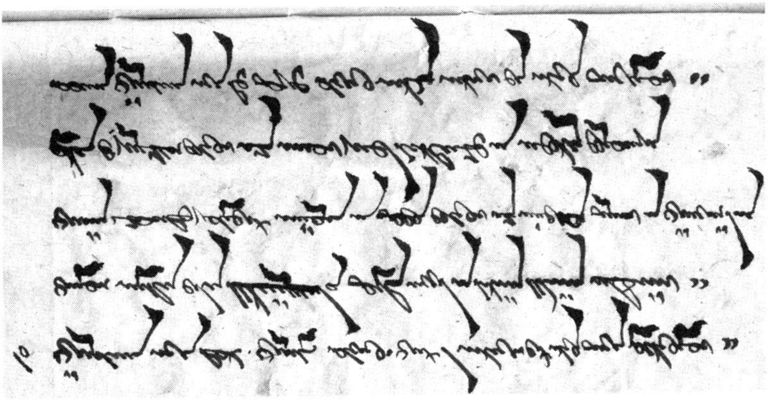

写真178　オルドス・モンゴルの写本
「天たる火の大いなる祭祀と招福儀礼の書」(11)

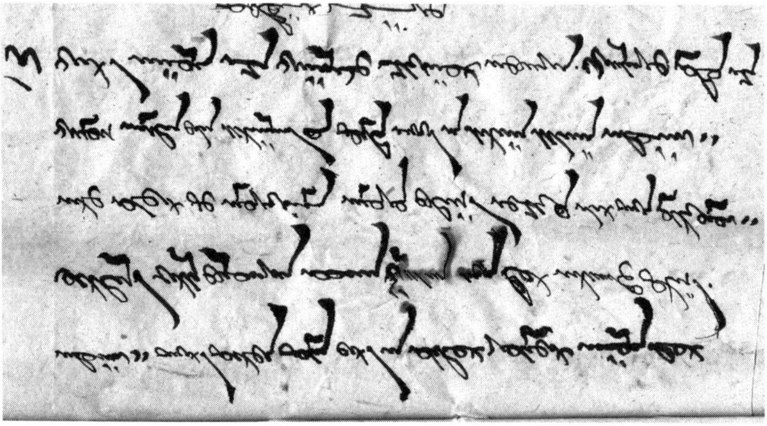

写真181　オルドス・モンゴルの写本
「天たる火の大いなる祭祀と招福儀礼の書」(14)

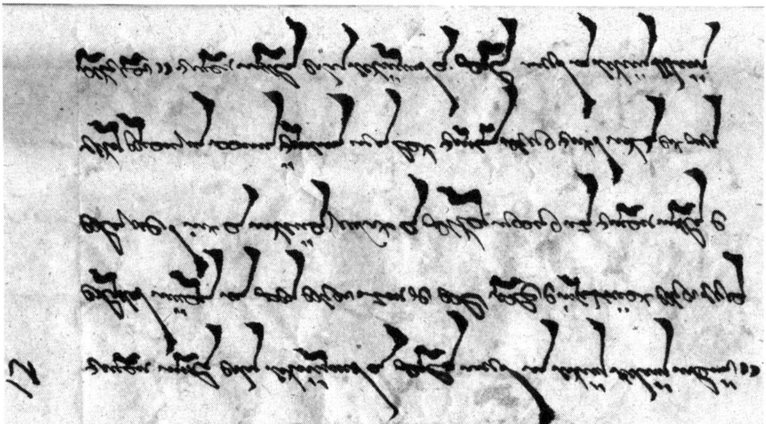

写真180　オルドス・モンゴルの写本
「天たる火の大いなる祭祀と招福儀礼の書」(13)

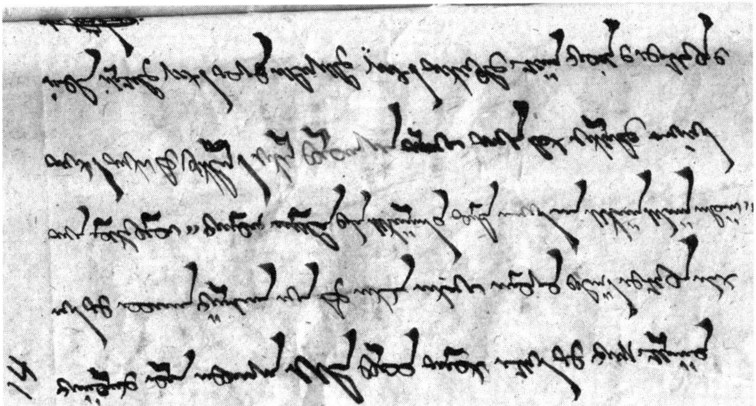

写真182　オルドス・モンゴルの写本
「天たる火の大いなる祭祀と招福儀礼の書」(15)

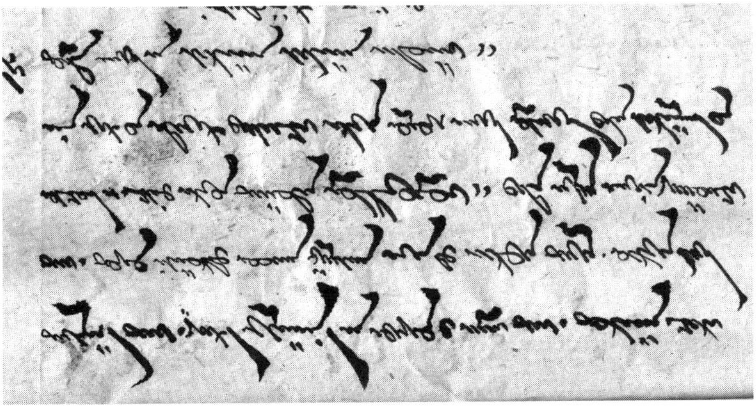

写真183　オルドス・モンゴルの写本
「天たる火の大いなる祭祀と招福儀礼の書」(16)

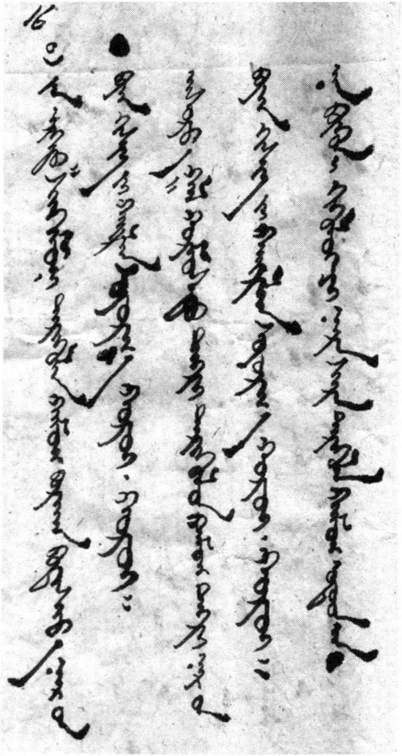

写真 184　オルドス・モンゴルの写本
「天たる火の大いなる祭祀と招福儀礼の書」(17)

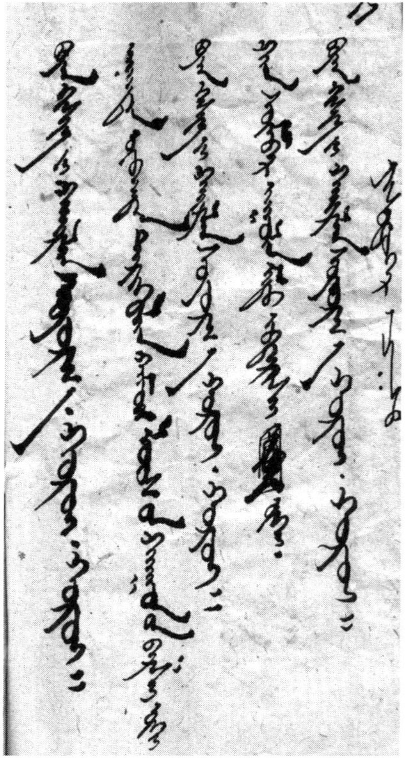

写真 185　オルドス・モンゴルの写本
「天たる火の大いなる祭祀と招福儀礼の書」(18)

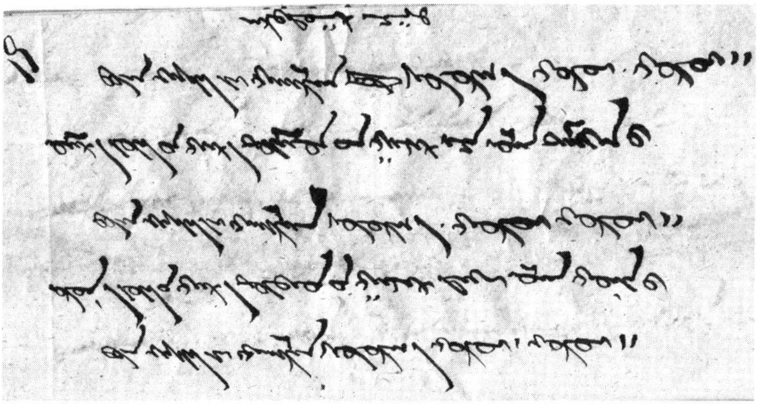

写真187　オルドス・モンゴルの写本
「天たる火の大いなる祭祀と招福儀礼の書」(20)

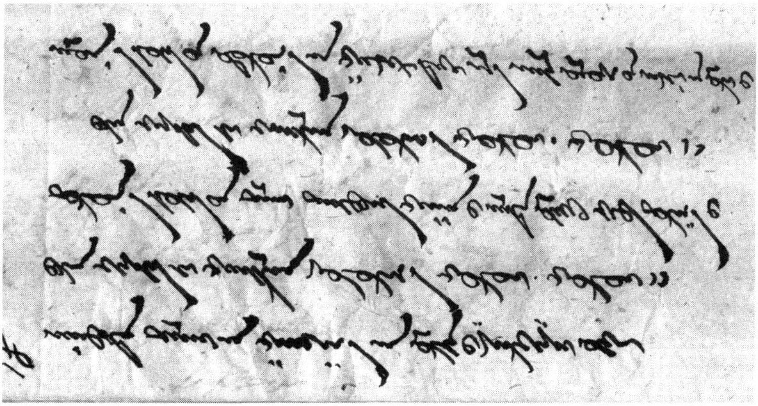

写真186　オルドス・モンゴルの写本
「天たる火の大いなる祭祀と招福儀礼の書」(19)

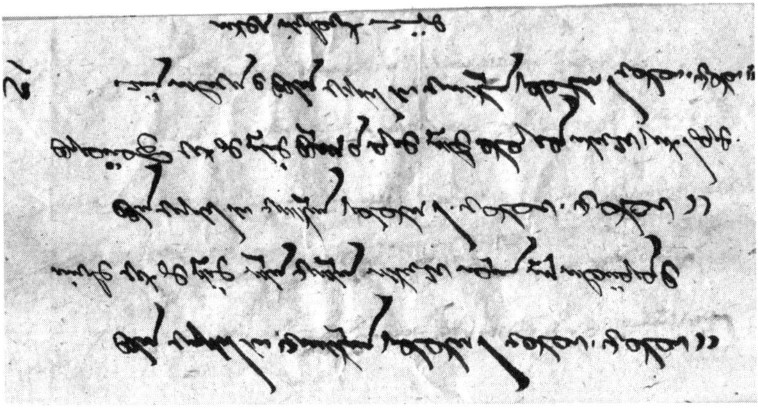

写真189　オルドス・モンゴルの写本
「天たる火の大いなる祭祀と招福儀礼の書」(22)

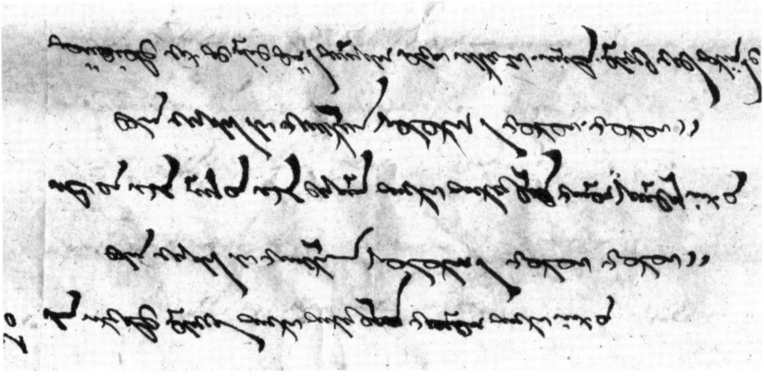

写真188　オルドス・モンゴルの写本
「天たる火の大いなる祭祀と招福儀礼の書」(21)

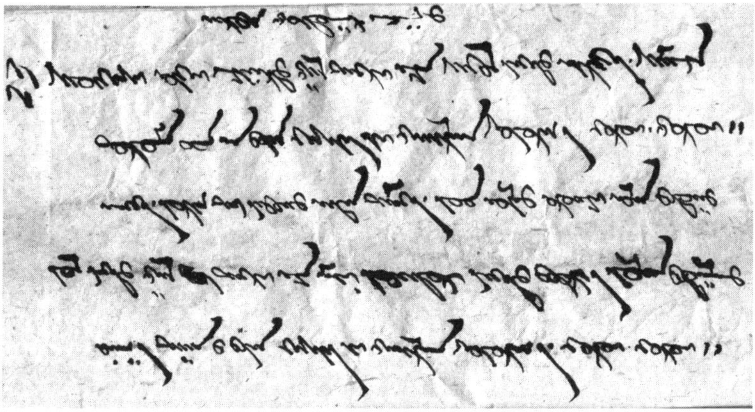

写真191　オルドス・モンゴルの写本
「天たる火の大いなる祭祀と招福儀礼の書」(24)

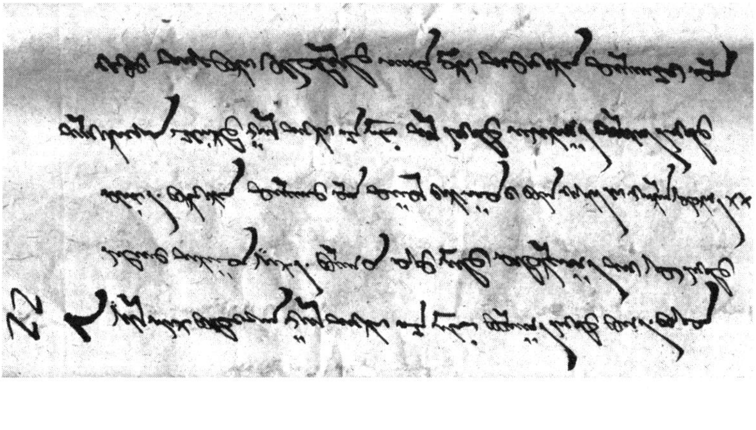

写真190　オルドス・モンゴルの写本
「天たる火の大いなる祭祀と招福儀礼の書」(23)

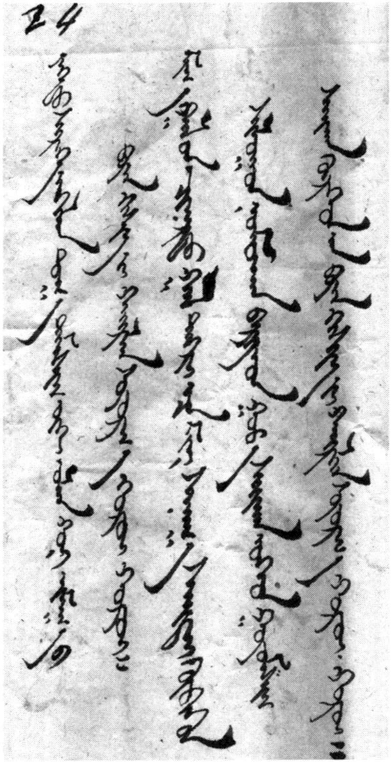

写真 192　オルドス・モンゴルの写本
「天たる火の大いなる祭祀と招福儀礼の書」(25)

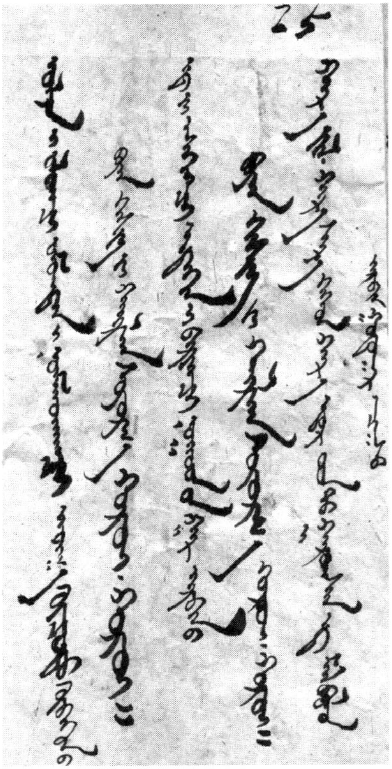

写真 193　オルドス・モンゴルの写本
「天たる火の大いなる祭祀と招福儀礼の書」(26)

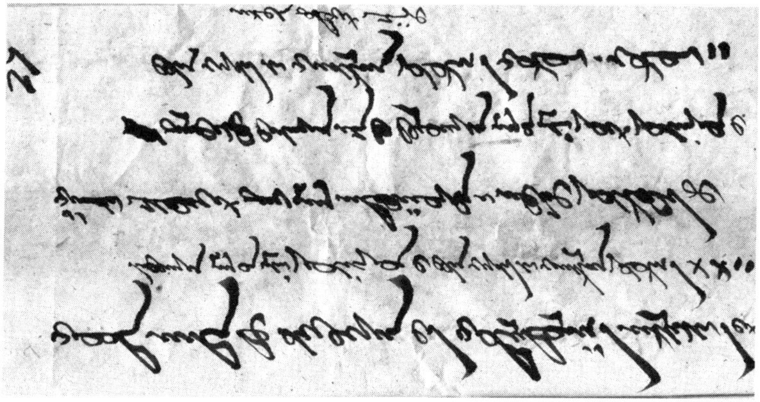

写真195 オルドス・モンゴルの写本
「天たる火の大いなる祭祀と招福儀礼の書」(28)

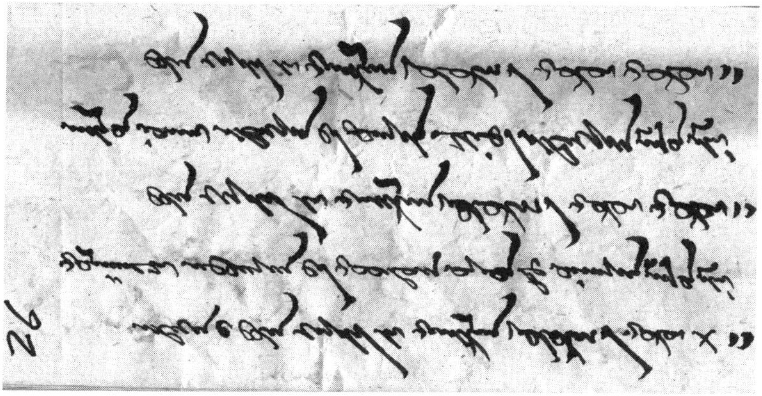

写真194 オルドス・モンゴルの写本
「天たる火の大いなる祭祀と招福儀礼の書」(27)

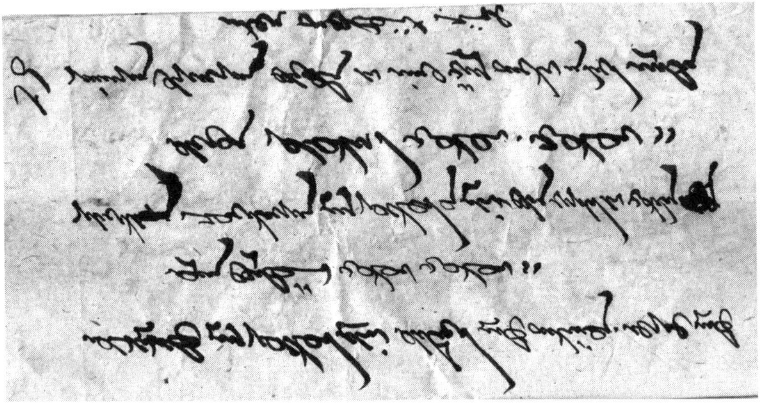

写真197　オルドス・モンゴルの写本
「天たる火の大いなる祭祀と招福儀礼の書」(30)

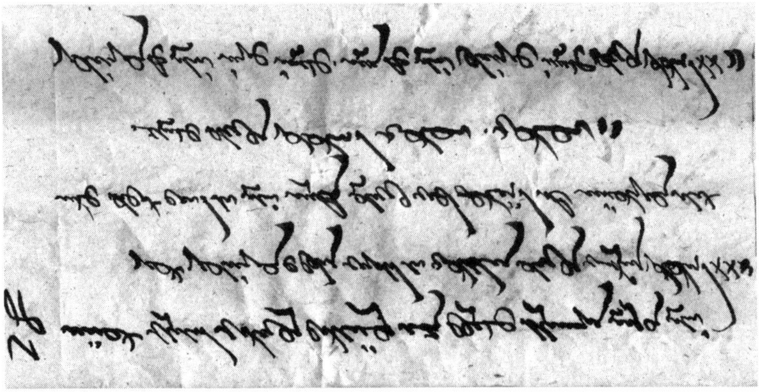

写真196　オルドス・モンゴルの写本
「天たる火の大いなる祭祀と招福儀礼の書」(29)

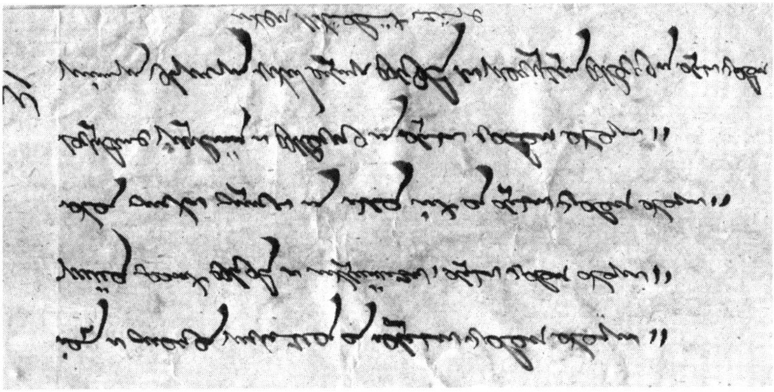

写真199　オルドス・モンゴルの写本
「天たる火の大いなる祭祀と招福儀礼の書」(32)

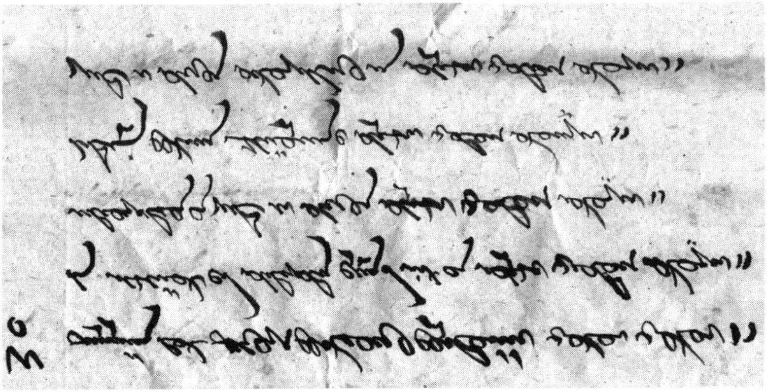

写真198　オルドス・モンゴルの写本
「天たる火の大いなる祭祀と招福儀礼の書」(31)

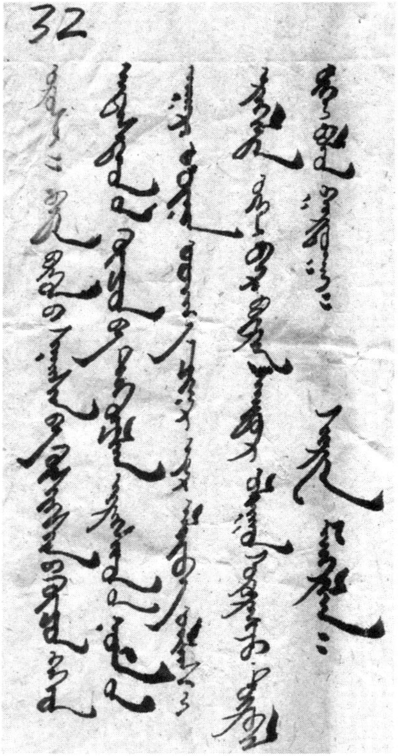

写真200　オルドス・モンゴルの写本
「天たる火の大いなる祭祀と招福儀礼の書」(33)

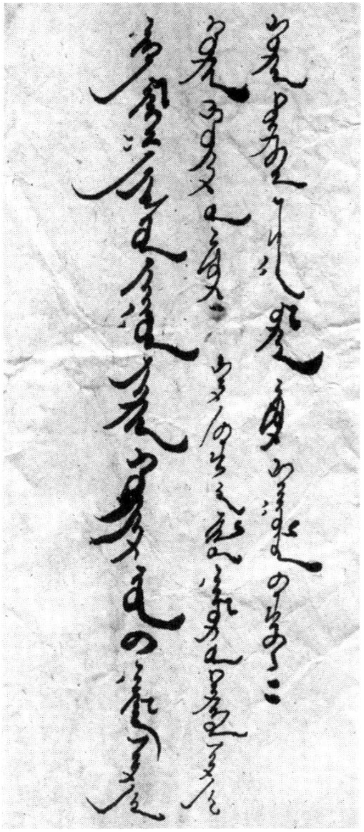

写真201　オルドス・モンゴルの写本
「天たる火の大いなる祭祀と招福儀礼の書」(34)

第10章　学問寺関連資料

1「ウーシン旗の最初の寺・ラシラバダンリンの略史」
Üüsin qosiɣun-u uuɣan süm-e Rasirabdanling süm-e-yin tobči teüke orusimui

（写真 202 ～ 258 参照）

「ウーシン旗の最初の寺・ラシラバダンリンの略史」(*Üüsin qosiɣun-u uuɣan süm-e Rasirabdanling süm-e-yin tobči teüke orusimui*)という写本は1992年春に、シベル寺の檀家、バトラブダン（Baturabdang）から入手したものである。バトラブダンはホトクタイ・セチェン・ホン・タイジの次男の後裔である、と写本の奥付に記している。彼は寺の歴史について、1986年4月20日に書き上げてから、地元オルドスの書道家、ア・リンチン（Amuɣulang-un Rinčindorji）に書写させて広げていた。ア・リンチンは書道家だけでなく、実は有名なモンゴル相撲の選手（ブフ, büke）としても内モンゴル自治区で知られている。終生にわたって名を轟かせた為、最後は「ダルハン」の称号を与えられた、「ダルン・ブフ」(darqan büke）である。

もっとも、この「歴史」は文化大革命期に破壊されたシベル寺ことラシラバダンリン寺を再建し、宗教的活動の場として認定されるよう、地元共産党政府に提出した陳情書の性質を帯びていることを奥付が伝えている。

バトラブダンはシベル寺の歴史を祖先のホトクタイ・セチェン・ホン・タイジと結びつけて記し、それから1930年代には共産党のモンゴル進出の拠点であった「功績」について述べている。毛沢東の弟の毛沢民も訪れた「革命文物」

であることを強調し、再建を強く希求している。毛沢民が革命活動を進めていた頃に利用した寺を毛沢東時代に破壊されるとは、歴史の皮肉であろう。

2「聖白傘蓋仏母という大乗経典。総括とお返し（回折）の賛歌」
Qutuɣ-tu čaɣan sikürtü kemekü yeke kölgen sudur: quriyangɣui kiged qariɣulɣ-a maɣtaɣal luɣ-a salta orusiba

（写真 259 ～ 312 参照）

白傘蓋仏母はモンゴルやチベットで国の領土や人びとを諸種の災難から守る女神として信仰されている。たいがいは一面二臂か、三面六臂で千手千足千面の姿で描かれる。写本はその形相と威力を歌った韻文体である。

3「無敵の聖白傘蓋仏母の大いなるお返し（回折）の陀羅尼」
Čaɣan sikürtei busud-tu ülü ilaɣdaqu yekede qariɣuluɣči neretü tarni

（写真 313 ～ 323 参照）

白傘蓋仏母は領土と民衆を守る陀羅尼を具現した女神である。白神から受けた恩恵に感謝する際に唱えるのが「お返し（回折）」である。

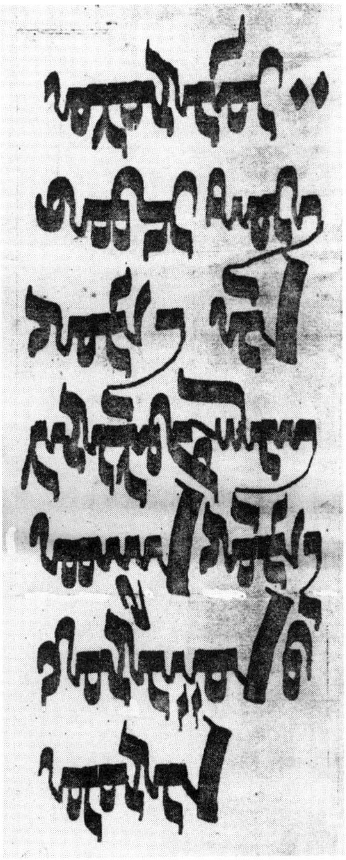

写真 202「ウーシン旗の最初の寺・ラシラバダンリンの略史」(1)

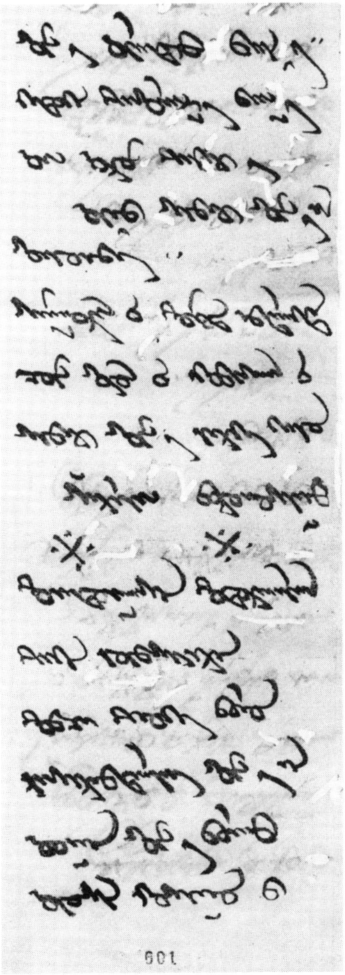

写真 203「ウーシン旗の最初の寺・ラシラバダンリンの略史」(2)

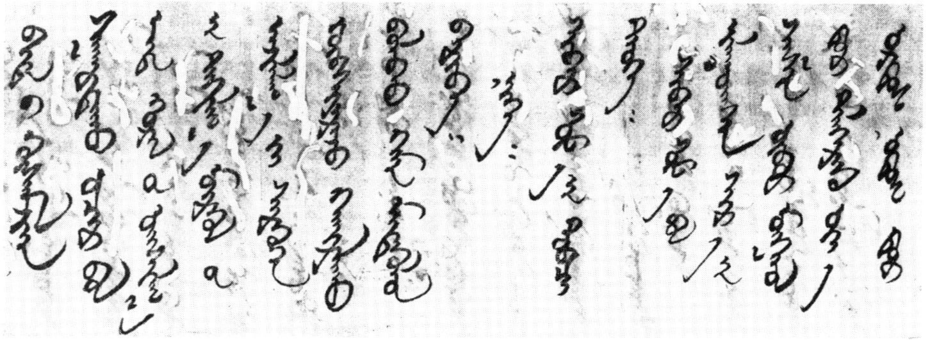

写真204「ウーシン旗の最初の寺・ラシラバダンリンの略史」(3)

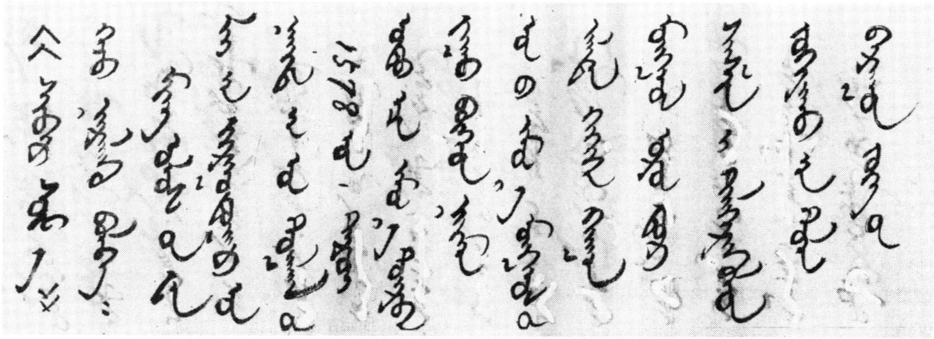

写真205「ウーシン旗の最初の寺・ラシラバダンリンの略史」(4)

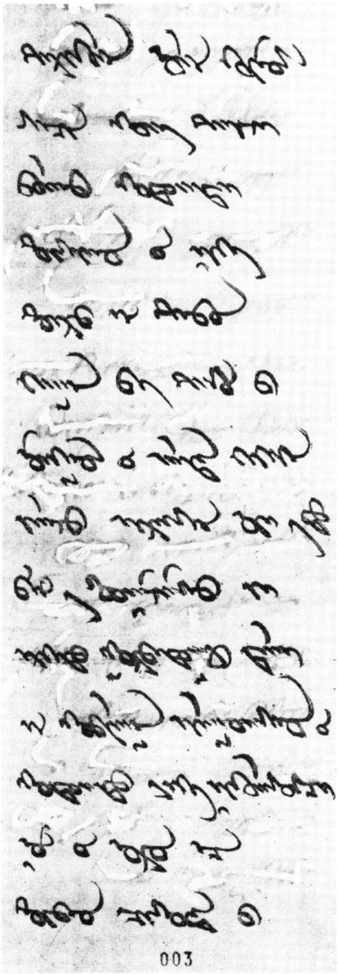

写真206「ウーシン旗の最初の寺・ラシラバダンリンの略史」(5)

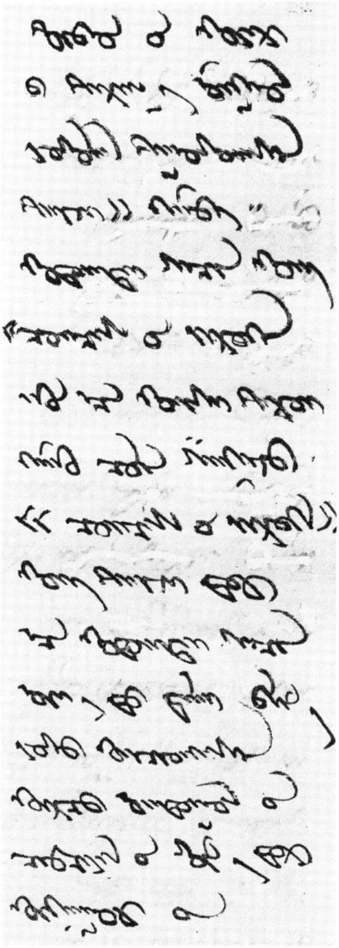

写真207「ウーシン旗の最初の寺・ラシラバダンリンの略史」(6)

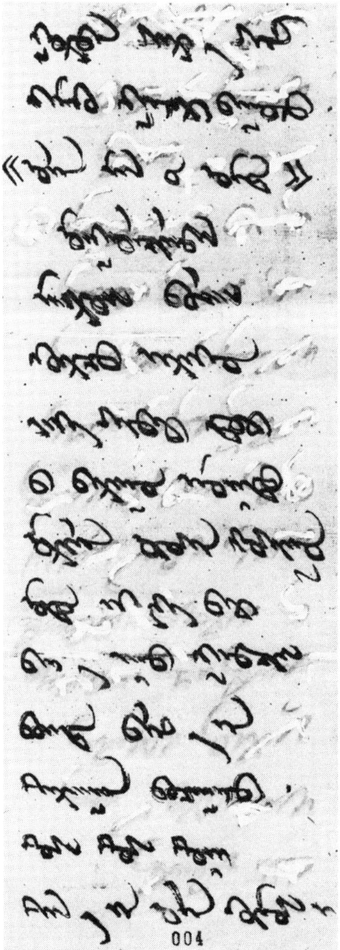

写真 208「ウーシン旗の最初の寺・ラシラバダンリンの略史」(7)

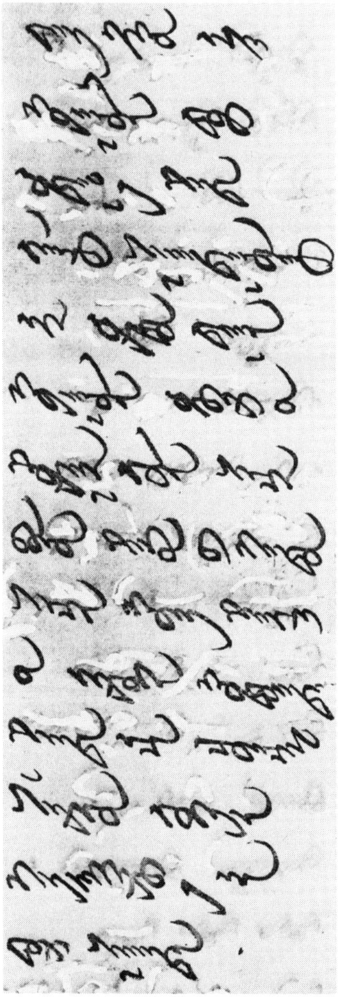

写真 209「ウーシン旗の最初の寺・ラシラバダンリンの略史」(8)

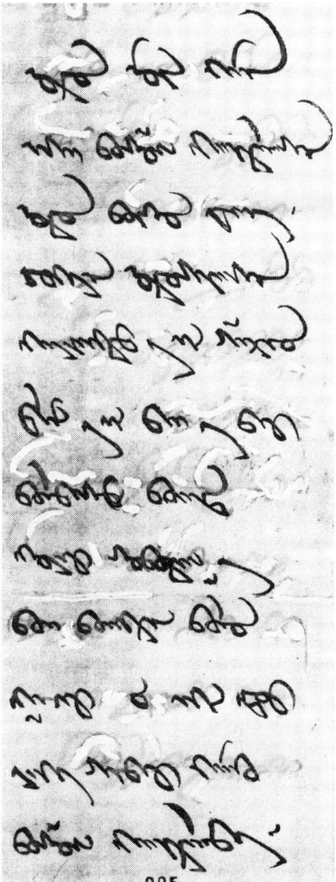

写真210「ウーシン旗の最初の寺・ラシラバダンリンの略史」(9)

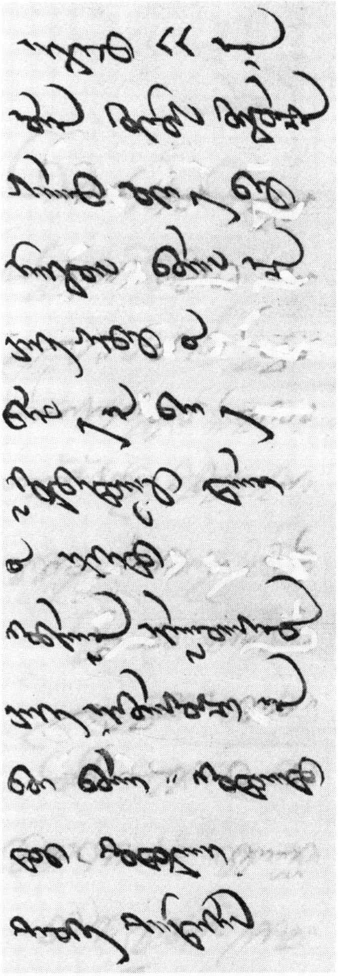

写真211「ウーシン旗の最初の寺・ラシラバダンリンの略史」(10)

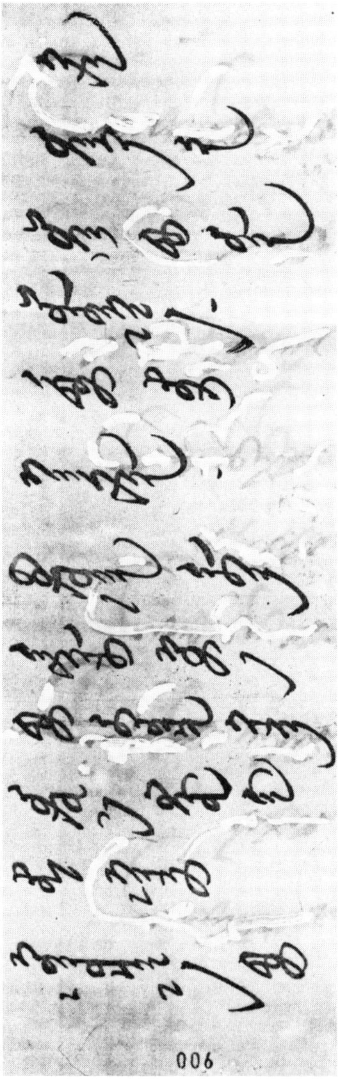

写真 212「ウーシン旗の最初の寺・ラシラバダンリンの略史」(11)

写真 213「ウーシン旗の最初の寺・ラシラバダンリンの略史」(12)

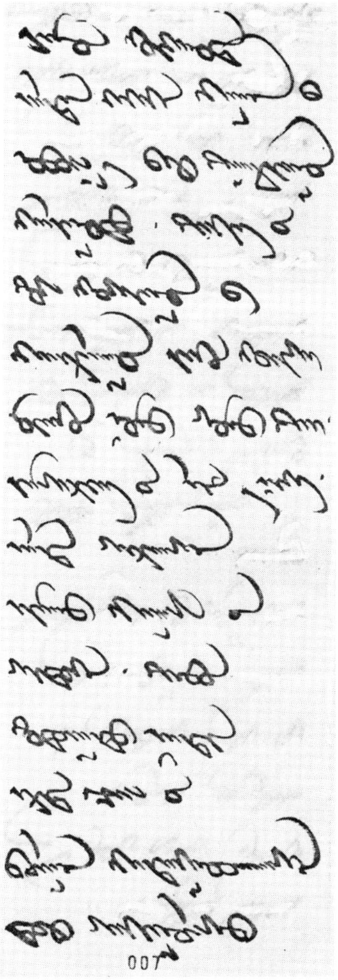

写真214「ウーシン旗の最初の寺・ラシラバダンリンの略史」(13)

写真215「ウーシン旗の最初の寺・ラシラバダンリンの略史」(14)

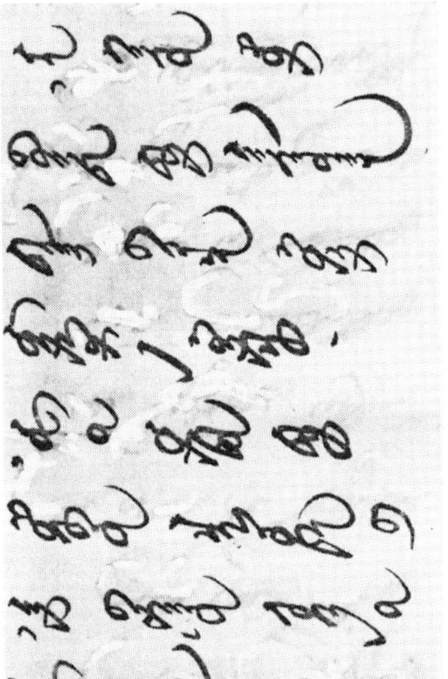

写真216「ウーシン旗の最初の寺・ラシラバダンリンの略史」(15)

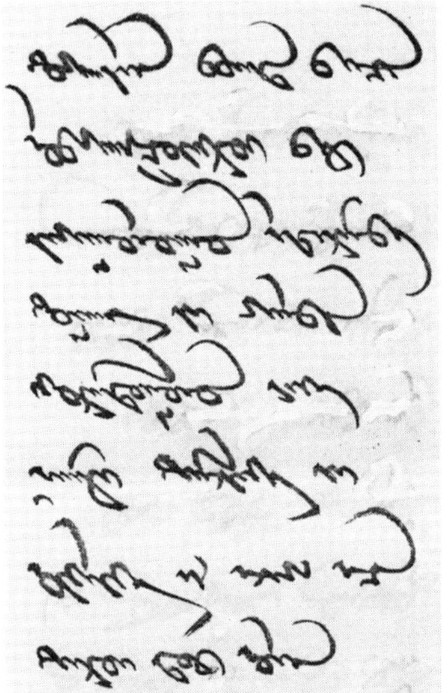

写真217「ウーシン旗の最初の寺・ラシラバダンリンの略史」(16)

写真218「ウーシン旗の最初の寺・ランラパダンリンの略史」(17)

写真219「ウーシン旗の最初の寺・ランラパダンリンの略史」(18)

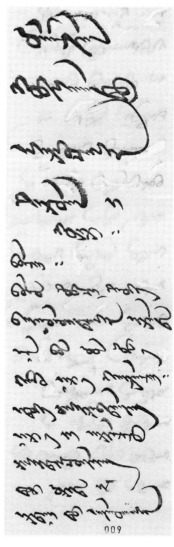

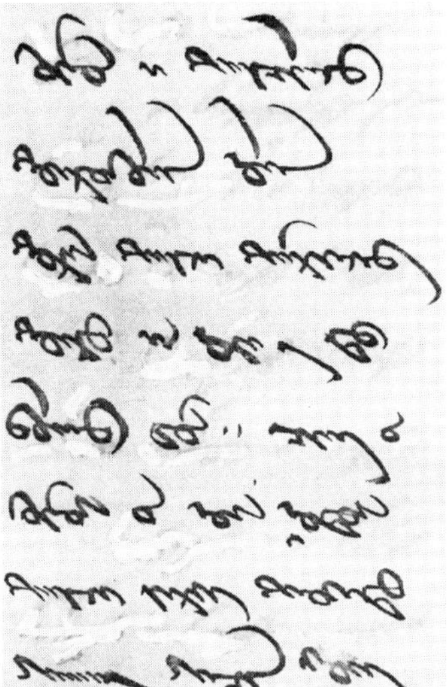

写真220「ウーシン旗の最初の寺・ラシラバダンリンの略史」(19)

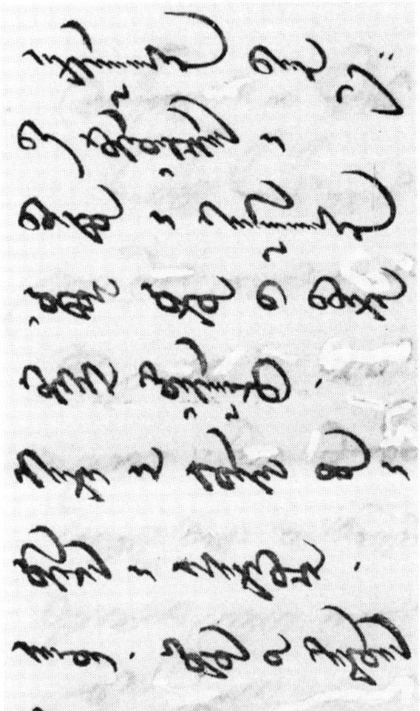

写真221「ウーシン旗の最初の寺・ラシラバダンリンの略史」(20)

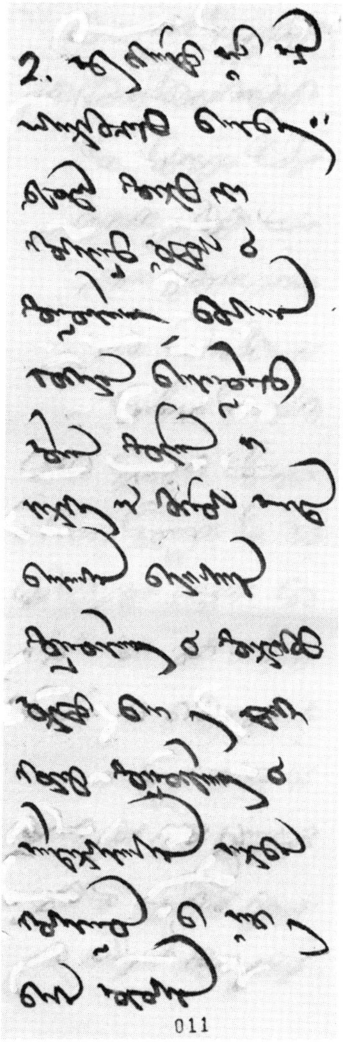

写真222「ウーシン旗の最初の寺・ラシラバダンリンの略史」(21)

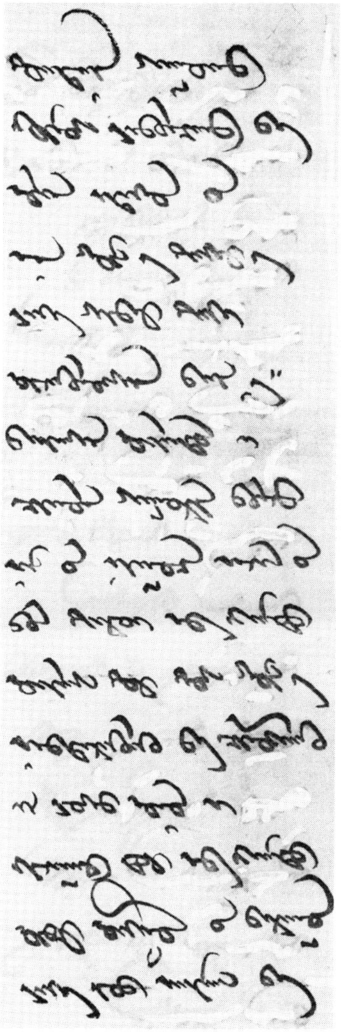

写真223「ウーシン旗の最初の寺・ラシラバダンリンの略史」(22)

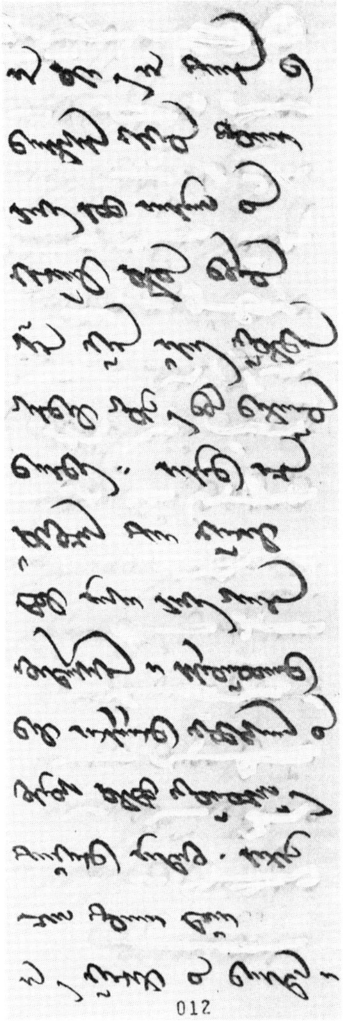

写真 224「ウーシン旗の最初の寺・ラシラバダンリンの略史」(23)

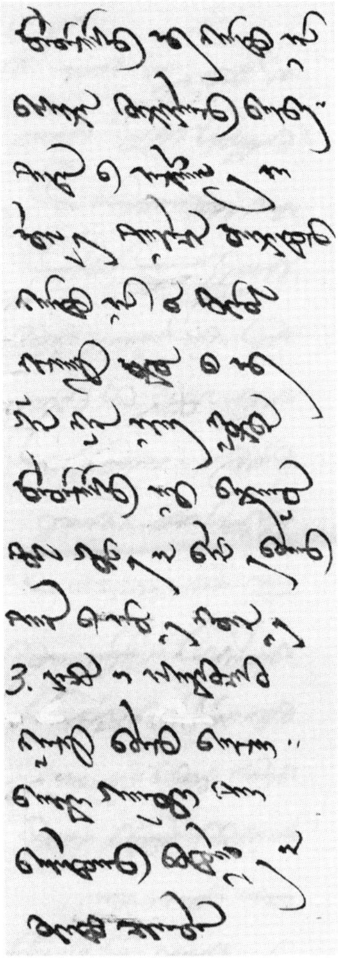

写真 225「ウーシン旗の最初の寺・ラシラバダンリンの略史」(24)

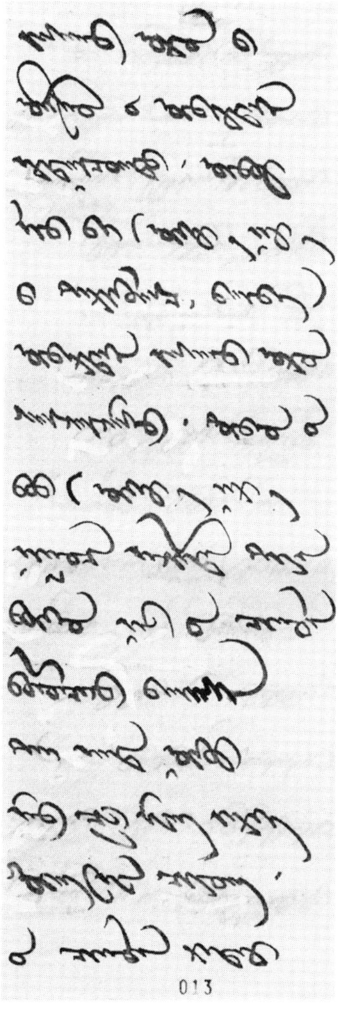

写真 226「ウーシン旗の最初の寺・ラシラバダンリンの略史」(25)

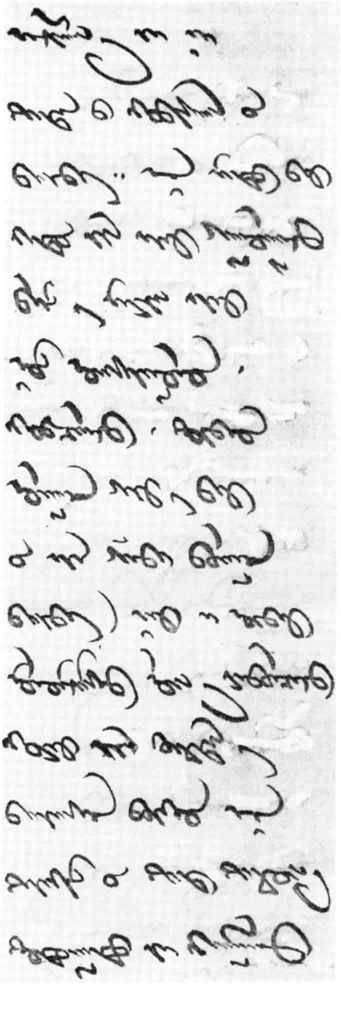

写真 227「ウーシン旗の最初の寺・ラシラバダンリンの略史」(26)

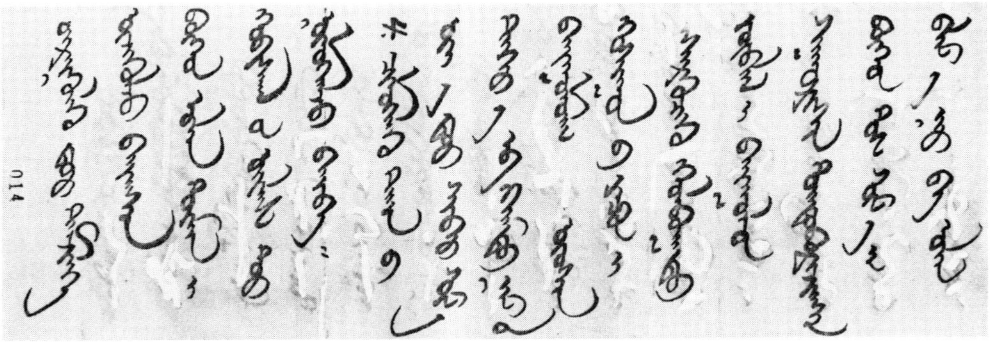

写真228「ウーシン旗の最初の寺・ラシラバダンリンの略史」(27)

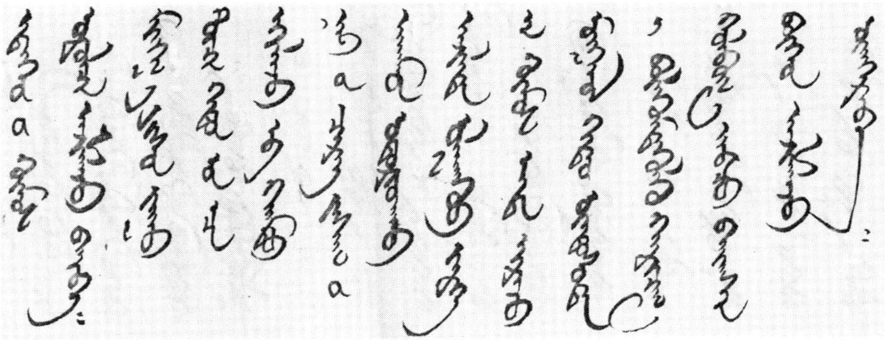

写真229「ウーシン旗の最初の寺・ラシラバダンリンの略史」(28)

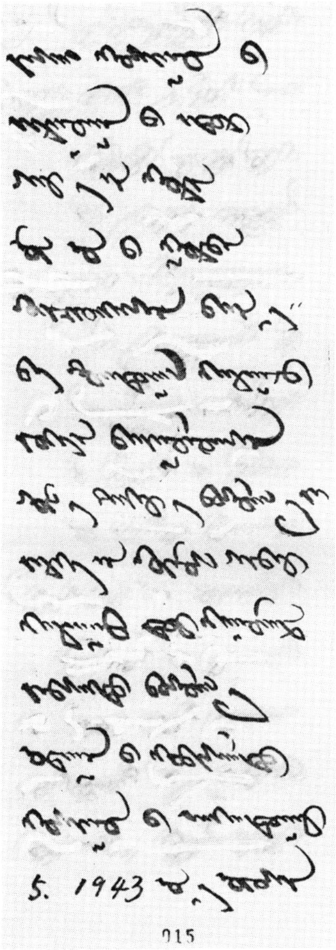

写真230「ウーシン旗の最初の寺・ラシラバダンリンの略史」(29)

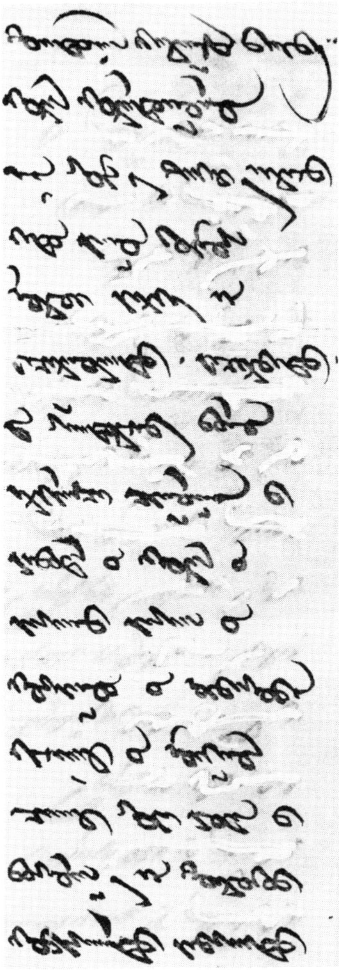

写真231「ウーシン旗の最初の寺・ラシラバダンリンの略史」(30)

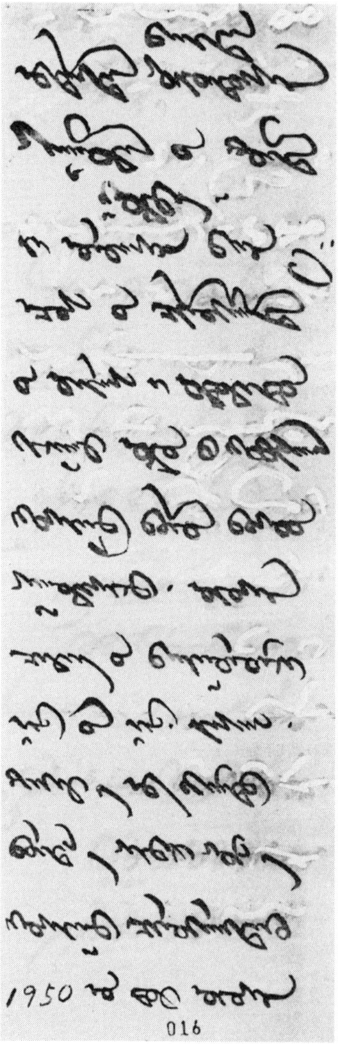

写真232「ウーシン旗の最初の寺・ラシラバダンリンの略史」(31)

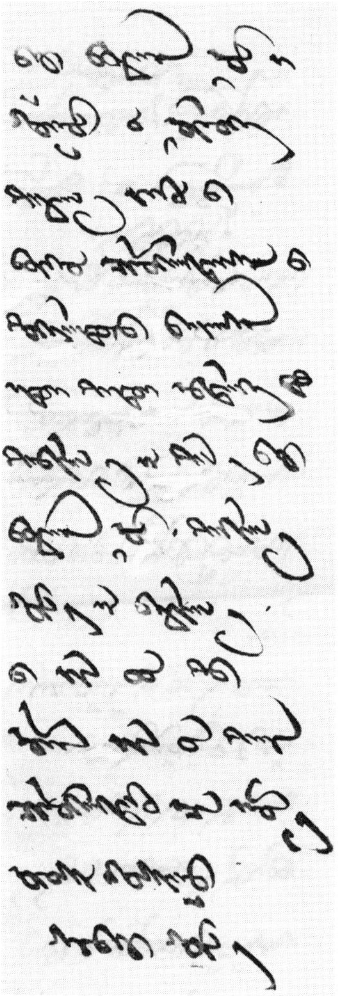

写真233「ウーシン旗の最初の寺・ラシラバダンリンの略史」(32)

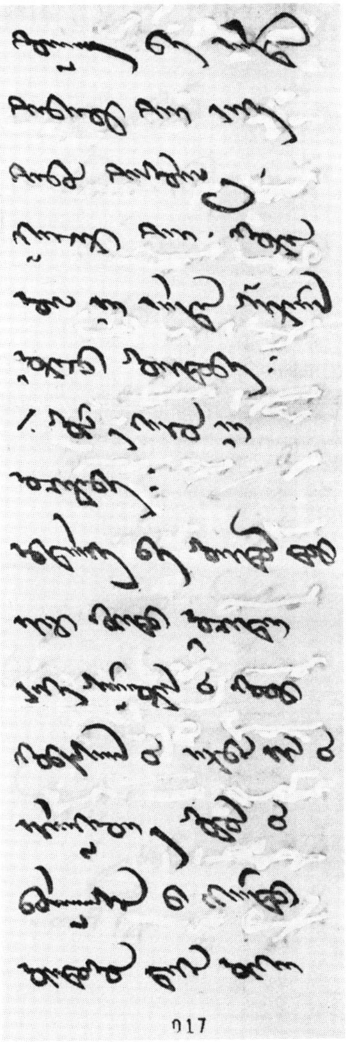

写真234「ウーシン旗の最初の寺・ラシラバダンリンの略史」(33)

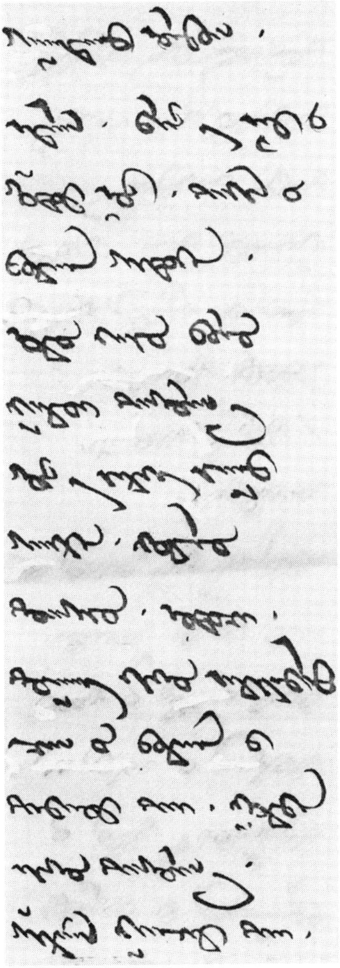

写真235「ウーシン旗の最初の寺・ラシラバダンリンの略史」(34)

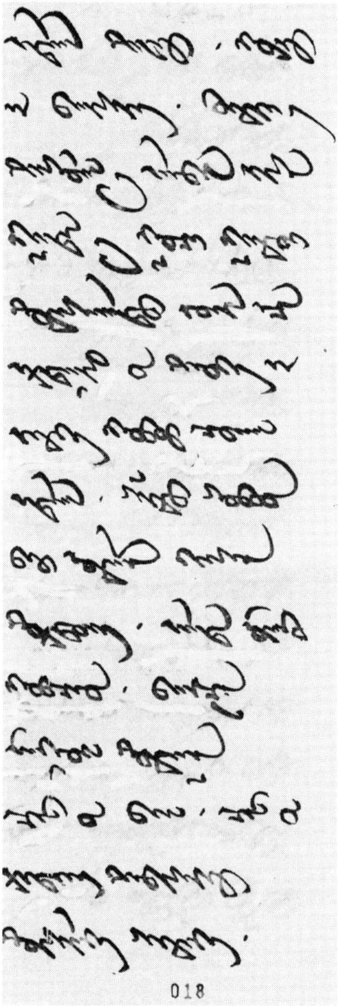

写真236「ウーシン旗の最初の寺・ラシラバダンリンの略史」(35)

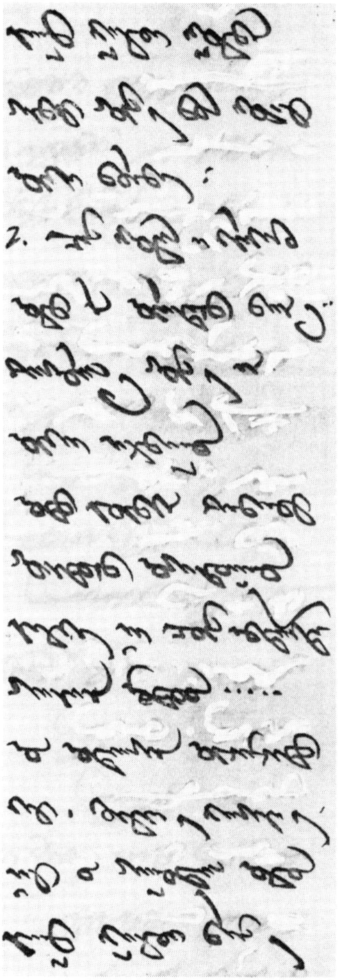

写真237「ウーシン旗の最初の寺・ラシラバダンリンの略史」(36)

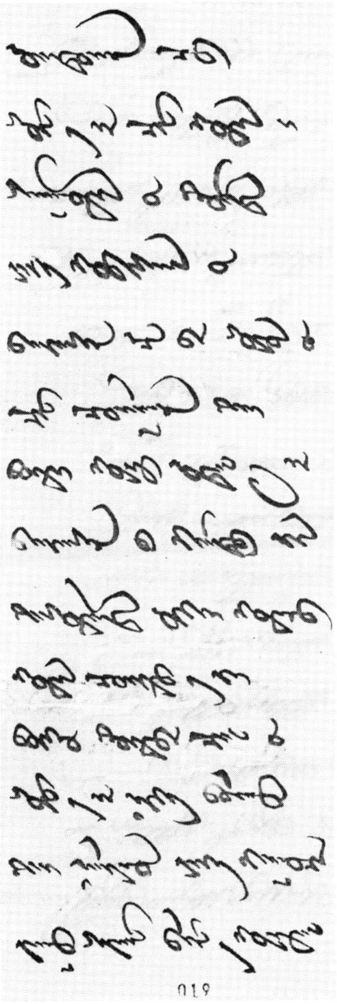

写真238「ウーシン旗の最初の寺・ラシラバダンリンの略史」(37)

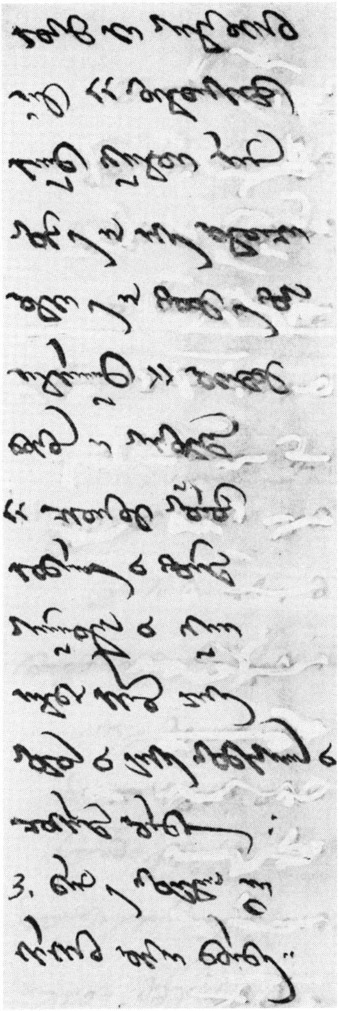

写真239「ウーシン旗の最初の寺・ラシラバダンリンの略史」(38)

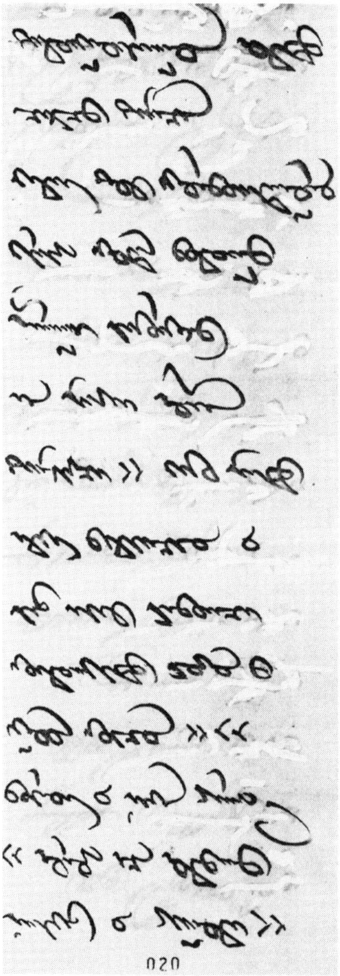

写真240「ウーシン旗の最初の寺・ラシラバダンリンの略史」(39)

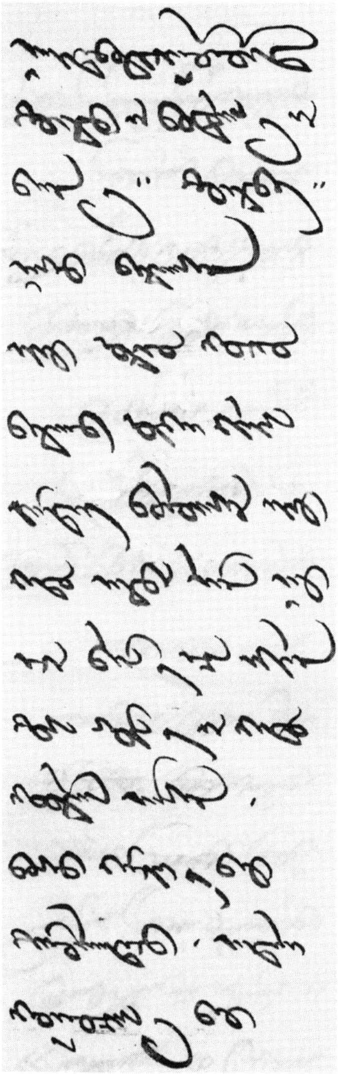

写真241「ウーシン旗の最初の寺・ラシラバダンリンの略史」(40)

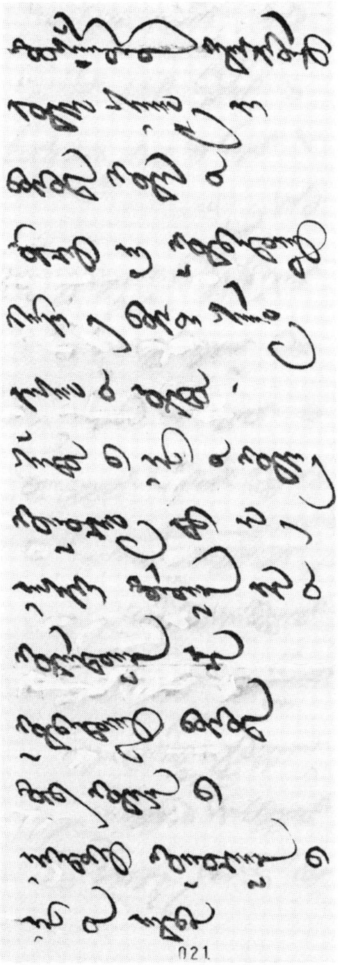

写真 242「ウーシン旗の最初の寺・ラシラバダンリンの略史」(41)

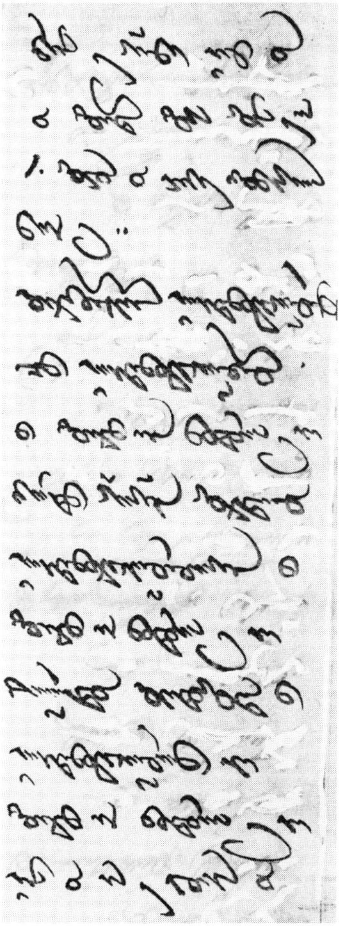

写真 243「ウーシン旗の最初の寺・ラシラバダンリンの略史」(42)

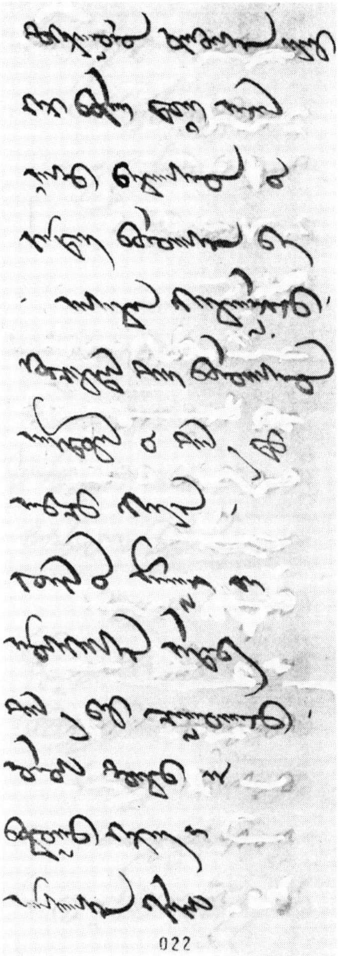

写真244「ウーシン旗の最初の寺・ラシラバダンリンの略史」(43)

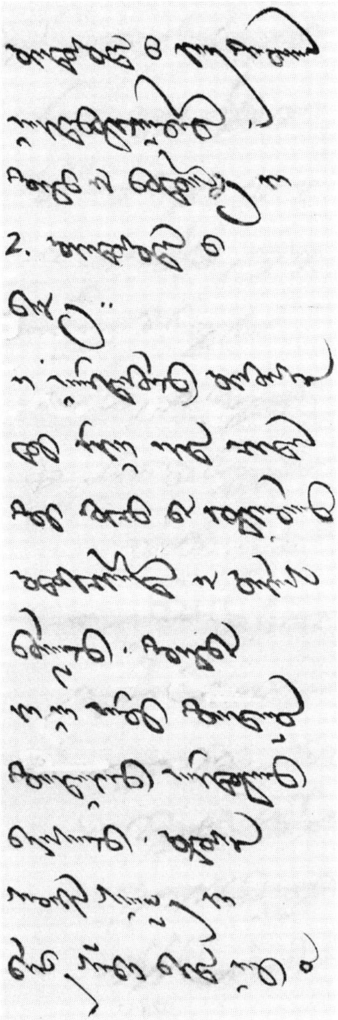

写真245「ウーシン旗の最初の寺・ラシラバダンリンの略史」(44)

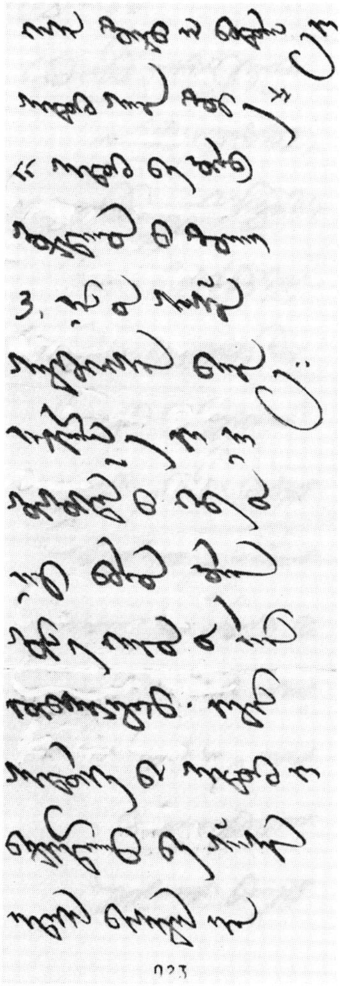

写真246「ウーシン旗の最初の寺・ラシラバダンリンの略史」(45)

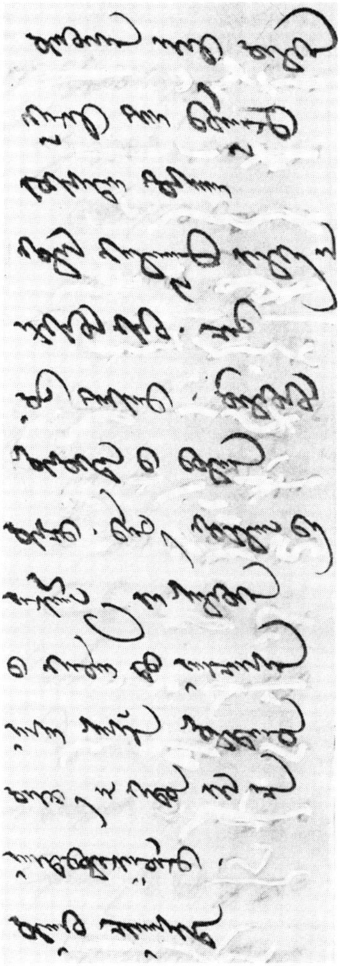

写真247「ウーシン旗の最初の寺・ラシラバダンリンの略史」(46)

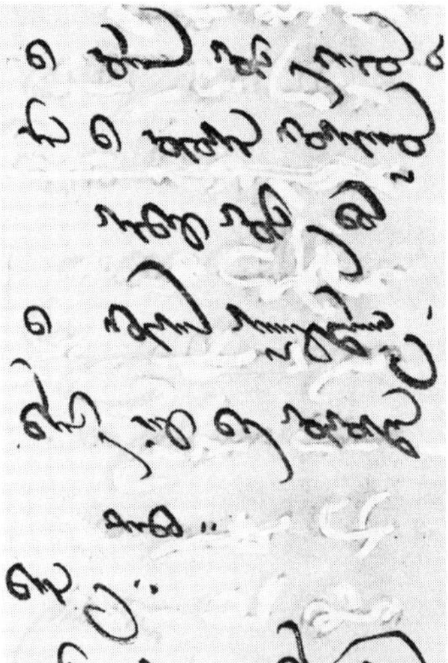

写真248「ウーシン旗の最初の寺・ラシラバダンリンの略史」(47)

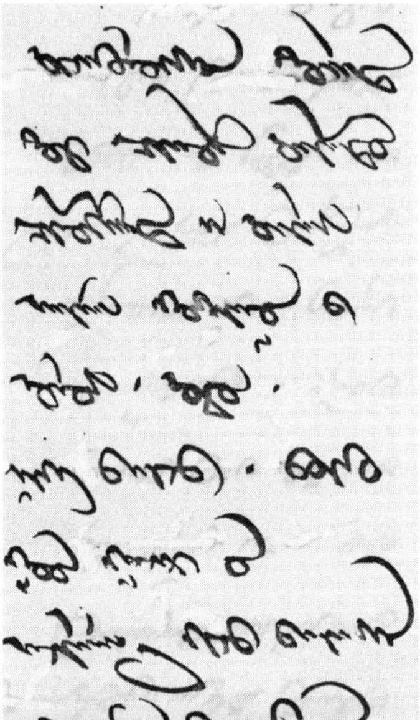

写真249「ウーシン旗の最初の寺・ラシラバダンリンの略史」(48)

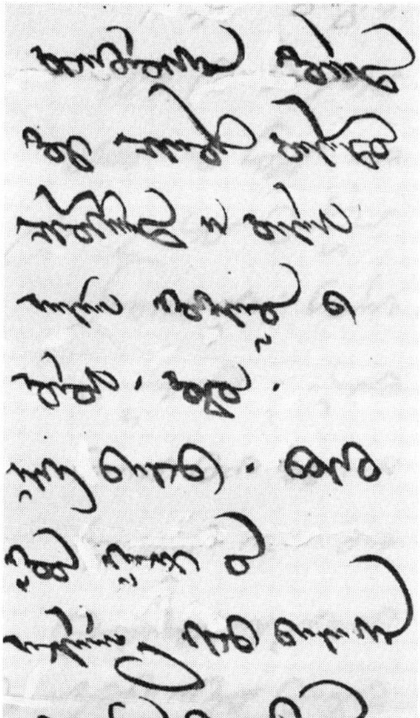

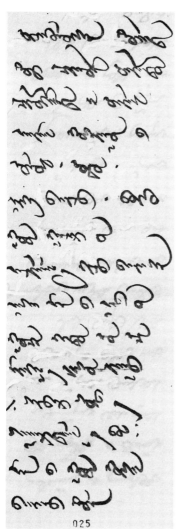

写真250「ウーシン旗の最初の寺・ラシラバダンリンの略史」(49)

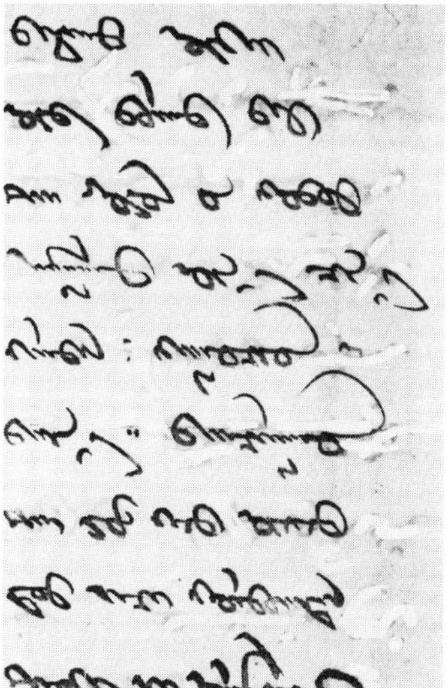

写真251「ウーシン旗の最初の寺・ラシラバダンリンの略史」(50)

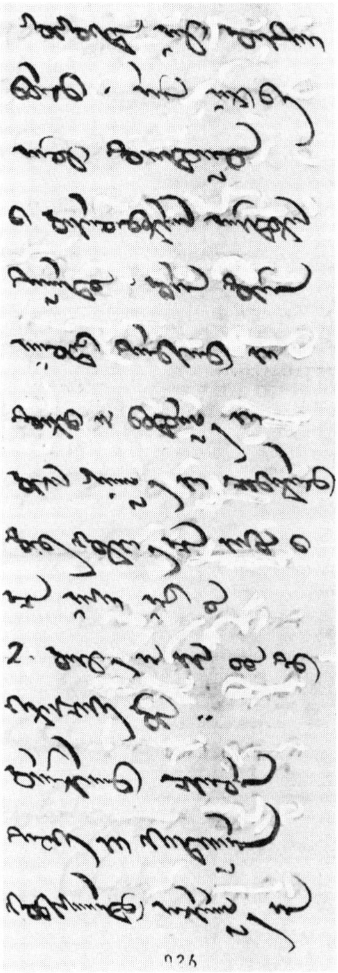

写真252「ウーシン旗の最初の寺・ラシラバダンリンの略史」(51)

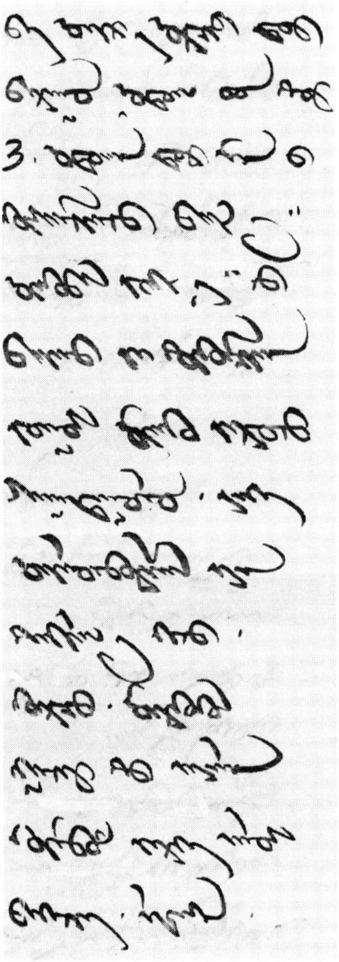

写真253「ウーシン旗の最初の寺・ラシラバダンリンの略史」(52)

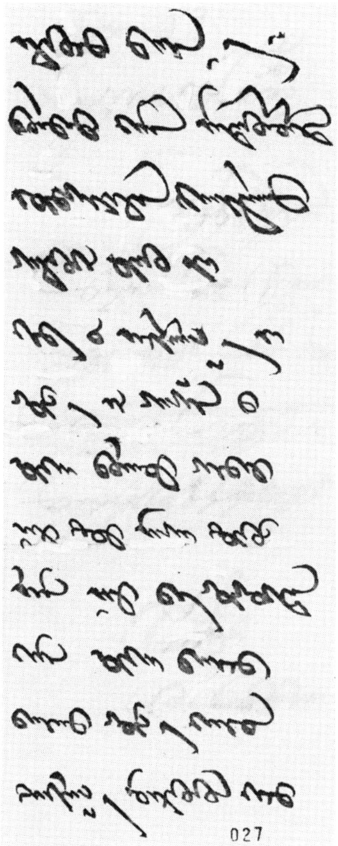

写真 254「ウーシン旗の最初の寺・ラシラバダンリンの略史」(53)

写真 255「ウーシン旗の最初の寺・ラシラバダンリンの略史」(54)

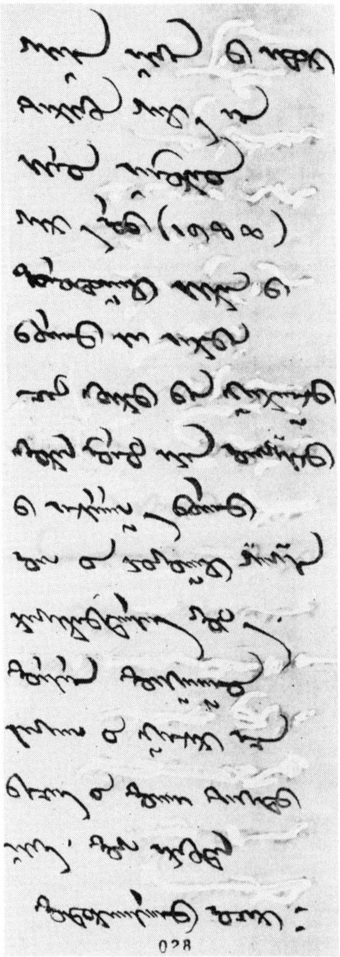

写真256「ウーシン旗の最初の寺・ラシラバダンリンの略史」(55)

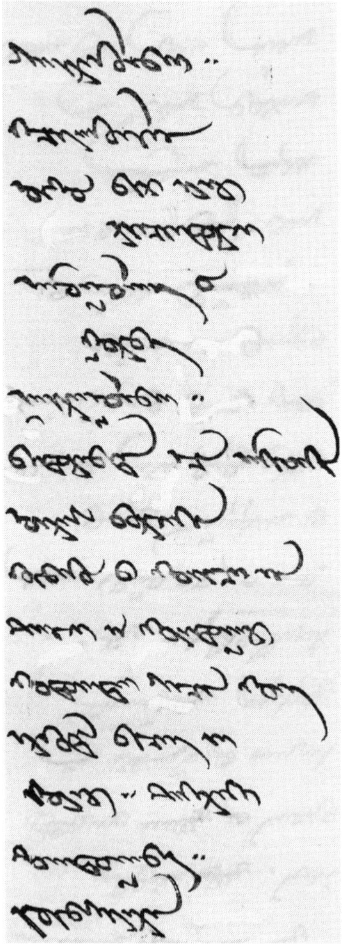

写真257「ウーシン旗の最初の寺・ラシラバダンリンの略史」(56)

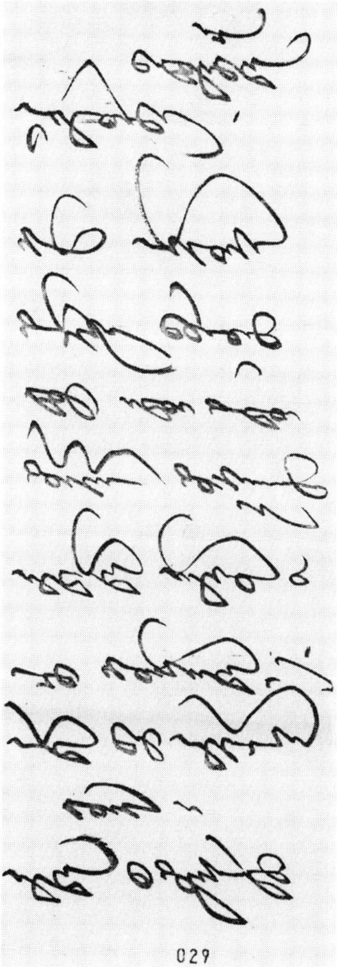

写真258「ウーシン旗の最初の寺・ラシラバダンリンの略史」(57)

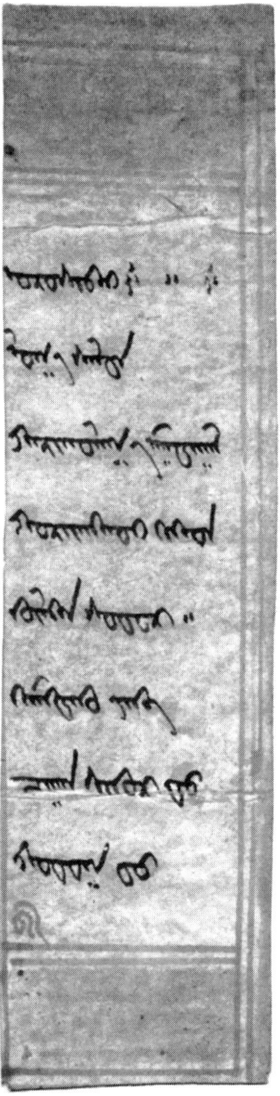

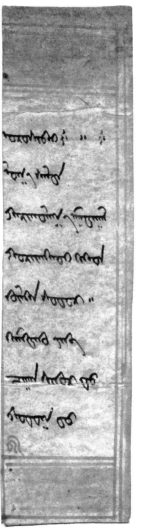

写真 259「聖白傘蓋仏母という大乗経典。総括とお返し（回折）の賛歌」(1)

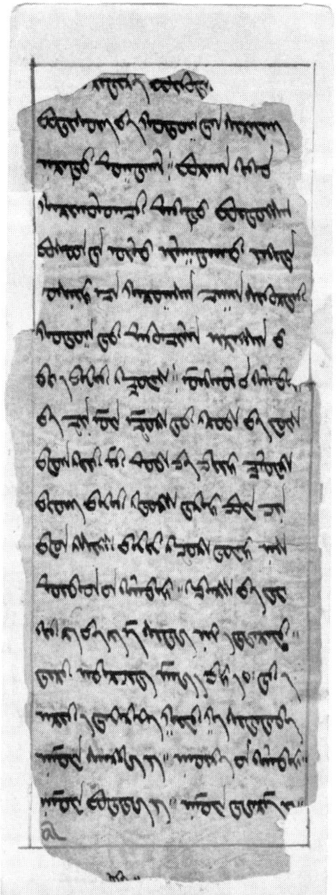

写真 260「聖白傘蓋仏母という大乗経典。総括とお返し（回折）の賛歌」(2)

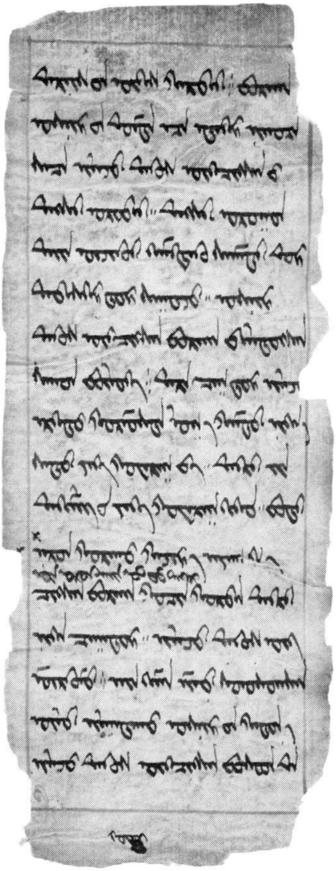

写真261「聖白傘蓋仏母という大乗経典。総括とお返し（回折）の賛歌」(3)

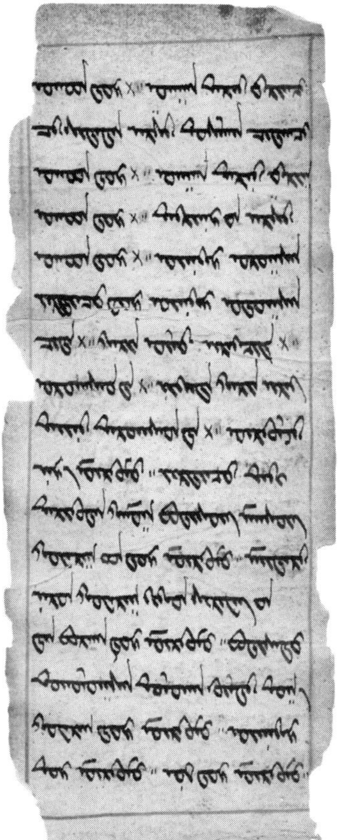

写真262「聖白傘蓋仏母という大乗経典。総括とお返し（回折）の賛歌」(4)

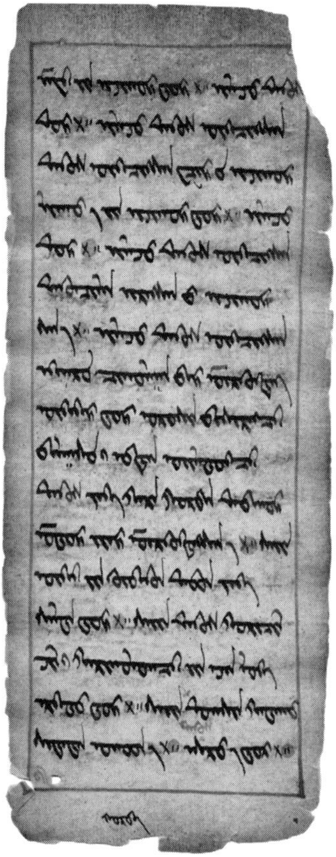

写真 263「聖白傘蓋仏母という大乗経典。総括とお返し（回折）の賛歌」(5)

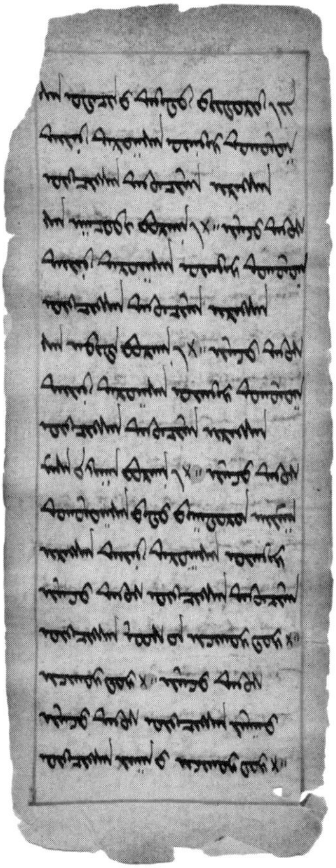

写真 264「聖白傘蓋仏母という大乗経典。総括とお返し（回折）の賛歌」(6)

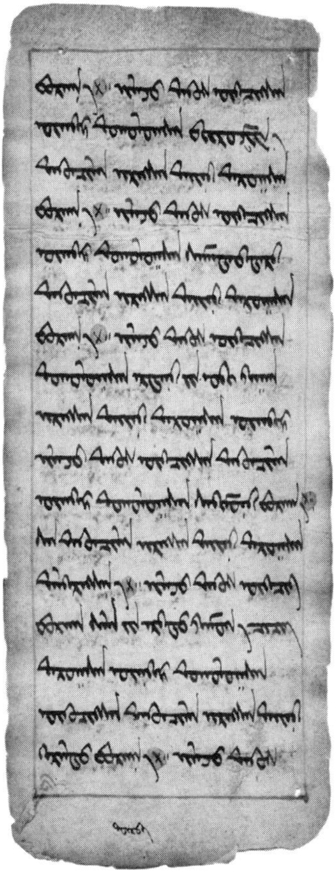

写真 265「聖白傘蓋仏母という大乗経典。総括とお返し（回折）の賛歌」(7)

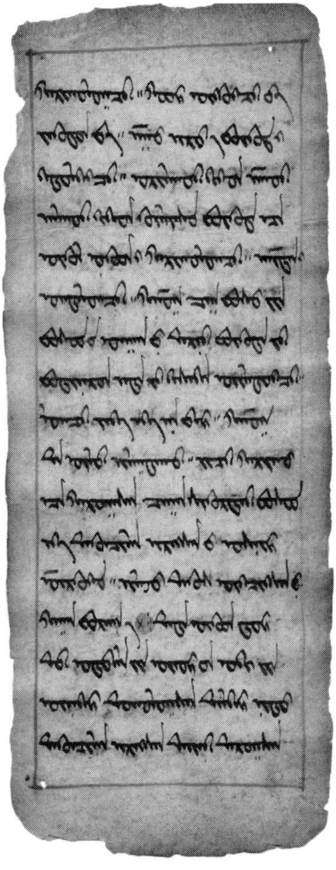

写真 266「聖白傘蓋仏母という大乗経典。総括とお返し（回折）の賛歌」(8)

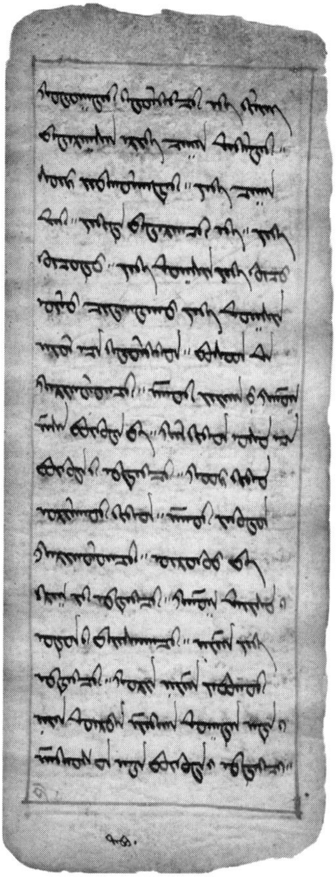

写真 267「聖白傘蓋仏母という大乗経典。総括とお返し（回折）の賛歌」(9)

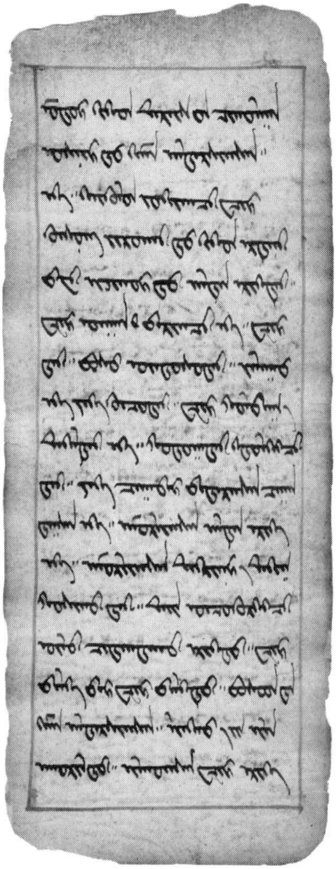

写真 268「聖白傘蓋仏母という大乗経典。総括とお返し（回折）の賛歌」(10)

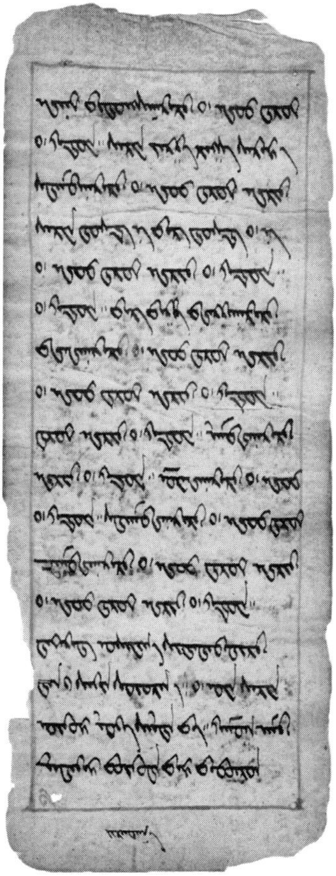

写真 269「聖白傘蓋仏母という大乗経典。総括とお返し（回折）の賛歌」(11)

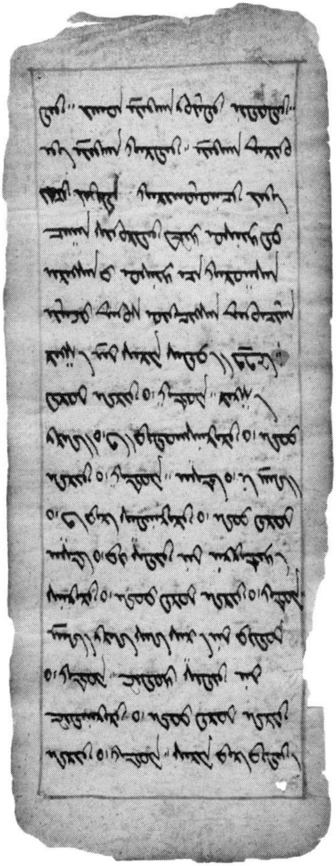

写真 270「聖白傘蓋仏母という大乗経典。総括とお返し（回折）の賛歌」(12)

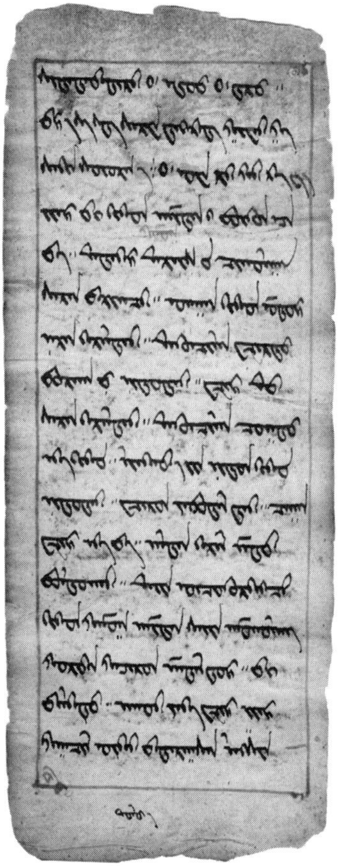

写真 271「聖白傘蓋仏母という大乗経典。総括とお返し（回折）の賛歌」(13)

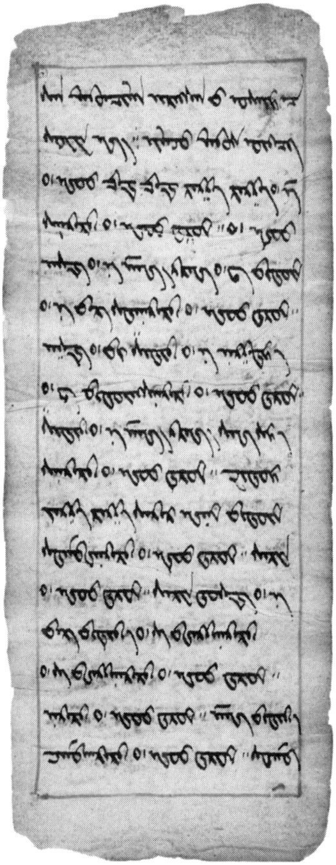

写真 272「聖白傘蓋仏母という大乗経典。総括とお返し（回折）の賛歌」(14)

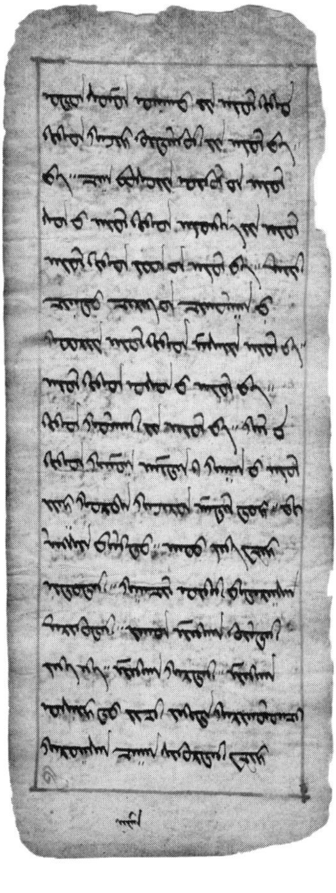

写真273「聖白傘蓋仏母という大乗経典。総括とお返し（回折）の賛歌」(15)

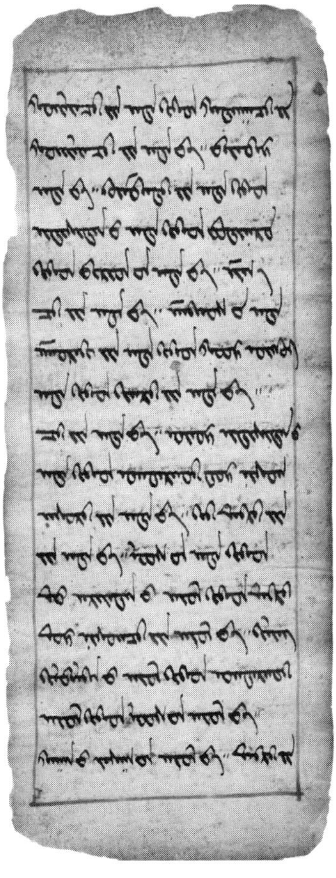

写真274「聖白傘蓋仏母という大乗経典。総括とお返し（回折）の賛歌」(16)

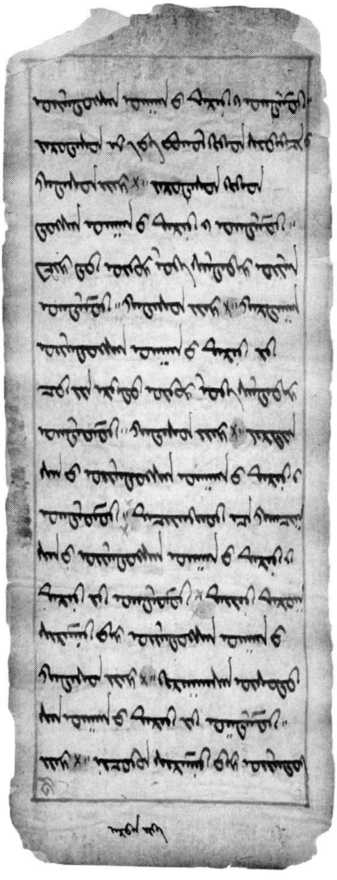

写真275「聖白傘蓋仏母という大乗経典。総括とお返し（回折）の賛歌」(17)

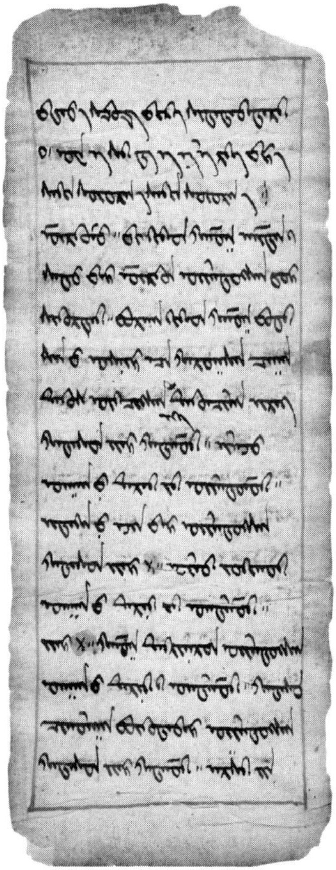

写真276「聖白傘蓋仏母という大乗経典。総括とお返し（回折）の賛歌」(18)

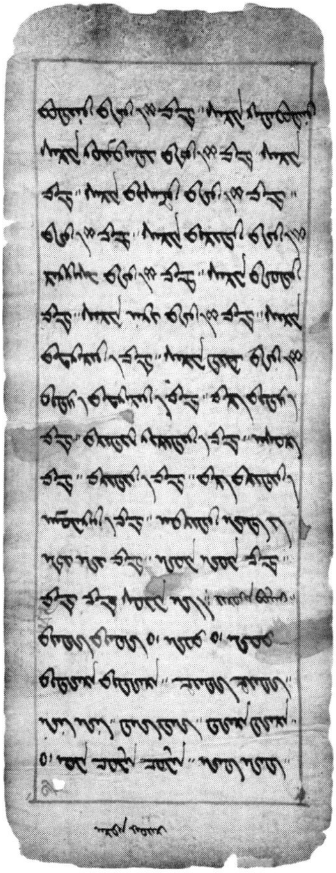

写真 277「聖白傘蓋仏母という大乗経典。総括とお返し（回折）の賛歌」(19)

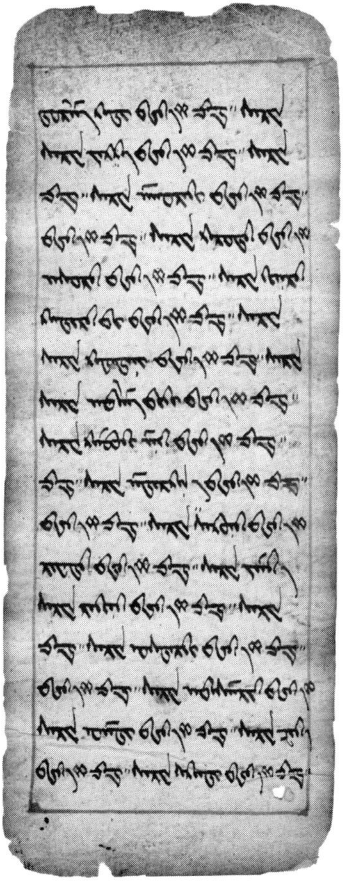

写真 278「聖白傘蓋仏母という大乗経典。総括とお返し（回折）の賛歌」(20)

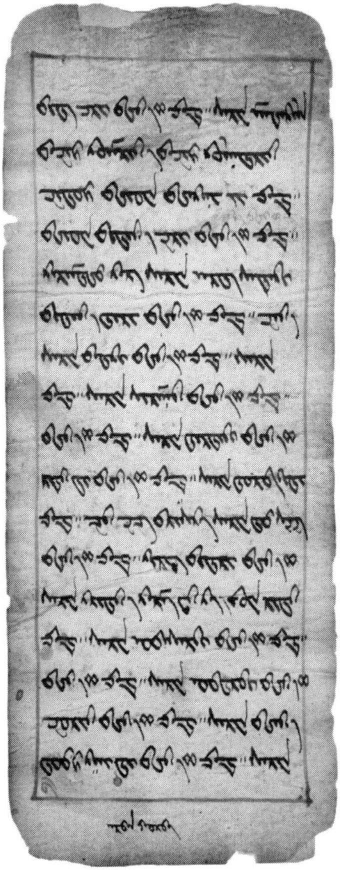

写真 279「聖白傘蓋仏母という大乗経典。総括とお返し（回折）の賛歌」(21)

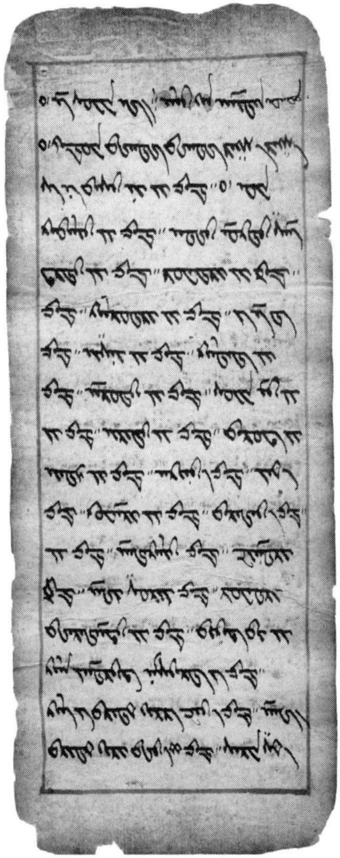

写真 280「聖白傘蓋仏母という大乗経典。総括とお返し（回折）の賛歌」(22)

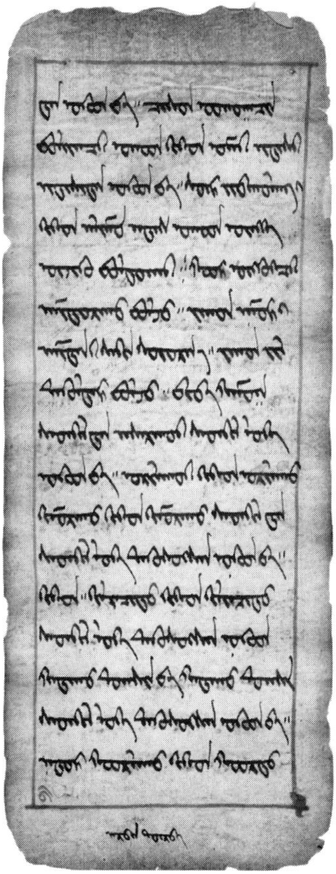

写真281「聖白傘蓋仏母という大乗経典。総括とお返し（回折）の賛歌」(23)

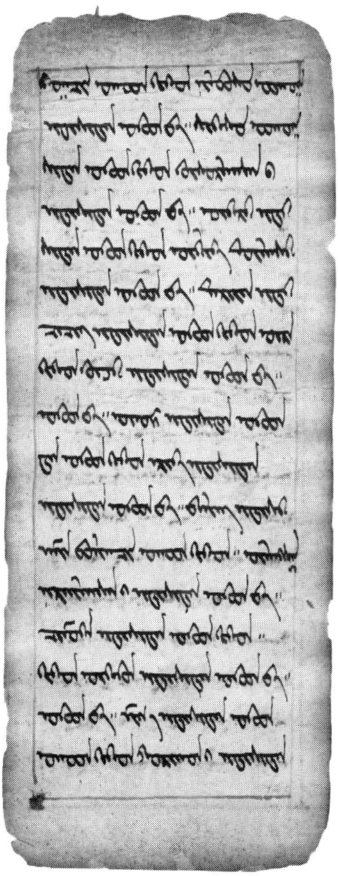

写真282「聖白傘蓋仏母という大乗経典。総括とお返し（回折）の賛歌」(24)

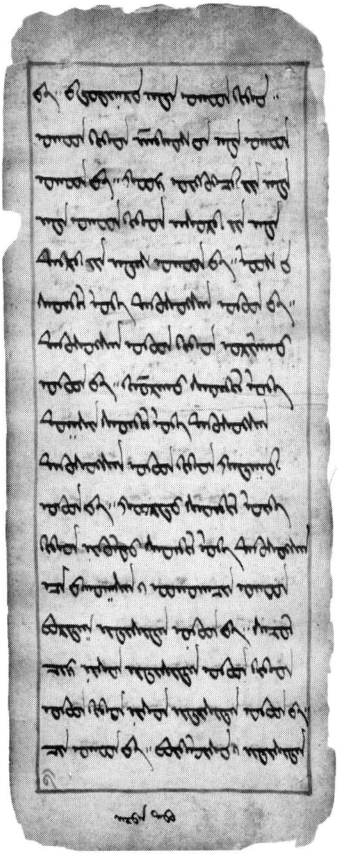

写真283「聖白傘蓋仏母という大乗経典。総括とお返し（回折）の賛歌」(25)

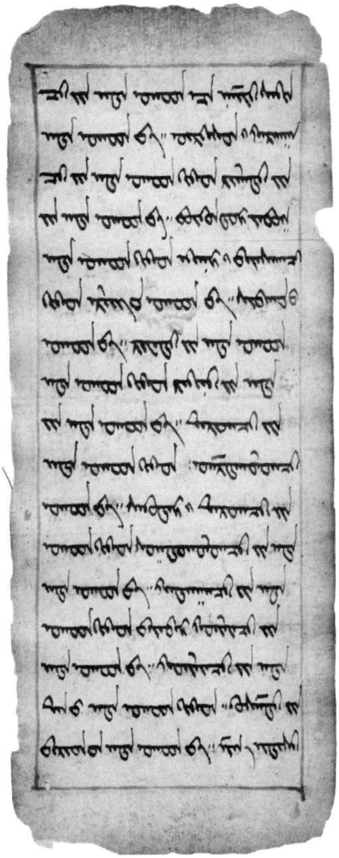

写真284「聖白傘蓋仏母という大乗経典。総括とお返し（回折）の賛歌」(26)

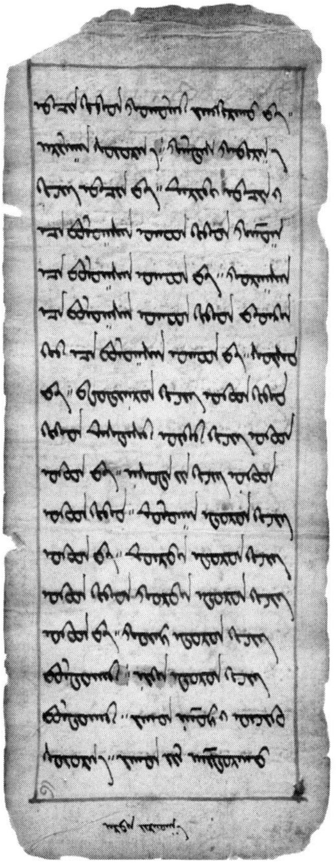

写真 285「聖白傘蓋仏母という大乗経典。総括とお返し（回折）の賛歌」(27)

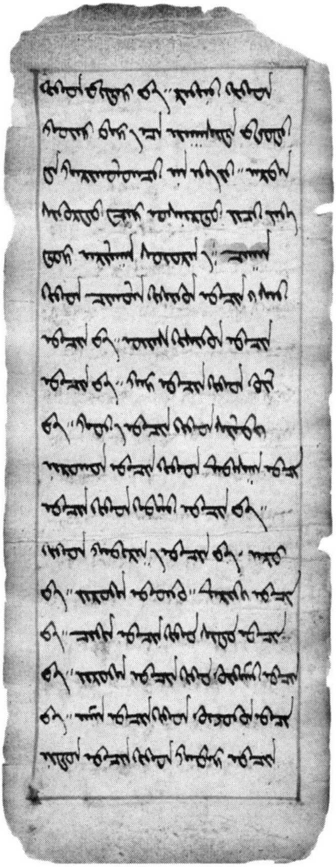

写真 286「聖白傘蓋仏母という大乗経典。総括とお返し（回折）の賛歌」(28)

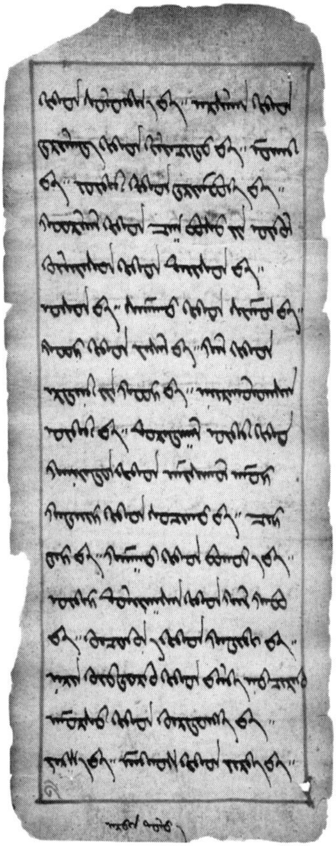

写真 287「聖白傘蓋仏母という大乗経典。総括とお返し（回折）の賛歌」(29)

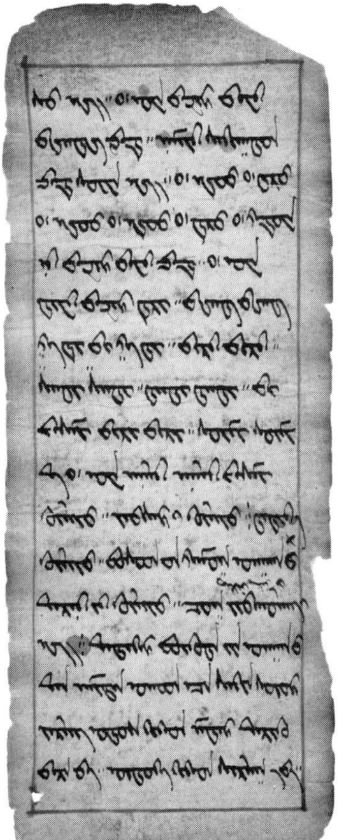

写真 288「聖白傘蓋仏母という大乗経典。総括とお返し（回折）の賛歌」(30)

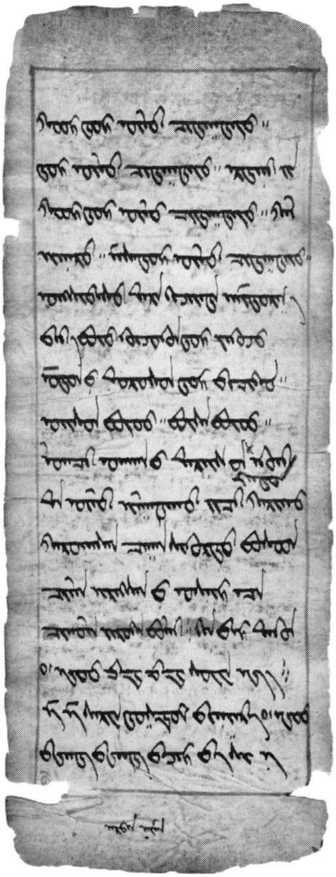

写真289「聖白傘蓋仏母という大乗経典。総括とお返し（回折）の賛歌」(31)

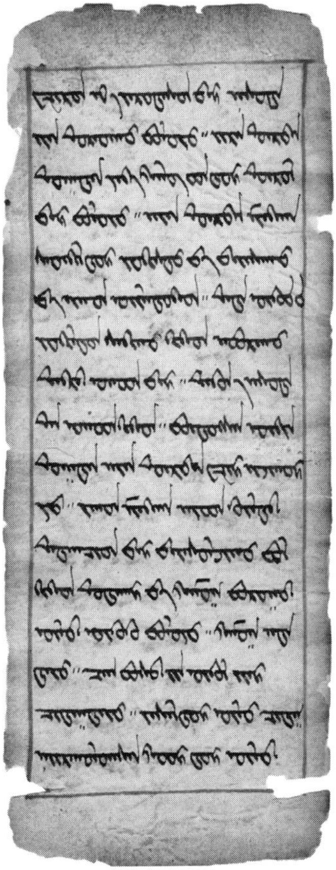

写真290「聖白傘蓋仏母という大乗経典。総括とお返し（回折）の賛歌」(32)

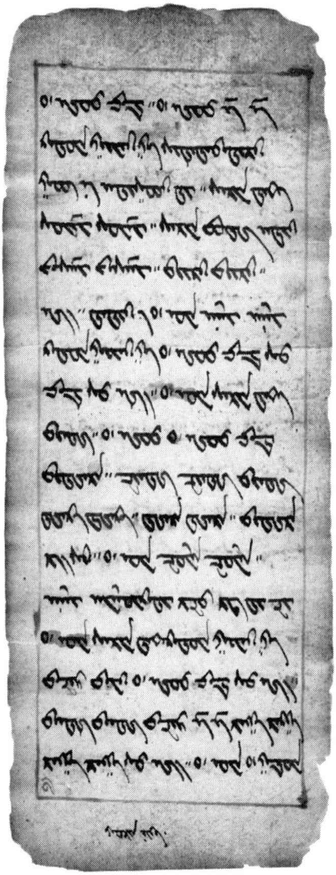

写真291「聖白傘蓋仏母という大乗経典。総括とお返し（回折）の賛歌」(33)

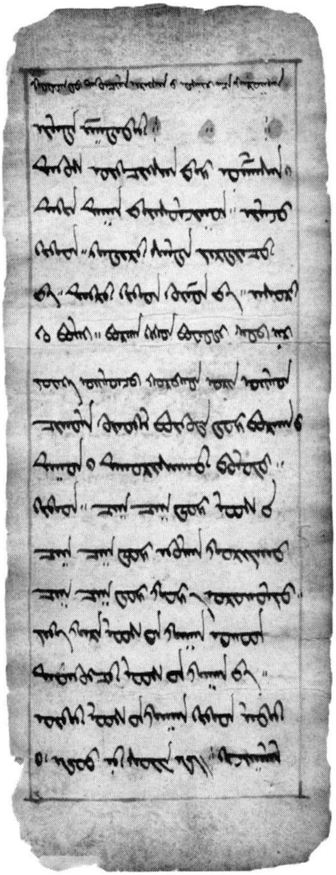

写真292「聖白傘蓋仏母という大乗経典。総括とお返し（回折）の賛歌」(34)

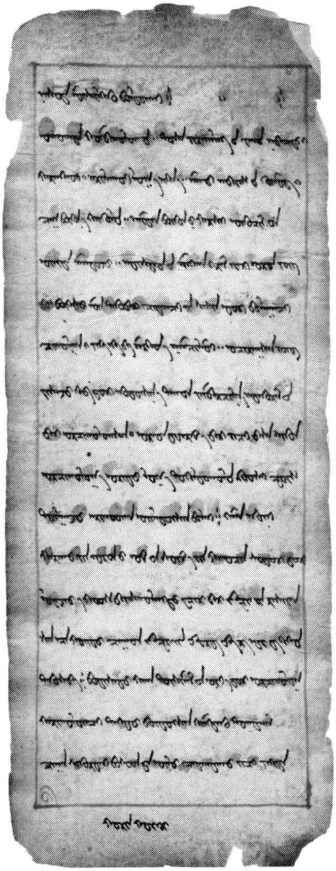

写真293「聖白傘蓋仏母という大乗経典。総括とお返し（回折）の賛歌」(35)

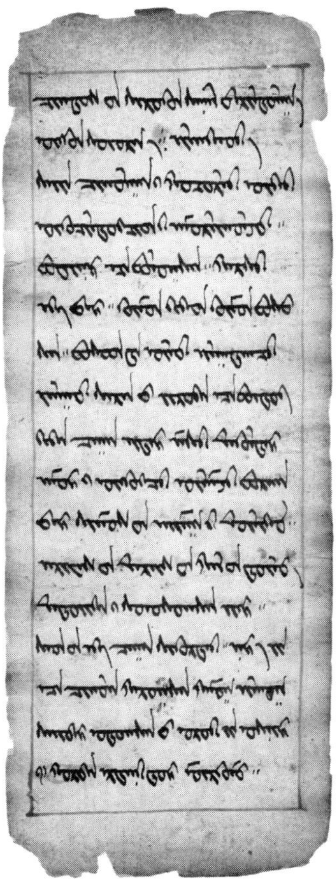

写真294「聖白傘蓋仏母という大乗経典。総括とお返し（回折）の賛歌」(36)

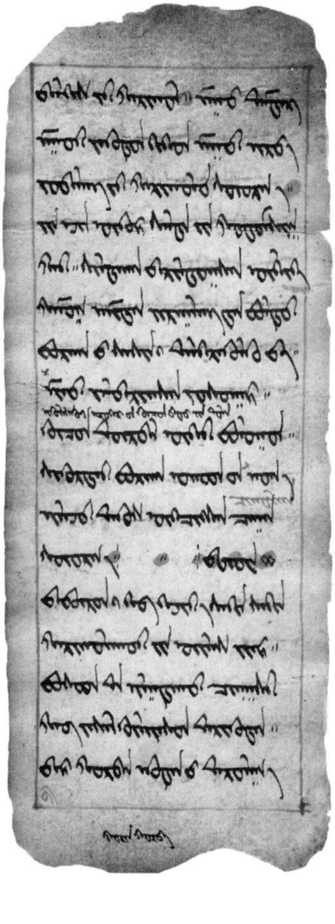

写真 295「聖白傘蓋仏母という大乗経典。総括とお返し（回折）の賛歌」(37)

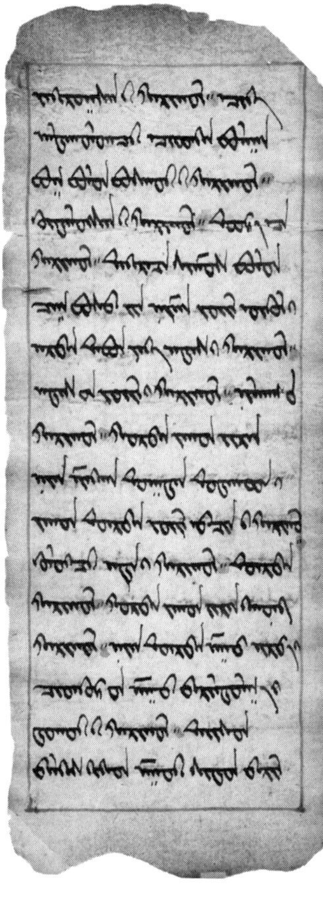

写真 296「聖白傘蓋仏母という大乗経典。総括とお返し（回折）の賛歌」(38)

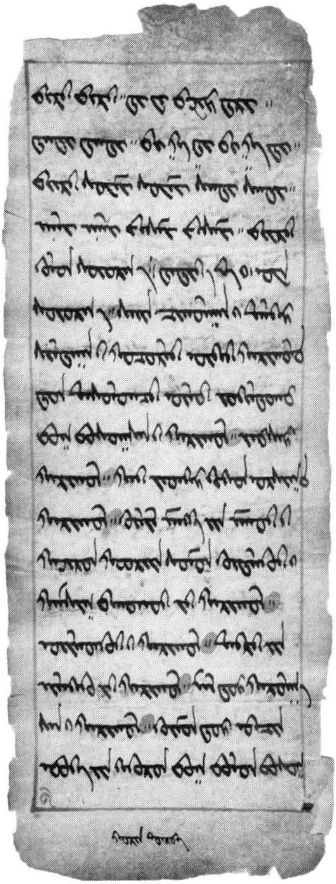

写真297「聖白傘蓋仏母という大乗経典。総括とお返し（回折）の賛歌」(39)

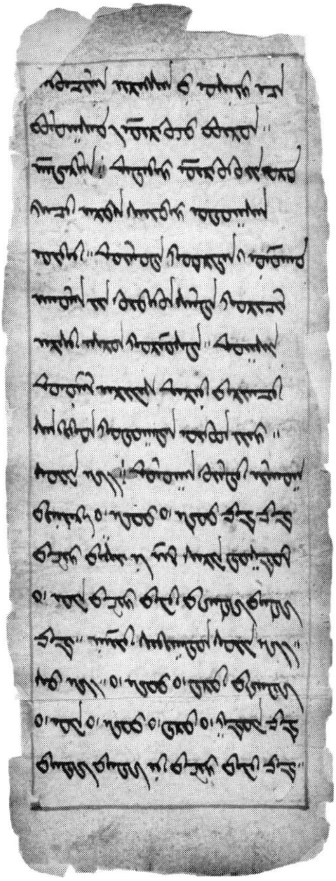

写真298「聖白傘蓋仏母という大乗経典。総括とお返し（回折）の賛歌」(40)

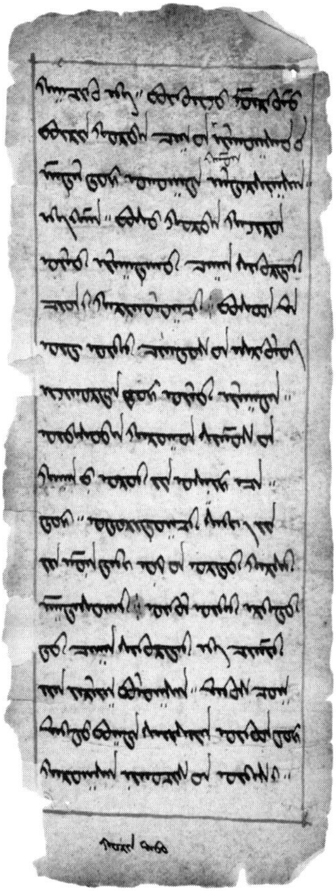

写真 299「聖白傘蓋仏母という大乗経典。総括とお返し（回折）の賛歌」(41)

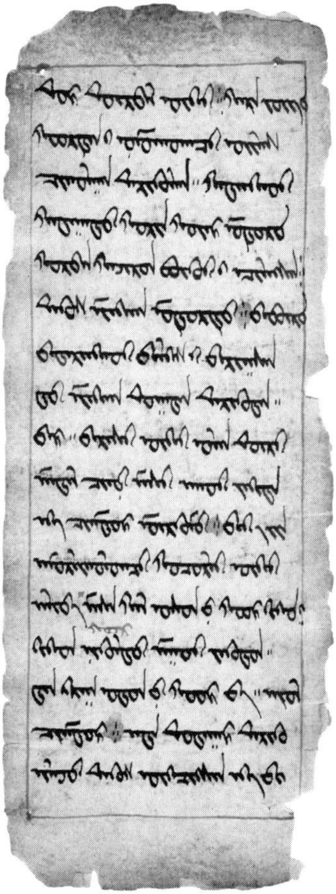

写真 300「聖白傘蓋仏母という大乗経典。総括とお返し（回折）の賛歌」(42)

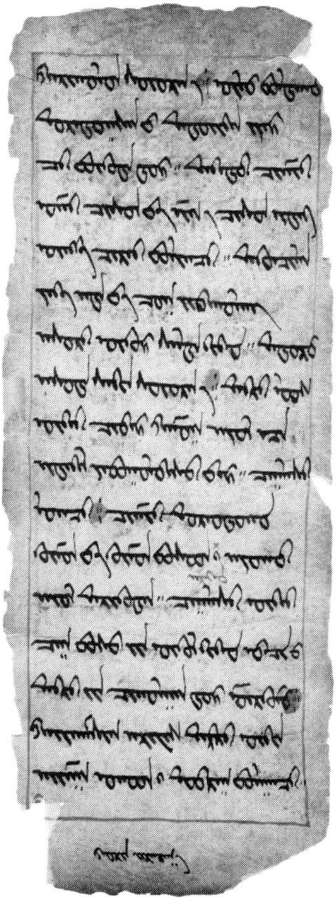

写真 301「聖白傘蓋仏母という大乗経典。総括とお返し（回折）の賛歌」(43)

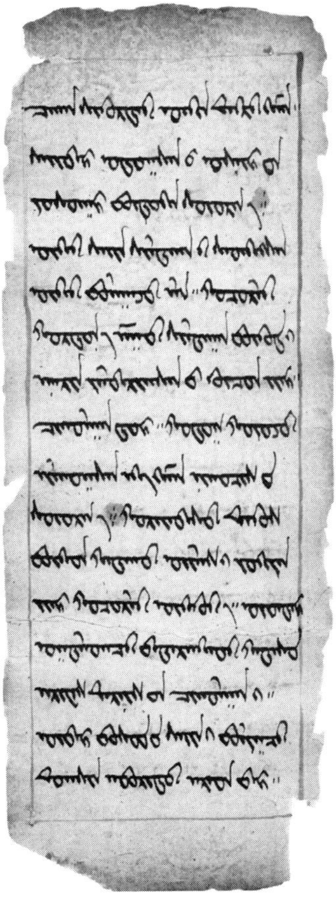

写真 302「聖白傘蓋仏母という大乗経典。総括とお返し（回折）の賛歌」(44)

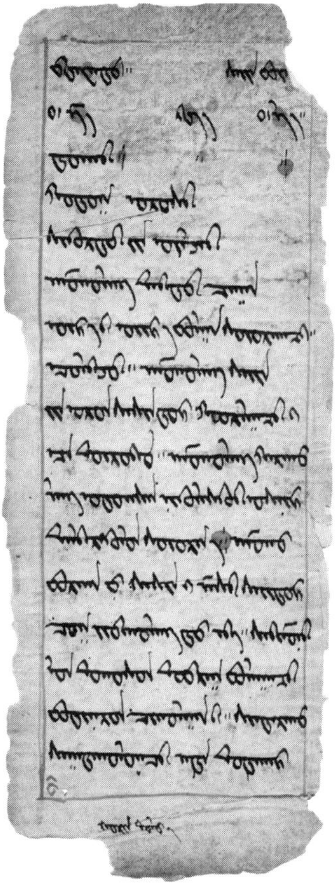

写真 303「聖白傘蓋仏母という大乗経典。総括とお返し（回折）の賛歌」(45)

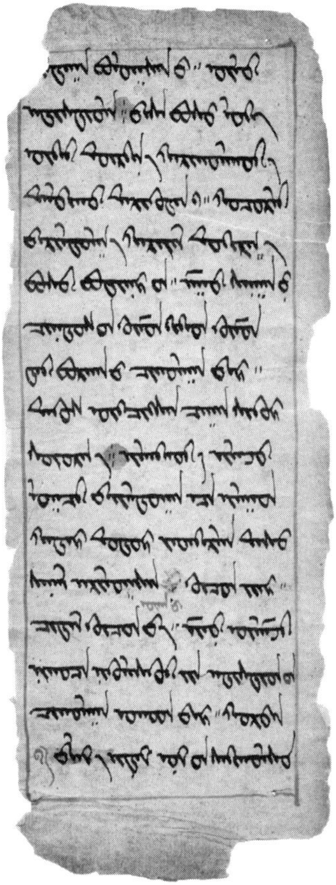

写真 304「聖白傘蓋仏母という大乗経典。総括とお返し（回折）の賛歌」(46)

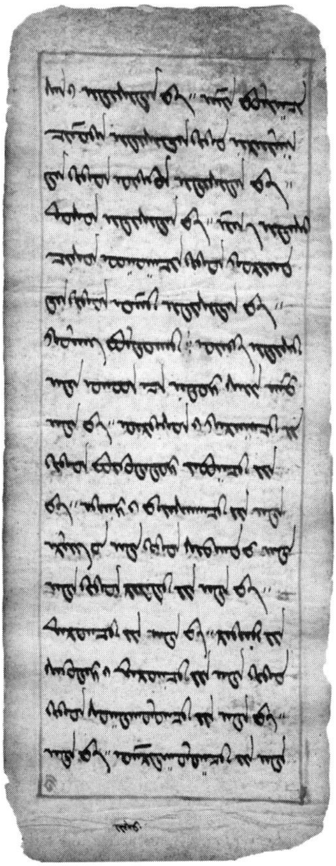

写真305「聖白傘蓋仏母という大乗経典。総括とお返し（回折）の賛歌」(47)

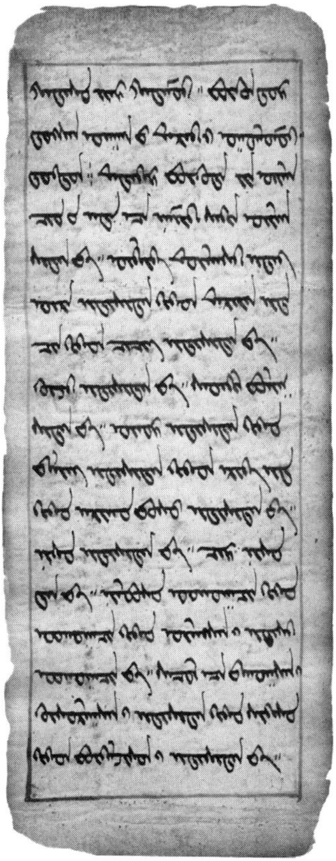

写真306「聖白傘蓋仏母という大乗経典。総括とお返し（回折）の賛歌」(48)

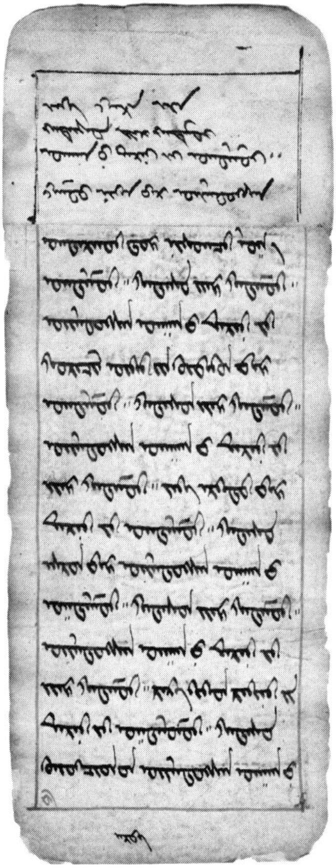

写真 307「聖白傘蓋仏母という大乗経典。総括とお返し（回折）の賛歌」(49)

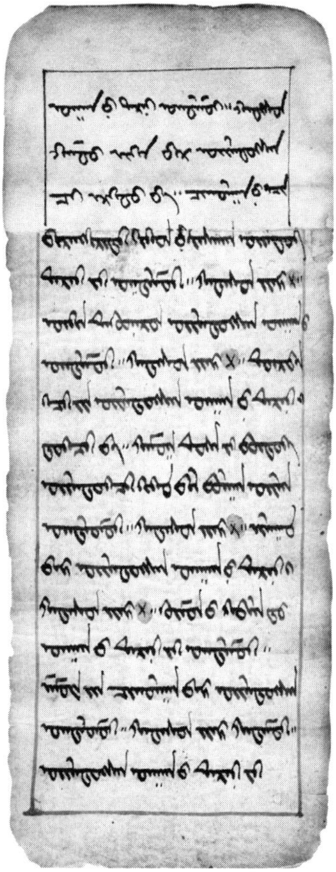

写真 308「聖白傘蓋仏母という大乗経典。総括とお返し（回折）の賛歌」(50)

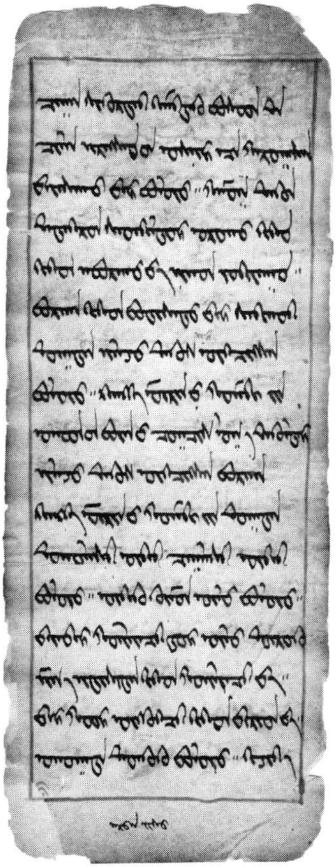

写真 309「聖白傘蓋仏母という大乗経典。総括とお返し（回折）の賛歌」(51)

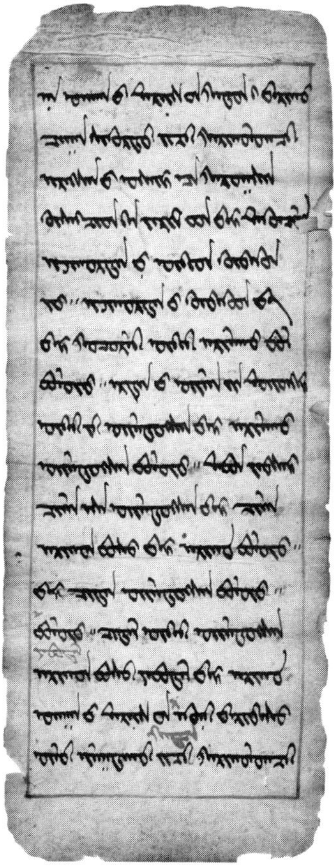

写真 310「聖白傘蓋仏母という大乗経典。総括とお返し（回折）の賛歌」(52)

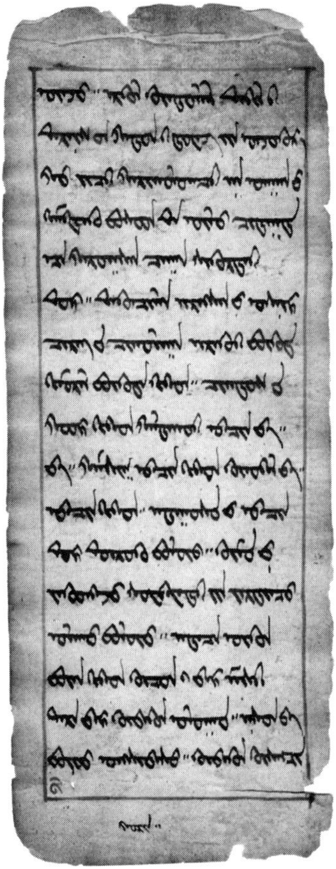

写真311「聖白傘蓋仏母という大乗経典。総括とお返し（回折）の賛歌」(53)

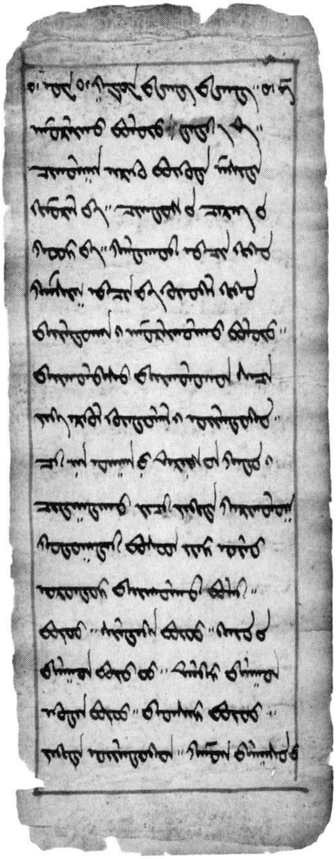

写真312「聖白傘蓋仏母という大乗経典。総括とお返し（回折）の賛歌」(54)

写真313「無敵の聖白傘蓋仏母の大いなるお返し（回折）の陀羅尼」(1)

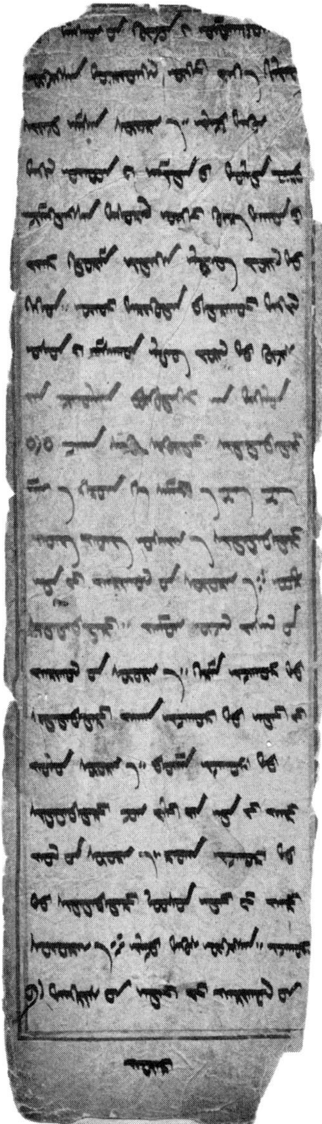

写真314「無敵の聖白傘蓋仏母の大いなるお返し（回折）の陀羅尼」(2)

写真 315「無敵の聖白傘蓋仏母の大いなるお返し（回折）の陀羅尼」(3)

写真 316「無敵の聖白傘蓋仏母の大いなるお返し（回折）の陀羅尼」(4)

写真317「無敵の聖白傘蓋仏母の大いなるお返し（回折）の陀羅尼」(5)

写真318「無敵の聖白傘蓋仏母の大いなるお返し（回折）の陀羅尼」(6)

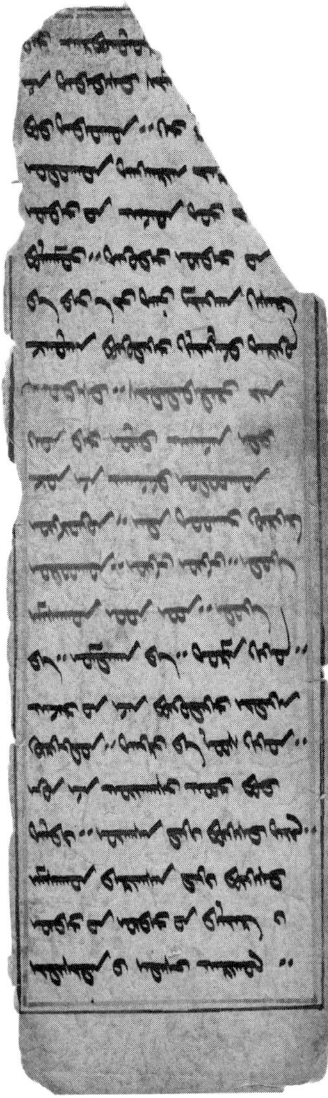

写真 319「無敵の聖白傘蓋仏母の大いなるお返し（回折）の陀羅尼」(7)

写真 320「無敵の聖白傘蓋仏母の大いなるお返し（回折）の陀羅尼」(8)

写真 321「無敵の聖白傘蓋仏母の大いなるお返し（回折）の陀羅尼」(9)

写真 322「無敵の聖白傘蓋仏母の大いなるお返し（回折）の陀羅尼」(10)

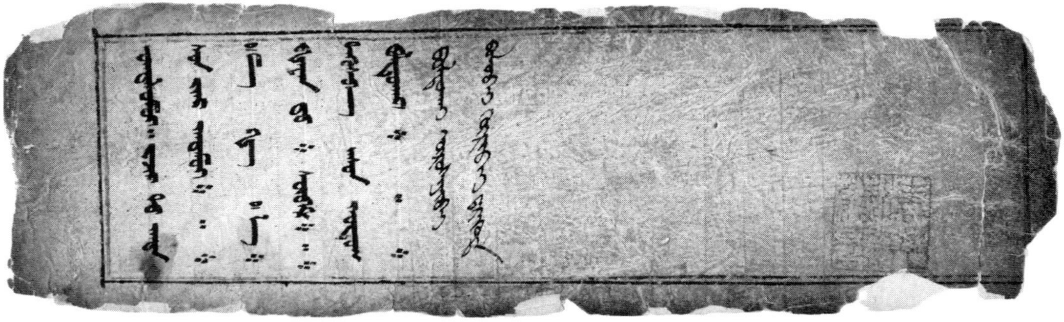

写真 323「無敵の聖白傘蓋仏母の大いなるお返し（回折）の陀羅尼」(11)

あとがき

「お寺に行こう」

両親は私が子どもだった頃から、暇さえあればそう話していた。寺と言っても、実は既に廃墟と化してしまった場所を指していた。本書で取り上げたシベル寺とシャルリク寺である。なかでも特にシベル寺はホトクタイ・セチェン・ホン・タイジとゆかりがあったこと、私の祖先がホトクタイ・セチェン・ホン・タイジの属民（albatu）であったこと、それに清朝時代にイケ・ケレイト・ハラー（佐領）の寺であったことなどから、帰依処になっていたのである。モンゴル人はそのような帰依処の寺に集まり、ラマからインドやチベットに関する知的な話を聴き、仮面劇チャムを鑑賞した。そういう意味で、寺は草原の文化センターであった。

寺の縁日には長城の南の異国、中国の商品が運ばれてきていたし、異邦人の中国人を観察することもできた。その点で、寺はまた諸民族の貿易の中継地、異文化との接触地点であった。

近代に入ると、知識人のラマたちはほぼ例外なく反中国人入植運動ドグイランに参加したし、寺では反中国人侵入の集会が頻繁に開かれていた。その後、共産党の紅軍が陝西省北部とオルドスに逃亡してくると、一部の寺院は彼らの拠点となったし、抵抗する側もまた同じであった[157]。寺はまた革命の舞台となっ

157　楊海英『モンゴル人の中国革命』筑摩新書、2018年、138-146頁。本章第九章の写本にも同様な記録がある。

たのである。そして、社会主義が成立すると、次から次へと取り壊されていった。ラマたちも追放され、処刑される運命を辿った。

このような寺の歴史的変遷を目撃した両親は苦しみながら、中国に関する認識を深めていったのである。当然、私もその影響を受けた。1974年からの3年間をシベル寺の廃墟で過ごした私は壊された仏塔に登って遊び、壁に残っていた時輪仏を眺めながら、落書きをした。深夜になると、隣に住む年老いたラマは骨笛ガンドゥ（Gandu）を吹いた。「少女の大腿骨で作ったものだ」と聴かされた私は、その笛に無限の魔力を感じていた。

もう一人の老齢のラマは仏像のような大きな耳をし、いつもラバを引いて沙漠の中に消えて行っていた。不思議に思ってあとをつけると、彼は沙丘の下で静かに読経していた。私と目が合った時は照れ臭そうに笑っていた。彼の名はゲンドゥンラクヴゥ（Gendun raghva）であった。後に、文革が終息した後のある日、彼は私の頭に手を置いて、「この子はきっと、良いラマになるだろう」と祝福してくれた。彼がいうラマとは、学問に研鑽する者を指しているだろう。

シベル寺を一層神秘的な存在にしていたのは、近くに残るタングート（西夏）時代の都城址ハラバルガスンであった。私が通っていた小学校はその北の城門外にあった。城壁に沿って、鉄や銅製の鏃が無数に落ちていた。銅鏡の破片もあった。私たち小学生はそれを拾っては供銷社という国営の売店兼廃品回収所に持っていって売り、乾燥したナツメヤシと交換して食べた。このタングートの古城はチンギス・ハーン軍に征服されたと伝承されていたし、近くには人骨もゴロゴロと落ちていた。モンゴル人の家畜群も悠然と現れ、羊たちは古代の戦士たちの頭蓋骨をかじっていた。

「タングートの戦士たちの叫び声は夜に聞こえる。ラマたちは彼らが祟らないようお経を唱えて鎮めている」、と祖父母は語った。そして、いつも「今聞いた話を外では言わないように」と締めくくっていた。古い歴史が呪術的な話となって、目の前の重い現状と重なって、少年の私の心に沁み込んでいったものである。

母は2011年春に72歳で亡くなり、私は四十九日の法要をシベル寺でおこなった。母が敬虔な信者であったことを知っているラマたちは丸一日かけて読経をし、彼女の魂を天国へと送って下さった。みんな母とほぼ同じ世代の僧侶たちである。彼らは同じ時にシベル寺の破壊を目撃し、政治の嵐を経験し耐えてきた。読経の抑揚（yangdang）に打たれて涙を流す私を彼らは次のように慰めてくれた。

「息子よ、モンゴル人は法要の時に泣かない。お母さんはきっとターラーになった。やがて、我々も西方の浄土（Šambal-a-yin orun）に行く」

このように、ラマ教がモンゴルに再度伝わってから、最初に建てられた寺を背景としたモンゴル人の歴史はまだまだ続いているのである。

2020年春、私は28年ぶりに中央アジアのカザフスタン共和国を訪問した。カザフスタンはチンギス・ハーンの長男ジョチ・ハーンの系統を引く国である、という国家観が確実に形成されているのを現地で感じた。カザフ人は隣人のジュンガル・ハーン国のオイラト・モンゴル人と対立したこともあった。カザフ人はイスラームを信奉するのに対し、オイラト・モンゴルは仏教徒である。そのカザフスタンが過去にオイラト・モンゴルの影響下にあった為、国内に多くのラマ教遺跡が残っている事実を知った[158]。本書では新疆ウイグル自治区と内モンゴル自治区、それにモンゴル国とロシア連邦内のごく一部の寺院廃墟を取り上げたが、今後は中央アジアにも視野を広げていく必要がある。

謝辞：
本書は以下の科研費等による調査研究の成果である。記して関係各位に感謝を申し上げる。
「アルタイ・天山における遊牧の歴史の歴史民族学的研究」（松原正毅代表　研究課題番号：03041096）

158　Irina V. Yerofeyeva, Lamaist Buddhism in Kazakhstan（Seventeenth to Mid Nineteenth Century）, in Gian Luca Bonora, Niccolò Pianciola, Paolo Sartori（eds.）, *Kazakhstan, Religions and Society in the History of Central Eurasia*, Umberto Allemandi & C. Turin, London, Venice, New York, pp.137-151.

「モンゴルにおける民族形成の歴史民族学的研究」(松原正毅代表　研究課題番号:07041037)
「アルジャイ石窟1号窟出土モンゴル語古文書に関する歴史人類学的研究」(大野旭＝楊海英代表　研究課題番号:15520514)
「アフロ・ユーラシア内陸乾燥地文明の歴史生態人類学的研究」(嶋田義仁代表　研究課題番号：26257003)
「新疆の形成とウイグル民族問題に関する調査研究」(大野旭＝楊海英代表　研究課題番号：19K12500)

モンゴルにおけるチベット仏教関連年表

1206　テムジン即位、チンギス・ハーンと称す。西夏王国（タングート）経由で仏教と接触

1244　チベット仏教サキャハの高僧、モンゴル宮廷へ。後に元朝の国教に。大都で白傘蓋仏母の儀礼実施

1368　モンゴル人、万里の長城以南から草原部へ撤退。草原部で仏典翻訳継続

1578　モンゴル右翼三万戸の各集団、再びチベット仏教の導入を主導。アルタン・ハーン、ギョク・ノールでダライ・ラマ三世と会見。ホトクタイ・セチェン・ホン・タイジ『十善福白史』編纂

1585　モンゴル左翼のハルハ万戸のアブダイ・ハーンがモンゴル高原でエルデニ・ジョー寺建設開始

1586　ハルハ万戸のアブダイ・ハーンがフフホトを訪問し、ダライ・ラマ三世と会見

1588　ダライ・ラマ三世南モンゴルで入寂

1589　四世ダライ・ラマ・ユンドンジャムソ誕生

1628　モンゴル語版『ガンジョール』の校訂作業終了

1634　モンゴル最後の大ハーン、リクダン・ハーン逝去

1635　初代ジェプツンダムバ・ホトクト誕生

1636　後金国、国号を清に改定。モンゴル人は満洲人の同盟者として入清し、明を征服

1662　ホトクタイ・セチェン・ホン・タイジの曾孫サガン・セチェン・ホン・タイジ『蒙古源流』編纂。チベット仏教、モンゴル高原で一層拡大。各地に寺院出現するもやがてはモンゴル人高僧の転生禁止。たとえばモンゴル高原のジェプツンダムバ・ホトクト

1716　ウラト地域にメルゲン・ゲゲーン・ロブサンダムビジャルスン誕生

1718～20　モンゴル語版『ガンジョール』北京で開版印刷

1726　モンゴル北部にアマルバイスガラント寺建設

1911　モンゴル高原独立。ジェプツンダムバ・ホトクトがボグド・ハーンとして国家元首に

1912　清朝皇帝退位。中華民国成立。南モンゴル各部とモンゴル高原各集団、ジェプツンダムバ・ホトクトを擁立してボグド・ハーン政権強化

1924　第八世ジェプツンダムバ・ホトクト入寂。モンゴルで社会主義成立。南モンゴルではチンギス・ハーンの後裔徳王が自決運動開始。仏教改革着手

1931　満洲事変

1934　満洲国帝政実施。仏教改革試行

1939　ノモンハンで満洲国とモンゴル人民共和国・ソ連と衝突。仏教界に対する弾圧がスタート

1941　徳王を元首とするモンゴル自治邦成立。チベットのパン・チェンラマ支持表明

1945　終戦直後、内モンゴル人民共和国臨時政府誕生。旧満洲国領内で東モンゴル人民自治政府

1949　中華人民共和国成立。徳王、モンゴル人民共和国へ亡命

1958　人民公社に伴う公有化開始。チベット侵攻激化。宗教に対する締め付け強化。内モンゴルでも寺院破壊の嵐各地を襲う

1964　中国で社会主義教育運動開始、宗教界に対する批判もスタート

1966　文化大革命勃発。モンゴル人僧侶の大規模粛清開始し、大量虐殺発生

1980　改革開放政策へ向けて準備スタートし、観光用に一部寺院の再建許可

1991　モンゴル人民共和国が社会主義放棄。仏教再興

2012　習近平体制スタート。「宗教の中国化」と宗教弾圧再び強化

索引

あ

か

さ

た

な

は

ま

や

ら

わ

写真・図表一覧

写真

地図

図

表

編者紹介

楊　海英（Yang Haiying）

1964 年、中国内モンゴル自治区オルドス生まれ。総合研究大学院大学修了、博士（文学）。専攻、文化人類学。

現在、静岡大学人文社会科学部教授。

主な著書として、『草原と馬とモンゴル人』（日本放送出版協会、2001 年）、『チンギス・ハーン祭祀――試みとしての歴史人類学的再構成』（風響社、2004 年）、『モンゴル草原の文人たち――手写本が語る民族誌』（平凡社、2005 年）、『モンゴルとイスラーム的中国――民族形成をたどる歴史人類学紀行』（風響社、2007 年）、『モンゴルのアルジャイ石窟――その興亡の歴史と出土文書』（風響社、2008 年）、『墓標なき草原――内モンゴルにおける文化大革命・虐殺の記録』（上・下 2009 年、続 2011 年、岩波書店）、『植民地としてのモンゴル――中国の官制ナショナリズムと革命思想』（勉誠出版、2013 年）、『中国とモンゴルのはざまで――ウラーンフーの実らなかった民族自決の夢』（岩波書店、2014 年）、『ジェノサイドと文化大革命――内モンゴルの民族問題』（勉誠出版、2014 年）、『チベットに舞う日本刀――モンゴル騎兵の現代史』（文藝春秋、2014 年）、『逆転の大中国史』（文藝春秋、2016 年）、『モンゴル人の民族自決と「対日協力」――いまなお続く中国文化大革命』（集広舎、2016 年）、『「知識青年」の 1968 年――中国の辺境と文化大革命』（岩波書店、2018 年）、『最後の馬賊――「帝国」の将軍・李守信』（講談社、2018 年）、『モンゴルの親族組織と政治祭祀――オボク・ヤス（骨）構造』（風響社 , 2020 年）主な編著に『モンゴル人ジェノサイドに関する基礎資料』1 ～ 12（風響社、2009 年～ 2020 年）など多数。

モンゴル学研究基礎資料 5

モンゴルの仏教寺院　毛沢東とスターリンが創出した廃墟

2021 年 1 月 20 日　印刷
2021 年 1 月 30 日　発行

編　者　楊　海英

発行者　石井　雅

発行所　株式会社　風響社

東京都北区田端 4-14-9（〒 114-0014）
TEL 03（3828）9249　振替 00110-0-553554
印刷　モリモト印刷

ISBN 978-4-89489-293-4 C3039

モンゴル学研究基礎資料既刊シリーズ

1. 内モンゴル自治区フフホト市シレート・ジョー寺の古文書　2006年
2. 蒙古源流 — 内モンゴル自治区オルドス市档案館所蔵の二種類の写本 2007年
3. モンゴルのアルジャイ石窟 — その興亡の歴史と出土文書　2008年
4. 『十善福白史』と『輝かしい鏡』— オルドス・モンゴルの年代記 2018年